国家社会科学基金项目（批准号14BJL061）
北京市教育委员会资助项目（批准号TJSHS201310038010）

传承与生长

——当代琉璃厂艺匠口述史

袁畅　著

北京出版集团公司
北　京　出　版　社

图书在版编目（CIP）数据

传承与生长 ：当代琉璃厂艺匠口述史 / 袁畅著. —
北京：北京出版社，2018. 4
ISBN 978 - 7 - 200 - 13935 - 8

Ⅰ. ①传… Ⅱ. ①袁… Ⅲ. ①文化史—史料—北京
Ⅳ. ①K291

中国版本图书馆 CIP 数据核字(2018)第 054102 号

传承与生长
——当代琉璃厂艺匠口述史
CHUANCHENG YU SHENGZHANG
袁 畅 著
*
北京出版集团公司 出版
北京出版社 出版
（北京北三环中路 6 号）
邮政编码：100120
网 址：www . bph . com . cn
北京出版集团公司总发行
新华书店经销
北京瑞禾彩色印刷有限公司印刷
*
787 毫米 ×1092 毫米　16 开本　18. 5 印张　255 千字
2018 年 4 月第 1 版　2018 年 4 月第 1 次印刷
ISBN 978 - 7 - 200 - 13935 - 8
定价：69. 00 元
如有印装质量问题，由本社负责调换
质量监督电话：010 - 58572393

傳承與生長

——琉璃厂藝匠口述歷史

范存剛

导语：口述历史的若干问题

口述历史的渊源

股灾的时候我反而很安心，觉得如释重负。我非常讨厌做生意。当我发现自己可以把歌或诗卖出去，我又变回我自己，重新活过来了。其他人不会这么看问题，他们的选择是从窗户跳出去。

——选自《艰难时代——亲历美国大萧条》[①]

口述历史一词是从英文Oral History翻译而来，当下，盛行于不同主题的出版物。当口述历史与访谈稿、口述实录以及证人证言混同一处的时候，我们人为地赋予了他人的叙述以古已有之的合理性。（口述历史不是简单的访谈稿的誊写）

许多研究者将口述历史的渊源分为古代意义与现代意义两种。古代意义上的口述历史的渊源分为一中一洋："中"是以司马迁听夏无且之言著文《荆轲刺秦王》为例；"洋"则以修昔底德以自身经历与诸参战者的口述为本著《伯罗奔尼撒战争史》为例。在缺乏文字文献的境况下，"当事者的叙述"自然会成为历史的一部分——这一论断的意义在于，上古的传说、民间的逸事以及宗教的故事在并无文献佐证下会成为

① 《艰难时代——亲历美国大萧条》，［美］斯特兹·特克尔著，王小娥译，中信出版社，2016年。

生动的历史。

我国的一些学者经常将“1948年美国人内文斯在哥伦比亚大学建立了第一座现代口述历史档案馆[①]”这一事件看作现代口述史学的奠基，并引用据说是美国口述历史协会的一份报告：“口述史是在1948年作为一种记录历史文献的现代技术而确立自己的地位。[②]”笔者认为，口述历史和口述史学是两个不同的概念，口述历史在内容和载体上有着不同于文字、历史文献资料的特点，新的录音设备的出现造就了口述记录的可能，以口述记录资料为馆藏档案资料的哥伦比亚大学现代口述历史档案馆正是技术进步、视角多元的时代产物，而视角多元恰是口述史学的特征之一。

视角多元是口述历史实践逐渐发展的结果。第二次世界大战以后，西方国家研究者在反思战争是如何发生、是什么造成了战争的扩大化与长期化、人类的行为与战争的关系等问题时，从可能获得的资料出发，以当时各国的政治体制下其领导者为主要对象，进行一系列访谈，并建立了相应的研究机构，包括伦敦大学当代英国历史学会（ICBH）和哥伦比亚大学口述历史中心[③]（CCOH），正因为研究对象为政治家，此时的口述历史被西方研究者称为精英口述（Elite Oral）。几乎同时期，著名口述历史学家唐德刚于20世纪50年代在哥伦比亚的东亚研究所（East Asian Institute）参与中国口述历史计划（Chinese Oral Project），《胡适口述自传》便是成文于此。尽管没有资料可以显示当时的唐德刚与内文斯有过学术层面上的交流、合作，但从唐德刚对胡适、顾维钧、李宗仁等“政治精英”的口述历史的整理工作可以看出，这一时期，西方的研究者以“精英视角”对政治家们进行口述历史的实践活动正是彼时口述历史的主要内容。

---

① 引文称为“哥伦比亚大学口述历史研究室”，此处谬误实为忠实原文。

② 《“把历史交还给人民”——口述史学的复兴及其现代回响》，张广智著，《学术研究》，2003年第9期，第101页。

③ 2011年正式更名。

20世纪60年代，保罗·汤普森在英国埃塞克斯（Essex）大学社会学系任社会学史讲师，他将社会学抽样调查方法进行“改良”，对爱德华七世时代（1901—1910）[①]生活的人们进行生活史、社会史的口述访谈，通过记忆重叠、社会情境回忆等形式将当时人类生活和社会状况进行历史还原，既弥补了这一时期文献的缺失，又首次将口述历史的方法引入社会史学。保罗·汤普森的贡献不仅在于研究方法上，更在于将口述这形式对准社会大众，这一视角的变化使70—80年代的口述历史的视野扩展到人类学、经济学方面（这一时期根本没有一个所谓的口述史学）；口述对象跨越了性别、种族和地域等。其时，当时的德国正处于分裂状态，意识形态之争本应让口述历史维系其精英视角，但“60年代末期，在大学生动乱中政治上‘左倾’的年轻历史学家当时把口述历史作为一个主要手段，使下层人民，尤其是工人通过亲口讲述他们的经历、苦难和斗争……70年代，从西方革命的大学生运动中产生出了所谓的新型妇女运动，它开始寻找妇女自己的历史。这种研究对现存的历史学进行了激烈地抨击。因为现存的历史学强调的不仅是统治者的观点，而且也强调了男子的观点[②]”。

席卷西方全境的“大众史学”视角被一些研究者称为历史的重建或历史的民主性[③]。因此保罗·汤普森被西方研究者称为口述历史之父，其著作《爱德华七世时代的人们》（*The Voice of the Past*, 1978）也被日文翻译者酒井顺子称为口述历史的教科书[④]。

综上所述，从政治学到社会学；从反思战争的精英口述到生活口

---

① The Voice of the Past：Oral History，2nd edn，Oxford University Press，1988，pp.124~131.

② 《口述史与妇女历史研究》，［德］多萝苔·维尔琳著，《陕西师范大学学报 哲学社会科学版》，1998年12月第27卷第14期，第134～135页。

③ 《史学导论》，［英］约翰·托什著，吴英译，北京大学出版社，2007年。
口述史读本》，定宜庄，汪润主编，北京大学出版社，2011年。

④ 《从记忆到历史——口述历史的世界》，［日］酒井顺子译，青木书店，2002年。

述（Life Oral）[①]，口述历史作为除文字、历史文献资料以外的另一种介质的存在，它的视角是扁平化、多领域的。

口述历史在我国的发展

“制作、包装、宣传的一套方法我们这些年学过来不少，这些在市场经济的今天对音乐的传播很重要，但音乐本身应该是更重要的。而现在媒体上（不只是音乐）有不少包装大于内容的东西。比如刘索拉告诉我，她帮电视台策划了一个关于中国音乐家的纪录片，结果播出一看大失所望，因为她发现电视台和观众真正关心的似乎不是音乐本身，而是音乐家们的吃喝社交。像这类现象你觉得原因何在？[②]”

——查建英访谈崔健的问题节选，选自《八十年代访谈录》。

笔者在中国知网上设置篇名为“口述历史”的关键词并进行查询，根据历年的文献篇数可以看出，我国口述历史的研究型文献、论文在近四十年发展中的趋势和变化。其间，笔者尝试变换关键词为“口述史”，得出的结论近似，但具体查阅以“口述史”为篇名关键词的文献，绝大多数都为口述史的实践型文章，有的研究型文献也与口述历史的相关文献重合，由此可以得出结论，“口述史”与“口述历史”在概念上是同一的。

我国最初发表的口述历史相关研究型文献是1981年1月发表于《国外社会科学》杂志上的两篇国外学刊的译文。其中，从美国《选择》杂志1980年6月号转译的文章《面向过去之窗：口述历史入门》，全面介绍了自内文斯以来美国对口述历史研究的发展过程，该文最有意义的是呈现了当代美国研究者对口述历史的两项质疑：一、口述历史所搜

① 《我的口述历史经验及其在日本的发展潜力》，［日］酒井顺子著，（史资料ハブ／シンポジウム），第22页。

② 《八十年代访谈录》，查建英著，生活·读书·新知三联书店，2006年。

集的资料是否有学术价值；二、口述者的回忆是否具有可靠性[①]。另一篇译文则对这两项质疑进行了一种哲学诠释学层面的解答，当“访问者—被访问者”这样的信息交流关系确立后，访问者与被访问者的主要任务是解释一种历史现象的某种意义，是一种交互的、共同的关系，在谈话与反问中有助于提高人们的认识，这种通过晤谈而得到的历史证词是双方合作的学术成果[②]。

20世纪80年代，最为引人注目的一篇有关中国口述历史研究的文章当属钟少华的《中国口述历史研究的探索》[③]，在这篇文章中，钟少华认为中国口述历史亟待开发，原因有3个：第一，中国传统史学研究方法不能满足需要；第二，近代中国史料全面整理难、查阅限制多、“文革”后残破不堪，迫切需要开发新的史料来源；第三，一些重要的资料者，如了解旧中国的老人、在世高龄而且有一定成就的科学家等，对他们的“亲历、亲见、亲闻”进行抢救性搜集是我们应负的时代责任。

20世纪90年代，尽管以“口述历史”为题的研究文献并不多，如图1所示，但中国研究者已经开始重视并系统研究口述历史的本质和特征。这表现在对口述历史的概念的辨析和对口述历史实践经验的总结上。

关于口述历史的概念。1981年，在介绍美国口述历史发展沿革的常识性文献中，将口述历史表述为既是指一种收集和传播史料的方法，又是指全部或部分的以这种史料为依据的文献（J. 福克斯，1980）。有中国研究者并不认同“方法和文献”一说，而从史料的种类角度分析，提出口述历史是表述历史的一种方式，其主要内容是搜集和运用

① 《面向过去之窗：口述历史入门》，［美］J. 福克斯著，《国外社会科学》，1981年1月，第41页。

② 《哲学诠释学和经历的交流——口述历史的范型》，［美］M. 海德著，《国外社会科学》，1981年1月，第42页；原载美国《人与世界》杂志，1980年，第13卷。

③ 《中国口述历史研究的探索》，钟少华著，《自然辩证法通讯》，1986年10月，第77~78页。

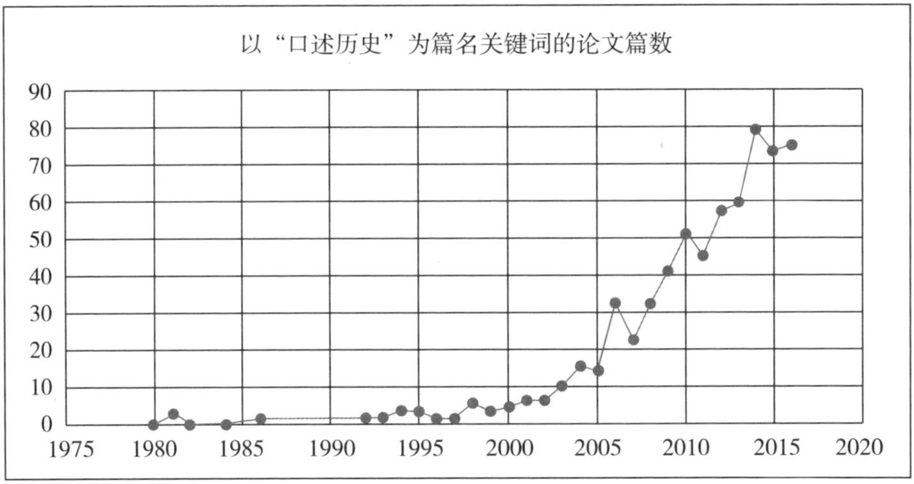

图1

口碑史料[①]以期“再现历史发展过程的某一阶段或某一方面”，口碑史料是个人亲闻、亲历之口传或笔记等。还有学者将口述历史译为口述档案，并秉承方式论将口述档案阐释为“为研究利用而对个人进行有计划访谈的结果，通常为录音或录音的逐字记录形式”（李财富，张顺涛，1998），与方式论稍有不同，按照方法论，口述历史就是搜集、传播口述史料，并以此进行历史研究和历史写作的方法（庞玉洁，1998）。

方法论、方式论强调的是口述形式，即口述的记录形式及口述的写作方法；无论是通过口碑史料还是口述档案，其目的都是再现历史——这种阐释不无道理，并对20世纪90年代的一些口述创作造成了一定的影响，其中包括冯骥才的《一百个人的十年》、安顿的《绝对隐私——当代中国人情感口述实录》等。这种口述实录究竟是口述历史还是纪实文学的创作形式，叶永烈用文史不分家形容口述实录与口述历史的关系，据他本人回忆他访谈的录音资料多达上千盒磁带，他认为：一、通过口述历史可以了解重要文件的产生背景和起草过程，有助于了

① 《口碑史料与口述历史》，荣维木著，《苏州大学学报》，1994年1月，第88页。

解这些重要文件；二、通过口述历史，可以了解重大历史事件的细节；三、口述历史补充了文字资料的缺失；四、通过口述历史，可以查明一些众说纷纭的问题[①]。

2000年，我国学者对于口述历史的研究进入到了高峰期，如图1所示，特别是2006—2016年的10年间，有关口述历史的研究文献呈爆发式增长，与研究文献的增长相对应，口述历史的实践型著作也不断问世。这期间，对口述历史概念的认知又回到了原点—— “哲学诠释学”意义上的口述历史（M. 海德，1981），即除了方法—文献说以及方式论、方法论之外，研究者开始注重访谈者与被访谈者的交互作用，将口述历史看作是叙述者与历史工作者合作的产物（徐雁平，2000）。无独有偶，日本学者清水唯一朗在题为《日本口述历史评述》一文中也持有此观点，他认为口述历史是对个人的体验进行口述访谈，并由访谈者加以记录和整理等一系列工作的总称。2000年之后，中国学者努力尝试建立一个关于口述史学的学科框架，或者试图将口述历史作为区别于人类学、社会学的研究方法，使其回归史学项下。2002年，历史学者定宜庄、刘小萌，文学学者徐新建，人类学者彭兆荣在《光明日报》上对“口述与文字：谁能反映历史真相[②]”一题展开讨论，在讨论中，定宜庄认为历史学中的口述历史具有双重性，这个双重性体现在受访者的讲述与文献的对照上，即一方面是受访者的口述历史，另一方面是访谈者将口述历史与文献的甄别、对照等工作。定宜庄在其后发表的论文中详细记载了双重性的意义。

“……将口述与文献互参……可以纠正受访者无意识的记忆失误，如因日久年深记错时间、地点和事件一类，更为重要的是，二者互参，可以以文献为据，来分辨哪些是受访者在此基础上有意虚构出来的

① 《口述历史是“活的档案”》，叶永烈著，《中国档案》，1998年第6期，第4~5页。

② 《口述与文字：谁能反映历史真相》，定宜庄，徐新建，彭兆荣，刘小萌口述，《光明日报》，2002年7月18日。

东西，而对这种虚构本身的研究，包括受访者何以要进行虚构，在这种虚构之后又隐藏着什么样的历史背景与社会心态等，往往是研究者最感兴味、研究也最有价值之处……对于口述而言，文献是必不可少的基础和参照物。没有比较和参照，就谈不上研究，没有这样一个基础，研究也就无法深入……当我们把以个人为主的口述看作是“点”，将文献记载的历史背景看作是“面”时，置于大事件之中的小角色的感受，才会变得饶有兴味和深具学术价值。所以我认为，这是文献之于口述史的不可替代的功用。[①]”

定宜庄用历史学视角对口述历史双重性的论述不仅再次引证了口述历史概念中受访者与访谈者的交互、合作等关系；同时，又将口述历史的特征做出诠释。早在1996年，学者杨雁斌曾对口述历史的特征做出尝试性地总结，包括叙述性、客观性、社会性、研究内容的广泛性以及口述史料的完整性。而客观性作为特征之一则是口述历史与生俱来的争议——口述者的“回忆”是否具有“可靠性”？回忆之所以被质疑是因为“口述是流动的、一次性的，同样一个人在不同的年龄、不同的场合，面对不同的采访者，他的口述会衍化出不同的版本。文献[②]却是稳定的，人们常说‘白纸黑字、铁证如山’，即是指其一旦形诸文字，便无法再否定、再推翻……[③]”至此，口述历史的客观性在于受访者的讲述与文献对照的双重性看来似乎已经成立，但在缺乏文献、文字的情况下又该如何呢？

2005年，河南大学傅光明的博士学位论文《老舍之死与口述历史》实践并探讨了在缺乏文字、文献的情况下，通过多位口述者对同

---

① 《口述传统与口述历史》，定宜庄著，《广西民族学院学报 哲学社会科学版》，2003年5月第5卷第3期，第3~4页。

② 对于“文献的稳定性”，与会专家也有质疑，其中最为重要的观点是“我们做口述，不仅是要以此为参照来发现和校正文献的局限，更重要的目的是要指出文献最深刻的缺陷，那就是文献中片面的话语权力。也就是说，我们是抱着一种批判态度来做这件事的。”

③ 《口述与文字：谁能反映历史真相》，定宜庄，徐新建，彭兆荣，刘小萌口述，《光明日报》，2002年7月18日。

一事件、同一时间的回忆还原历史。他发现，他对真实历史的信任度①并不能从口述者的回忆中完全获得；他还发现“无论对于钦定的历史文献，还是一个非历史学家由田野作业亲自得来的口头证据，都不能绝对相信。它们只是两种不同类型的资料来源而已，只能相互补充或印证，无法相互替代，更无法相互超越②”。至此，对口述历史的可靠性或真实性的质疑似乎不可避免，但是也有研究者认为这种不可避免的境况恰恰是口述历史的“真正价值和特性”所在。因为，在历史的背后——人们的想法、人们的立场、人们如何看待过去，是传统的史学研究绝对不能达到的③，也是史学向其他学科延伸的契机。

综上所述，笔者尝试总结口述历史的概念和特征。

口述历史，指访谈者将受访者的个人亲历、个人体验与文字、文献及其他受访者的口述加以参照、引证，并由访谈者与受访者共同记录、整理等一系列工作的总称。

口述历史具有下列4个特征：

①在缺少或不易获得文字资料时，具有弥补性；

②作为一种研究方法而言，具有跨学科性；

③将社会大众作为访谈对象，具有扁平化；

④可以了解访谈对象的价值观，与传统历史资料相比更具有人文性。

---

① 《老舍之死和口述历史》，傅光明著，河南大学研究生博士学位论文，2005年3月，第46页。

② 《老舍之死和口述历史》，傅光明著，河南大学研究生博士学位论文，2005年3月，第61页。

③ 《口述史学基本理论与当代美国口述史学》，杨祥银著，载于《口述史读本》，定宜庄，汪润主编，北京大学出版社，2011年，第43页。

有关口述历史的方法

谈及口述历史的方法，其实早在1992年，杨碧芳就在其文《口述历史的技巧》[①]中有过详细地介绍。那时，杨碧芳已是加州大学亚美研究的教授。2003年，清水唯一朗作为日本研究口述历史的学者在日本庆应义熟大学“危机管理”研究项目中发表的《日本的口述历史研究——以现状、课题、方法论为中心》一文中对口述历史的方法做了经验性的总结。2006年，我国引进版权出版的口述历史实务型著作《大家来做口述历史》（*Doing Oral History*），作者为美国学者唐纳德·里奇，书中有关于口述历史方法的专章论述。笔者将上述3位学者的方法总结在下表中，方便读者阅读、比较。

1992年杨碧芳文之三步法		2003年清水唯一朗文之五步法		1998年唐纳德·里奇文之四步法	
1	准备：阅读相关背景资料；列一张有意采访者的名单；准备一张采访中会谈到的问题或题目单；采访前准备并检查设备	1	根据口述对象不同，选择不同的口述方法：①生平；②政策制定过程；③群体或组织述集	1	筹备访谈：熟悉既有资料，编制预算；设定访谈的方向、问题和人数等
2	采访：录音机放置；采访进行顺序（年代、事件发展、家族代际等）；采访笔记记录；述止采访，约定下一次采访时间	2	选择适宜的口述对象及设定口述采访方法，口述者个人资料搜集、事先接确、事先联络等	2	部署访谈：确定优先访谈对象；锁定受访者；选择访谈的最佳方式（电话、信件沟通、安排会面等）
		3	制作采访用的事前研究资料和设问表	3	进行访谈：设备应用、问题选译、协助受访者以及如何有效解决口述中遇到的问题
		4	口述的实施环节：根据经验设定口述采访时间		
3	采访之后，标记采访录音；整理成文字；回访核实采访内容等	5	录音资料文字化：专业词汇的阐释、注释的专业化；将文字化后的成稿送与口述对象修正等	4	结束访谈：结束性话题；授权书等法律手续；备份录音或抄本的修正和赠送等

① 《口述历史的技巧》，杨碧芳著，《八桂侨史》，1992年第2期。

关于《传承与生长——当代琉璃厂艺匠口述史》这本书

首先，琉璃厂是一个地域性概念，本书无意探讨琉璃厂的历史渊源，只是将琉璃厂视为众多文化商业空间的一个典型，作为考察的空间框架。在今天的中国大地上，有着千千万万个文化产业园区、文化创意产业园区、文化商业步行街……琉璃厂的不同之处在于：第一，它地处首都，拥有流动性极高的非本地资源，这类资源既包括资本，也包括人以及作为商品的物；第二，它具有深厚的历史渊源，这个历史渊源除了使其成为“旅游地标”“文化地标”等符号性标志外，还赋予了琉璃厂中为数不少的老字号企业及其带来的传统商业文化的影响力；第三，这条街区极受政府重视，在“振兴传统文化”的口号之下，这条街区的商户们对“访谈”“报道”一类的活动具备相当的经验，并高度配合。

最初开始访谈的对象，我定位于非物质文化遗产代表性传承人，与盐野米松所著的《留住手艺》一般，将名匠、匠人的成长和现状作一口述历史。在与琉璃厂的接触过程中我发现，上文提及的老字号企业本身的传统商业文化的影响力使其在非遗项目申请中具有绝对优势，这样的优势造就了琉璃厂的老字号企业中非遗传承人与经营者的特殊关系。这种特殊关系是指其不同于手艺人自我经营状态的一种商业模式，因此，对老字号企业中实际参与经营者的了解，成为本书在选取口述对象时不得不考虑的因素之一。

琉璃厂除了老字号企业外，还有许许多多联营柜台[①]、合租商铺以及私营商铺，这些商铺的经营者，有前老字号的员工，有来自传统手工艺地区的小商人，也有与产品产地制作者有商业协作关系的合伙人……在与他们的交往过程中，我对文房四宝制作业中的一些佼佼者开始有了一些了解。这些佼佼者或曰名匠在互联网平台上都拥有不俗的成绩，在与琉璃厂保持着供货、合作等关系的同时，他们更乐于在微信等新的社交平台上构筑“朋友”关系。这当然给了我进行口述历史访谈的便利，使得访谈工作可以跨越地域，直达产地。当然，为了与受访者建立互信关系，我也走访了这些艺匠的生活、工作环境，并目睹了他们的生产、生活以及社会交往的日常。要知道，在口述历史中，对受访者人物性格的把握至关重要，这不仅仅是为了甄别口述中的虚实，更是为持续观察打下坚实的基础。

前文中，我已对前辈学者对口述历史实施方法的研究做出总结，实际上，口述历史在实施中的要点是一种介乎“学术”与“经验”之间的技巧，这里的“经验”指的是对口述对象所处的行业的了解以及对其成长年代的历史背景的把握，基于这个技巧，才能在“对象选取”和“问题设计”中找到标准。当然，这关乎在什么学科框架内利用口述历史这一方法。

在本书的学科框架设计上，我以社会学、经营学为学科背景，其中经营学更为确切地应该表述为经营史。在历史时期的把握上，我将口述历史的时期定位于当代，这一时期的历史背景是复杂多变的，既有自上而下的政策东风，又有扁平的、纯粹的市场竞争，在此不多赘述。关于“口述对象”的选取，注意以下4点：第一，琉璃厂老字号中的实际

① 我于2016年5月回国，此前10年一直在日本留学，攻读博士学位，出生于北京，自然对北京文化有着较强的认同感和归属感。回京后不免到“琉璃厂”逛逛，令我吃惊的是，“琉璃厂”的商铺有了较大地变化，即便是有名的字号，店内的陈设以及商品的品类也是我此前未见的，问及店员，大都说是“联营柜台”。为了探寻“联营柜台”的品物来源，我开始有了这本书的“定位”和“对象”。

经营参与者与非遗传人、非遗项目实施者；第二，以60岁退休计算，照顾到80后、90后的从业者（尽管我本人不认同这类年龄段分层方法）；第三，自主经营者，家庭主要生活来源是经营所得且连续经营在5年以上者；第四，在设问上突出个人，即个人基本信息（包括家庭背景）、个人的成长经历、个人的教育背景、个人在从事本职业前的职业经历、个人创业资金的来源以及个人在经营过程中的困难和解决办法等。在口述历史的整理过程中，在对信息真实度的引证方面，我采取多次访问及邀请受访者参与修改的办法，这期间，当遇有受访者主动提出补充内容的时候，我并未完全按照受访者的要求进行补充，而是通过甄别进行修正。

在全书的章节设计上，第一章主要的口述对象是琉璃厂东西街以及厂甸胡同的老字号企业、文房、画廊等经营者及手工艺从业者、非遗代表性传人，其中包括（按访谈先后顺序）戴月轩、一得阁、荣宝斋、中国书店、红星宣纸厂、萃文阁等；第二章主要的口述对象是笔、墨、纸、砚的制作者，他们既是琉璃厂诸店铺的供应者，又是诸领域中的佼佼者，包括安徽“墨模雕刻非遗传人”“歙砚雕刻非遗传人”“古法唐笔恢复者”等；第三章以比较为主，我选取了一南一北两处“传统文化产业集聚区”的经营者为口述对象，一是湖南长沙雨花非遗大厦的商户；二是甘肃通渭县悦心书画城的洮砚专卖店的创业者。

对于琉璃厂的现状与口述者的选取，我会在第一章的导语中进行论述；在琉璃厂外，无论是现在还是曾经为琉璃厂提供过文房、文玩精品的匠人们，不管在原产地还是在他们的工作室，我都竭力找到了他们，并记录下他们成长的经历、他们从业初期的状态、他们创业的初衷以及他们在经营过程中每次转折的因缘，这不仅仅是第二章的主要内容，我想展现的是生活并坚守在传统手艺中的人的人生图卷。为此我特意做了一个番外篇的章节，也就是第三章，选取、记录了几位“生活在别处”的圈内人。我总在想，艺匠的由来一定有我们看不见、摸不着的脉络。

在我们这个时代，互联网使得琉璃厂有了另一种存在形态的可能，使得本书既是一位位艺匠破茧生长的自传口述，又是这个时代继往传承的历史记录。我渴望本书成为破题工作，更多地挖掘、研究工作还在继续。

袁 畅

2017年8月18日

中国知网关键词“口述历史”“口述史”查询结果

年份	关键词为“口述历史”	地方志研究与档案学方面	关键词为“口述史”	年份	关键词为“口述历史”	地方志研究与档案学方面	关键词为“口述史”
1980	0	0	0	2002	6	1	4
1981	2	0	0	2003	10	2	8
1982	0	0	1	2004	15	0	7
1984	0	0	1	2005	14	2	23
1986	1	0	0	2006	32	9	15
1992	1	0	0	2007	22	8	18
1993	1	0	1	2008	32	6	25
1994	3	0	2	2009	41	7	29
1995	3	0	2	2010	51	8	23
1996	1	0	0	2011	45	8	34
1997	1	0	1	2012	57	17	35
1998	5	1	2	2013	59	16	58
1999	3	2	2	2014	79	15	61
2000	4	2	1	2015	73	17	82
2001	6	1	1	2016	75	17	81

目　录

第一章　琉璃厂的老铺与坐商

第二章　笔墨纸砚艺匠口述历史

第三章　按图索骥与他人之石

第一章

琉璃厂的老铺与坐商

出了琉璃厂东口向南，有一家叫老浒记的餐厅，专门经营北京菜。再往前走，路西是一家驴肉火烧店，这两家店基本上是琉璃厂艺匠们午餐或宴请朋友的地方。

接近下午1点的时候，戴月轩的刻字师傅滕占敏会踱到东街的尚品轩，这里是专营徽纸和文房用具的字号，安徽籍老板、安徽籍店员，做的菜也是徽州土菜，滕占敏的午餐大多就在这里。不远处厂甸胡同里有家敞亮的唐卡画廊，王鹏钧作为经营者颇有好客之名，这日他还是叫了外卖，在与外卖送餐员说地址的时候，他走出画廊四下观望着。而此时，中国书店修补古旧书籍的非遗传人汪师傅也从海王村市场东门走了出来，好不容易在医院挂了专家门诊，他来不及吃午饭，匆匆骑上车直奔医院。

我反复看了许久——这些人每天的日子都是鲜活的，在通往琉璃厂的路上，总有讲不完的故事、说不完的人生。在与他们擦身而过或生活在旁处，你会觉得日子本该如此。

老浒记的午宴快散场时，对面的驴肉火烧店也开始熄火午休了，琉璃厂街上熙熙攘攘的身影中再没有艺匠们的身影，让人有些恍惚，这些天南地北的人，身负绝活的人，怀揣梦想做人，在这条街上慢悠悠的生活状态，让人惬意。他们，是历史的书写者。

老字号里处处都是典故

时间：2017年3月26日

2017年6月12日

2017年8月6日

地点：琉璃厂厂甸胡同5号　梓风阁　南纸店

琉璃厂东街73号　戴月轩店内

访谈人物：戴月轩湖笔徽墨有限责任公司北京琉璃厂店店长　白文冲

访谈录音、笔记：袁畅

在场者：滕占敏　张英

袁畅：我看您一直在柜台前招呼客人，您一口北京话，这条街上，做销售的北京人可不多见。

白文冲：咱就是北京人，自小儿喜欢这个（文房四宝），干得又是销售。

袁畅：您来戴月轩多久了？是专门做销售吗？

白文冲：快5年了吧。您都猜不出我以前是学什么的，我来的时候应聘的是办公室主任，但其实什么活儿您都得会不是吗？戴月轩是前店后厂，又是咱北京的百年老字号，我还是从头给您说起吧。我们家姓白，但不是回族，按照家谱说，我们家是白居易的后代，白居易其中的一个儿子是我们家的祖先，到我这辈是第二十五代，按照白居易的家族往下说，我们家移民到河北邢台，您现在可以上网查河北南宫白氏，非常有名，到了明代，我们家先祖是工部尚书白圭，他是承天门也就是天安门的修建者，我们家这一支在明代出了不少名人。我们家到北京大兴安家是第十三代，具体是什么朝代我现在说不好，反正是后来落户到了大兴庞各庄西梨园村，我们村现在有将近一半人都姓白。

袁畅：大兴现在拆迁户不少吧，又是盖机场又是做产业园的？您家一直在大兴吗？上学也是在大兴吗？

白文冲：我们家那儿还好，还没拆到呢。我上学就是在大兴，小学在北顿垡小学，那是村儿里面的一个小学。我是1983年出生的，8岁上学，正赶上出生高峰，所以上学晚，那一届人比较多。小学离家有5里地。您看，现在都是柏油路了，我小的时候都是石子儿路，树特别多，那会儿京开高速还没有呢。我们那边儿一直都是种西瓜，以前都是两米高的大棚，在大棚里，人直起腰来都没问题。除了村儿以外都是农田，我小的时候，正在修京九铁路，正好从我们村儿穿过。前段时间，我们家一个亲戚找到我，让我帮忙写一部村志，叫《贺北村村志》，现在贺北村还在。小时候，我们管“（北京）市里”叫“北京”，一说进二环就说“进城”。

袁畅：您父母都是做什么的？方便说吗？

白文冲：我爸在751厂，隶属于七机部，军工一类的厂子，在大山子那边，靠近现在的798艺术区。我爸那会儿一个月才回家一次，我爸骑自行车回家，穿过整个儿北京城，整个儿穿呀！我妈是庞各庄人，我家属于单职工，我妈还是农村户。我还有一个哥哥，比我大3岁，属猴的，我属于二胎，当时家里被罚了200多元钱呢！

袁畅：您还记得上学的时候有意思的事儿吗？或者上学的时候课余都做些什么？

白文冲：我上学那会儿，家里我爸也帮不上忙，单位太远回不来啊！（家里）基本都是我，从上学时开始，家里的农活儿哪个我没干过？棒子（玉米）、西瓜……太多了，晚上还经常浇地，就是给麦子浇水。大晚上的一个人去，拿个手电筒，那个地离村子几里地哪！我们那会儿玩儿的都是跟农活儿相关的，在麦垛上翻跟头什么的；夏天在瓜地边儿上支个棚子看瓜。小学三年级的时候，语文考试考了60分，这对我打击特别大，我挺爱说的，语文一直不错，考试一下子得了60分，对我打击特别大，从这儿开始，发奋学习，我的成绩就没再下来过。我中学考进了庞各庄中学，庞各庄中学当时在庞各庄镇算是出名的。初中我一直是全校第一名，语文、数学都比较突出。我自己总结过，语文好就是因为我比较爱说，爱说是因为小时候爱听单田芳的评书，从小就给小伙伴儿讲故事，对方听得能一直跟我到家门口儿。背古文我特别快，能在15分钟内背完《出师表》，老师都震惊了。这个语文老师对我格外好，也格外看重我。

袁畅：您高中还是在大兴上吗？您上高中那会儿应该是1995年前后了吧？

白文冲：大兴有几所比较好的高中，最好的是大兴一中，我中考差几分没考进去，就去了大兴五中，在黄村。很有意思，我文科一直很好，但高中却选了理科，那会儿觉得理科在未来升学的选择上更广一点儿。等到考大学的时候，我家里人觉得我应该学医，因为至少是个铁饭碗；我哥哥在我之前，考上了警校，家里觉得两个孩子都吃“公家饭”，多好啊！最后，我考入了首都医科大学临床医学专业，就在右安门那块儿。大学时有印象的就是业余时间都在踢足球、打篮球。

袁畅：您原来是学医的？毕业之后留在首都医科大学附属的医院了吗？

白文冲：我们这一届的“临床医学”属于给大兴县（区）代培的，毕业后必须回到地方上。当时，我被分配到了大兴瀛海镇中心医院，离亦庄很近。我在这个医院的内科干了两年。瀛海镇97%的人都是外来人口，我们的患者来自四面八方，每天上午8点上班、下午5点下班，我主要在门诊，有时候也去病房。这家医院比较小，因此科室划分没有大医院那么细，就是什么都得干。两年后，瀛海镇整体拆迁，我就从医院出来了，经朋友介绍，去了北京市煤炭公司大兴分公司，属于国企，跟“医”完全没关系，算是彻底没关系了。

袁畅：您是学医的后来又从事煤炭行业，不觉得可惜吗？

白文冲：咱们这代人，谁能说谁以后保准干什么呢？我自己对我自己还是有要求的，算是上进吧！后来，我进煤炭公司不到一年，就当上了保供办公室主任，“保供”是保证供应的意思，供应的目的就是供暖；因此，我还兼任了大兴储煤场的副厂长，那是我到现在为止最忙的几年。记忆比较深刻的是，我带着车队去门头沟大台煤矿拉无烟煤，凌晨3点出发、夜里10点多才回来，任务很艰巨，一干就是半个月。

干到快3年的时候，我就觉得不行，怎么不行呢？第一，跟我自己的理想差距太远，其实也算不上什么理想，就是一种情怀吧，对生活的情怀，总觉得“应酬”不是生活的全部。一咬牙就出来了，出了煤炭公司就来了戴月轩。

袁畅：医院—煤炭公司—戴月轩，这跨度可真够大的，您能详细讲讲您是怎么到的戴月轩的吗？

白文冲：进戴月轩是2013年2月18日。我一直没有放弃书法这个爱好，其实谈不上“书法”，也就是“写字”吧，不是资深研究，也没进过书法正规的学校，可能是自己有个文人的情怀吧！我从国企出来后，在家歇了半年，就想再找个活儿。一天，我去琉璃厂买笔，咱北京人买笔当然得去戴月轩了，买完笔回家，上网瞎看，正好看到了戴月轩的招聘启事，当时是招办公室主任，我立刻就写了一份简历投过去了。第二天，我怕简历石沉大海，就给戴月轩打了一个电话，可巧的是，当时这个电话就是戴月轩于总经理[①]接的。记得当时他在电话里问我多大，我说“31岁”，其实我虚报了一岁，通过招聘启事我知道戴月轩想找一个有经验、有阅历的办公室主任，我特别想得到这个职位，担心人家觉得我年轻，就虚报了一岁。这通电话后，于总就安排了面试。面试之前，我还做了充分地准备工作，比如，现在老字号企业的发展思路、创意以

---

① 于天鷟（读yīng），现戴月轩湖笔徽墨有限责任公司董事长。

及瓶颈问题等，从查阅了一些资料，也从行外人的角度做了一些思考，我将这些资料总结成了一篇书面的文字，相当于“建设性意见书”。面试那天比较顺利，我把这篇文字递上去了，领导看了以后，觉得跟戴月轩的发展思路比较吻合，也觉得我很有心，确实很想做些实事儿，面试当天就敲定我“加盟”戴月轩了。

袁畅：您进入戴月轩后，当时对琉璃厂有什么感受？或者说那会儿的琉璃厂是什么状态呢？

白文冲为顾客选笔场景

白文冲：2013年我进戴月轩的时候，感觉琉璃厂已经发生了变化。20世纪90年代，琉璃厂就是一个对外窗口，接待的主要是以旅游为主的外国人。我来的时候，发现国内的书画市场正处于上升期，甚至是一个高峰期，琉璃厂除了游客外，专业的书画家来得也越来越多，新兴市场正在形成。

袁畅：这个新兴市场指的是什么？

白文冲：比如学习书法的孩子、退休职工书法爱好者、私企的企业家们等，构成了新的购买力群体。

另外，在我的印象中，琉璃厂应该以古玩为主，比如瓷器、珍玩，什么都有；但来了戴月轩之后，通过长期在琉璃厂的观察发现，琉璃厂还是以文房四宝、书籍、书画为主。

还有就是琉璃厂的一些真实现象拉低了我对琉璃厂的印象，因为在我心中琉璃厂的东西应该都是尖儿货，至少是真货，但来了琉璃厂之后才发现，高仿、作假、以次充好的东西还是有的，这些东西给琉璃厂的形象造成了很不好的影响。

袁畅：您进入戴月轩后，接手的第一件工作是什么呢？

白文冲：我进入戴月轩后，从销售员开始做起。这是戴月轩的一个不成文的规矩，老前辈告诉我，就连总经理也是从销售员做起的。第一，你必须了解自己的商品以及商品种类；第二，你得了解客人，包括客人的需求和想法儿；第三，你得了解戴月轩后面的笔坊[①]，了解笔的材质、用料，因为得把这些反馈给客人，也得把客人的一些要求反馈给笔坊做笔的师傅们。

袁畅：您能具体说说您在戴月轩入职的第一天都做了什么吗？

白文冲：第一天，一位老师傅带着我了解店里的商品的状况，比如，不同材质的笔分多少种类，不同的笔适合写什么、适合画什么等。当初我应聘的职位是办公室主任，这不是普通的岗位啊，因此，别人新入职的试用期是一个月，我是两个月。这两个月可把我忙坏了，除了销售，还必须做一些文案工作，当时经常接到领导的指示：明天有一个什么什么会，需要一个发言稿，我就得晚上加班写发言稿，一写就写到凌晨12点。还有就是送货、接待媒体访谈、录节目等工作。

袁畅：试用期之后，您除了柜台销售工作、办公室的文案工作等，还干些什么工作呢？戴月轩是老字号，对于老字号的企业文化，您的感受是什么呢？

白文冲：近一两年来，非遗项目得到广泛地关注，比如我手边正在整理的西城区文委主抓的“西城区非遗项目传承谱系以及传承人图典”，由政府牵头、企业配合搜集、整理老字号的历史传承、沿革、发展和创新的一系列工作。在参与这些工作中，我深刻地感受到了戴月轩作为一家百年老字号，其深厚的文化底蕴，可以说是处处都是典故。比如，戴月轩现在还保存着一块匾，是赵朴初先生题写的，据说这块匾是傅大卣先生[②]帮忙求的，傅大卣先生是咱们戴月轩的老邻居啦，就住在对面儿的姚江胡同，咱们戴月轩店里有一位老师傅跟傅大卣先生熟识，

① 戴月轩一直是前店后厂的经营模式，笔坊是一间毛笔制作的小型工厂，2007年经过翻建成现在的规制。（白文冲口述）

② 傅大卣系故宫博物院的研究员，已逝，其子傅万里，系国家博物馆研究员。（白文冲口述）

知道他与赵朴初先生的关系非同一般，就托傅大卣先生代请赵朴初先生为戴月轩题写一块匾额；赵朴初先生题在一张不大的纸上，后来，双方都忘记了这件事。若干年后，傅大卣先生过世后，其子傅万里先生在整理先父遗物时，发现这张小字条夹在一本书里，傅万里先生也与戴月轩关系很好，就将这件遗物捐献给了戴月轩，这块匾也就因此诞生了。

袁畅：您刚刚提到西城区文委以及非遗项目的推广，政府起了牵头作用，具体牵头的活动都有哪些类型呢？

白文冲：首先是培训，请非遗研究专家为老字号企业进行非遗相关知识的培训；其次，是经常性地组织一些竞赛、展示等活动，比如竞赛类的活动有“京津冀传统技艺大赛”，展示类的活动有“京交会”等，我们还参加了APEC会议，给各国元首和参会人员展示我国传统的制笔技艺。

白文冲在戴月轩非遗接待场景

袁畅：目前戴月轩里有几位非遗传承人？

白文冲：第五代有两位传承人，一位是王后显师傅，另一位是滕占敏师傅。王后显师傅目前是市级非遗传人，他是山东枣庄人，从小做笔，经验比较丰富；他到戴月轩之后，主持、设计、制作了很多品类的笔，比如高端笔有唐楷、月照古今等，唐楷是狼毫笔，一套两支，一大一小，选料精良，笔尖是东北元尾[①]、笔杆为紫檀木，宜书宜画，很受欢迎；月照古今是2007年申请非遗时制作的一

① 东北地区元月捕捉的黄鼠狼的尾巴。

套6只的套装笔，月照古今由李白诗句“古人不见今时月，今月曾经照古人”延伸而来，6支笔的造型趋近“蒙氏制笔”原型，笔杆为果木制成，每支笔上均刻有一句诗[①]，6句连起来是一首藏头诗——北京戴月轩制，非常具有收藏价值。滕占敏师傅是书法、绘画、篆刻三绝，算是当下琉璃厂不出世的高人！滕师傅您不是也准备访谈了吗？回头你们可以细聊聊。

真正让我震撼的是去年，戴月轩建店100周年的时候办了一个“戴月轩百年回顾展”，在这个展览上，展出了不同时期、不同年代戴月轩的制笔、工具、店里的老物件以及戴月轩和名人的逸事等，很多东西都是我第一次见。其中一件老物件儿，就是戴月轩第二代制笔师傅李树元所用的一个木箱子，当初李师傅将笔架在箱子上给笔杆刻字，经过几十年，箱子上竟磨出一道深深的沟儿，这让我特别震撼，这是匠人精神最完美地诠释。

袁畅：您在戴月轩这些年，接触了不同的客户以及较多画家，您觉得对于传统意义上的毛笔，目前大家的认知是怎么样的呢？

白文冲：不瞒您说，我感觉大家普遍对毛笔的制作、使用还不算是太明白，其中也包括一些所谓的行家。比如，一听狼毫笔，大家就认为是大灰狼的毛儿，这是最让人哭笑不得的；懂点儿的会说狼毫使起来硬、羊毫使起来软。其实这是一个误区，狼毫不加“健”就算软，加了“健”其实算是兼毫了，确实硬。使用者的水平不同，对笔的感受也不同，最好是亲自试笔。您也知道，来戴月轩的不少都是北京的老人儿，这些老人儿一见到我就说：“来来来，给我指点指点。”这一“指点”可好，趴那儿至少写一个小时，但都是老客人，必须得有耐心啊。这就看出来，一是大家对中国书法还是比较喜爱的；二是大家对老字号还是特别认同的。

袁畅：戴月轩做电商是从什么时候开始的呢？在什么契机下戴月轩开始搞电商了呢？

---

① 6句诗分别为北斗拱月、京兆画眉、戴砺山河、月照古今、轩然霞举、制巨鸿篇。

白文冲：电商是2015年开始做的。最初在天猫商城上做，我们店分出俩人专门成立了电商部门，拍照、上传、客服等都是这个部门来做，每支笔或者别的商品的相关的资料都由我来整理。我们并没有在电商推广上做太多投入，也就是刚开业的时候有一些小优惠；推广基本上是来实体店里的客人，跟客人说，在网上也有我们的店，就这样，经过小半年的时间，电商才逐渐有了起色。目前的销售量还算可以，可以达到一家实体店的1/4的水平吧！我们算是做电商起步比较晚的，但我觉得电商的销售会逐渐取代实体店的销售，实体店未来的一个发展方向是新品发布的场所，再有就是小型的博物馆、体验店。现在，戴月轩已经有了微信公众号等，以推广为主。

写在后面：

戴月轩店内分为东西厢房。西厢房为戴月轩销售区域，目测约45平方米，大门开在西厢房正面；东厢房非戴月轩区域，为联营柜台，销售的物品以茶具为主。西厢房进门处有一个自选区域，分别由一个环形柜台和两组货架组成，环形柜台上摆放着端砚；货架上摆放毛笔、国画颜料、文房小用具（水滴等）、墨汁、墨块等。店堂南面是货架与玻璃柜台组成的展示购物区域，销售人员一般站在柜台与展台之间，从柜台的东侧至西侧，按毛笔的精制品与普通品顺序排列，若没有销售人员提点、介绍，一般顾客很难辨识同质产品的使用范围及区别。连接东西厢

戴月轩琉璃厂店（摄于2017年6月）

房的中间有一个通道，通道口有一个颇具古意的木质柜台，客人结账便在这个柜台处，而柜台西侧则是进入笔坊的必经之路。

笔坊大约有40平方米，呈正方形。有两排操作台，手工制笔人员环操作台对坐，目测可容纳12人之多，在操作台西侧的墙壁上挂有戴月轩店史以及毛笔制作步骤等海报。笔坊一般是不接待来访客人的，从笔坊小门即可一览无余，除非对某项技术步骤感兴趣，不然也无须入内观看。据白文冲介绍，如有单位团体提前联系参观，可由工作人员带领进入笔坊并予以解说。

我与白文冲的相识，是从我第一次踏进戴月轩开始的，他以为我是顾客，从我进店开始就不紧不慢地跟着我，并且保持一定的距离，当我拿起一块店内摆放的砚台时，他立刻上来为我介绍；当我问及与戴月轩店史相关的问题时，白文冲非常细致地按照不同年代、不同掌柜或领导时期等，很有头绪地进行介绍；我惊诧他的有条不紊，白文冲笑言这些店史与逸闻都是他进戴月轩后总结的。

白文冲每周上6天班，休息为倒休制，而且必须排在非周末的日子。尽管白文冲进入戴月轩的时间不长，但主要的团体接待、媒体访谈以及学生见习等，都由他来接待。在本次口述访谈中，我在设问上更多地设置了有关白文冲本人的问题，这些问题包括他的成长经历、教育经历以及他进入戴月轩之前的职业经历等。在对戴月轩的经营现状的问题上，我选取了初入戴月轩时的想法和面试准备、戴月轩目前经营状况及感受、戴月轩的电商创业初衷、戴月轩门店经营的未来看法等问题。

白文冲作为口述对象的意义在于他的年龄与自我定位。他对传统书法的爱好是他进入戴月轩的初衷，尽管他是80后，其本专业又与戴月轩的任何一个工种相去甚远，但对于琉璃厂的定位，白文冲有着清楚的认识。当我问他是否愿意在戴月轩一直做下去的时候，他表示“说不准”，但他肯定地说自己会在传统文化产业相关的领域一直做下去。

戴月轩牌匾小记

白文冲

一、徐世昌题匾

徐世昌，号菊人，出身翰林，博学多才，文章、诗词、书画皆精，传统文化造诣很深，曾出任民国大总统，有“文治总统”之美称。徐世昌的书法多为行草书，在晚清及民国时期，名重一时。戴月轩的第一块匾额就出自他的手笔。

这其中还有一段“高山流水遇知音”的佳话。

徐世昌是文人，可谓爱笔如痴，常对寻觅不到得心应手的好毛笔和在书法艺术上达不到更高的境界而感到苦恼，他找过多名制笔名家定做毛笔，均不理想。

民国初年，一日徐世昌途经琉璃厂一家笔店，进店选笔作书，甚不理想，苦恼再三，转身欲走，听到店伙计戴斌正在给客人讲解制笔与用笔之道，便驻足聆听。听到妙处，茅塞顿开。拿过戴斌修过的毛笔，在纸上信手写来，笔锋圆转自如、随心所欲，不禁惊呼：“真是好笔！”便对戴斌深鞠一躬。

这次偶然的结识，言谈话语间，从戴斌对制笔、用笔的独到见解，徐世昌深有所悟，使其对书法及用笔的认识更上一层台阶。戴斌对徐世昌的书法造诣也是大加赞赏。二人一见如故，大有伯牙子期之缘。

从此，戴斌的制笔技艺得到徐世昌的赏识，两人经常一起探讨用笔、制笔的心得，可谓是“笔之知音”。戴斌根据其用笔特点，特意制

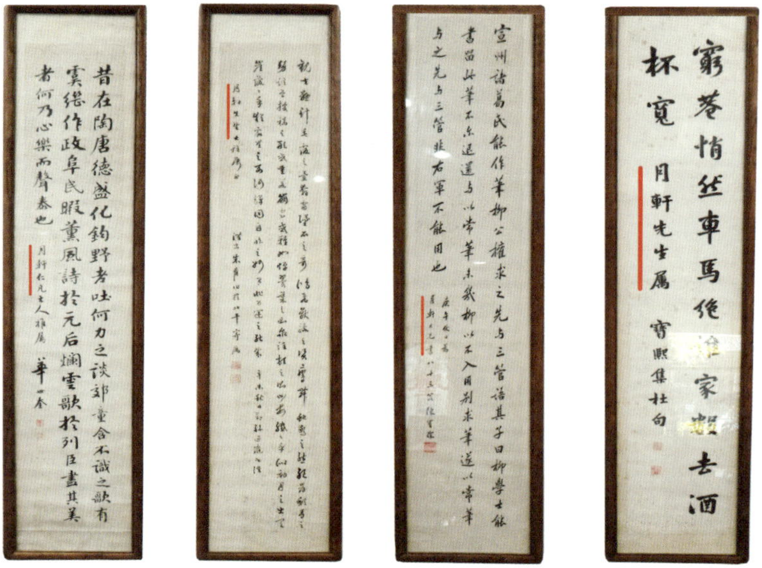

戴月轩名人留墨

作了一支毛笔赠予徐世昌。

1916年秋天（丙辰秋月），年轻有为的戴斌在琉璃厂东街开设了以自己名字命名的湖笔店——戴月轩。时任中华民国国务卿的徐世昌得知好友开了笔店，为感谢当年的一笔之情，欣然为笔店题写匾额，以表谢意，戴斌见匾后感激涕零，便把此匾作为戴月轩的第一块牌匾，以示敬意。至今，戴月轩走过了一百多个春秋，这段不朽的佳话流传不衰。

正所谓，“巧遇知音，一笔传情，落纸云烟，佳话百年。”

二、赵朴初题匾

赵朴初系卓越的佛教领袖，杰出的书法家，在国内外宗教界有着广泛地影响，深受广大佛教徒和信教群众的尊敬和爱戴。曾任中书协副主席，担任过“天下第一名社”西泠印社的名誉社长（1983）和第五任社长（1993）。从当代书法史、书法发展史等角度来看，赵朴初都是无法回避的一个历史性坐标。他题写的戴月轩匾额是难得一见的珍品，可谓字体隽秀、浑厚饱满，兼有汉碑雄劲和晋唐风骨，刚劲清新、优雅峻拔，是力能扛鼎的大气之作，极大程度地将“贵和尚中”这种中华文化的精神内涵展现出来。值得一提的是，这块匾额背后还有一段传奇故事。

赵朴初与傅大卣[1]交往多年，私交甚好。1982年，戴月轩店特委托傅大卣先生请求赵朴初题写匾额，赵朴初一向支持民族手工艺的发展和民族传统文化的传承，作为书法巨擘，他也常使用戴月轩的毛笔，并对戴月轩毛笔大加赞赏。他说自己多年使用戴月轩毛笔作书、写字，饮水思源，也应该为戴月轩的发展尽绵薄之力，以示崇敬之情。希望戴月轩更好地造福社会、传承中华文化，所以欣然题写了“戴月轩湖笔店”的珍贵墨宝，并转交于傅老。后因种种原因，没人再提及此事。世纪之交，两位大师相继故去。

2000年，傅大卣之子傅万里先生在整理书籍时，意外发现了一个信封，写着“转呈戴月轩湖笔店”，打开一看是赵朴初所题的“戴月轩湖笔店”遗墨，傅万里先生将此墨宝装裱，在马国庆的引荐下，将此珍贵墨宝无偿地赠予戴月轩，戴月轩经理陈培新得到墨宝，感激赵老、傅老及傅万里先生对戴月轩的无私奉献。从此，陈培新与傅万里成为至交好友。辗转数年，代表着几位大师情感的珍贵墨宝回到了戴月轩，实乃幸事！

三、郭沫若题匾

郭沫若是20世纪中国历史上的文化巨人，博识广闻，在现代书法史上占有重要地位。他在历史学、考古学、古文字学、古器物学等艺术方面都有很高造诣。

郭沫若是文化人，有书法情结，1956年公私合营，郭沫若为戴月轩题写“戴月轩湖笔店”匾额。其书法以行草见长，笔力爽劲、洒脱，运

---

① 傅大卣，鉴赏家，拓片专家，河北三河县人，金石传拓名家，幼年于琉璃厂古光阁学徒。后师从民国传拓大家周希丁，尽得其艺，且胜于蓝。帖拓器物全角之技，自康元故后，海内独步。中华人民共和国成立后历任故宫、历史博物馆要职。傅氏技精人谦，交游很广。

转变通，韵味无穷。这幅匾额书法中透出一种“文”的气息，表现出他诗、文、史相融合的书法化境。

1966年该匾额被红卫兵摘走；改革开放后，多方寻找无果。2015年3月，戴月轩经理陈培新接到国家博物馆戚主任的电话，说在库房看到郭沫若题写的“戴月轩湖笔店”匾额。真是“踏破铁鞋无觅处，得来全不费工夫”，近四十年的寻觅，却在不经意间被发现。这块由郭沫若题写的匾额异常珍贵，现已由国家博物馆永久珍藏。其复制品重回戴月轩百年殿堂，永放光辉。

学到了古人的法，才能有古人的韵味

时间：2017年5月16日

地点：琉璃厂厂甸胡同甲9号　果春斋

访谈人物：戴月轩湖笔徽墨有限责任公司非遗传人　滕占敏

访谈录音、笔记：袁畅

在场者：张英　陈芬华

滕占敏工作场景

袁畅：戴月轩作为琉璃厂的老字号，关于毛笔制作方面，目前有几位非遗传人？

滕占敏：加上我，一共有两位。

袁畅：我看您一直在给毛笔杆儿上刻字，制作毛笔的其他工序您不负责吗？

滕占敏：刻字是我的长项，其他的也干，大家是一个整体。大工序分水盆、干作和刻字3个工序；小工序那就太多了，有名称的大约有70多道，没有名称的工序有100多道。

袁畅：没有名称的工序具体是指什么呢？

滕占敏：水盆的一些零散活儿，比如一些制作笔头的工序等。

袁畅：您是哪一年进的戴月轩？

滕占敏：2007年底吧。

袁畅：您还记得当时戴月轩店内是什么样子的吗？

滕占敏：没有像现在这样的制笔的工作室，当时，在店内也就是柜台前面、西边一角做毛笔。

袁畅：当时，算上您，现场展示毛笔制作和参与制作毛笔的师傅有几位？

滕占敏：3位。当时我只负责刻字，其他工序由那两位师傅负责，我偶尔也接刻印的活儿。

袁畅：您还记得2007年您初到琉璃厂的时候，是什么样子的吗？

滕占敏：文化氛围浓厚，街道、胡同很有特点，胡同比较深，而且里面也有经营文房四宝、字画的店铺，我以前没接触过这种环境，只是在书上看过。

袁畅：我们有一位共同认识的朋友，是他介绍我来访谈您的，您知道天津美院国画系的周伟明①吗？我看到琉璃厂旁边的厂甸胡同里的一间画廊就有周伟明画的团扇。

滕占敏：我知道他，比我小很多。他家是梁郭镇西边，我家是苗家镇东边，离着有七八里地。

---

① 此处与周伟明证实。周伟明原访谈记录：俺家那边都是些会做毛笔的，你在街上站着，过去10个人至少有6个人是会做毛笔的，有些就是很多年不干了。俺婶婶家就会做毛笔，她五六年前还在家里做笔呢，我老是上别的摊上去买，去要根毛笔，都叫人笑话。后来我考上了天津美院，一次回家，我的一个叔叔跟我说他认识一位专为名家制笔的师傅——刘广生，说这位师傅做笔做得好、做得细致，这位师傅制的笔都去找滕占敏刻字。现在，都很少回家了，过年回家，正月初六，一起去照清笔庄吃饭。我结婚后，也不咋回家了，现在有学生在北京，我就跟他们介绍我这个哥哥，让他们去琉璃厂东街戴月轩找滕占敏，他做笔做得好，刻字刻得好。

袁畅：现在您简单说一下您的个人情况，比如，家乡、父母、工作之类的。

滕占敏工作照

滕占敏：我叫腾占敏，出生于1971年12月25日，山东莱州苗家镇朱桥镇苗家村人，家里有四口人，父母、哥哥和我。父母务农，家中有五亩地。我的祖父叫滕书智，祖父辈兄弟6人，高祖父开始在保定开过笔庄，高祖辈兄弟有3人，分别是滕京令、滕美令、滕锡令。我高祖父叫滕锡令，有关高祖父的故事都是我祖父给我讲的，我祖父活到90岁呢。1947年我祖父40多岁，有了我父亲，为了方便抚养，便从保定回到家乡，我祖父回家后在村里的笔厂务工。苗家村制笔厂又称苗家笔厂，是村里回来的老手艺人凑在一块儿建的一个笔厂，这些老手艺人我能叫上来名字的不多了。

袁畅：这是算国营还是集体呢？

滕占敏：应该算是合作社的联社，是集体吧！20世纪70年代的时候，各个村子都出一些人，建了一个大笔厂，叫苗家联社，现在叫莱州市制笔厂，牌匾是启功先生写的。李兆志是20世纪80年代末的制笔厂厂长，隔几个月就给启功先生寄一次毛笔，他们结下了深厚的友谊。

袁畅：您是哪一年开始上学的？除了念书，您还记得小时候有什么趣事吗？

滕占敏：1979年我上苗家小学。小学校就是村里一个破房子，茅草那种，有30多个学生，课程有语文、数学、音乐、体育等。我记得有个贾老师特别好，专门教一、二、三年级，她对人特别和气，所有小孩儿都特别喜欢她。她那时候30多岁的样子，在我们村很有名，现在在城里住，除了体育，语文、数学、音乐都是她一个人教。放学后我就到村里笔厂玩，因为爷爷在那儿嘛。笔厂很大，当时有100多人，有做毛笔的、有加工猪鬃的、有做刷子的。工厂是一个大院子，全都是房子，那时候总是拿个笔杆儿玩儿。

袁畅：您哥哥比您大多少？

滕占敏：我哥哥比我大一岁。

袁畅：您家的收入来源等于全是依靠笔厂，那笔厂的收入如何呢？

滕占敏：还行吧。那会儿挣工分，家里一年收入100多元钱，家里的粮食和菜基本都是生产队里分的。

袁畅：您那会儿小学是六年制还是五年制？

滕占敏：小学是五年制，我初中考的是苗家中学，也在本村，中学我们班里有近六十人了。初中科目多了，有生物、政治、生理、英语等。

袁畅：您现在回想起来中学时光，最令您难忘的是什么呢？

滕占敏：应该是我开始学习书法吧，到现在我还一直坚持练习书法呢。那会儿除了寒暑假以外，还有麦假、秋假，总共4个假期，假期就是帮家里干活儿。初中时比较擅长的科目是美术，喜欢写写画画，铅笔画、钢笔画、素描、速写等都是自学，我还写字，练毛笔字。一直临摹柳公权，没别的字帖。保定的大爷滕登彬是做墨汁的，开了家多为宝书轩的厂子，每次放假都给我们带一箱，很方便，墨、笔都不要钱。

袁畅：中学以后呢？

滕占敏：1987年，我初中毕业后就去了自己村里的笔厂，当学徒去了。

袁畅：完全是自愿的？没有父母的安排和介绍？

滕占敏：那会儿没有特别多的选择，厂子是自己村的，从小又在厂子里玩儿，都认识，说去就去了。

袁畅：您还记得上班第一天干的是什么活儿吗？

滕占敏：我记得去了以后先学修毛笔，给我派的师傅叫刘广琴，她14岁就在笔厂工作了。她教我先磨刀，老厂长也没想到我磨刀又快又好，当天就能出活儿。还记得第一天我就修了15支笔。

袁畅：修笔主要是修什么呢？

滕占敏：给粘好的笔修剪杂毛，也叫择（zhái）笔，一天15支。我从小就天天干，拿过来就会干。

袁畅：先是学徒？学徒期大约多长时间？

滕占敏：学徒期半年，3个月之后才多少给点儿工资。学徒期间，在厂子里修笔；晚上回家接刻字的活儿，私活儿一个月能挣将近100元钱。一个晚上，俩小时，刻便宜的笔，能刻100多支。那会儿我爸都没我挣得多。

袁畅：1987年您中学毕业后，就在村里的笔厂做工了？

滕占敏：干了一年，1988年我就去了北大荒。我舅舅在那儿建三江胜利农场，把我叫去种地、开拖拉机，那一年挣得多。当时去东北是想去试试能否在那儿安家，结果户口没有办成，一年后就回来了。

袁畅：当时没想在笔厂长期做下去？

滕占敏：村里的人除了务农的就是做毛笔的，感觉不像个正经工作，但去东北没能落户，1989年就又重新回到笔厂。

袁畅：回到笔厂继续从修笔开始？

滕占敏：这次是装套儿。就是把笔管打上眼儿后，捆扎笔头儿，把笔头儿装上，行话叫装套儿（安徽叫法），我们那儿叫刮笔，咱们就按安徽的叫法吧！黏合剂用的是松香和树脂（稍微好点儿的笔）。1989年继续做装套儿一年。

袁畅：我感觉您在所谓的制笔的大工序上都做了近一年时间，先是择笔再是装套儿，一年后您又开始做别的了吗？

滕占敏：我在村里的笔厂干到1990年，也就是装套儿一年后，我进了莱州市制笔厂。那时厂子里招技工，招水盆儿（制笔头）和刻字，我应聘的是刻字，是由朋友介绍的。

袁畅： 等于有了工人身份？是正式职工吧？

滕占敏： 是的。从1990年2月开始，我就是莱州市制笔厂的刻字师傅了。在莱州制笔厂一个月能挣100多元钱，而且福利待遇还不错，比如发些毛巾、工作服、洗衣粉等，那会儿家里毛巾多极了，因为笔杆儿要用毛巾裹起来，这样可以保持水分，刻字刻起来比较容易。

袁畅： 成为正式职工后，您专攻刻字吗？那会儿，莱州制笔厂的毛笔主要销售到哪里呢？

滕占敏： 没错，一直就是刻字，那会儿最好刻的，也是刻的最多的笔是“大白云”“花枝俏”等；最难的是牛角的大抓笔。那会儿是计划经济，一天一个人刻200支笔，光刻字的人就有20人，一天就能出4000支笔。上班是从早上7点30分到中午11点30分；下午1点30分到5点30分。那时都是出口产品，而且量特别大，主要出口日本，由青岛畜产进出口公司定制。

袁畅： 莱州制笔厂现在还在吗？您在这个厂子做了多久？

滕占敏： 现在估计不在了，就是在也不叫这个名字了吧！我在这个厂子做了两年，到了1992年，厂里有两个人辞职，下海办了一个制笔厂，属于私营企业了，专做出口，基本都是销往日本，订货单位基本都是青岛畜产进出口公司。他们就把我拉走了，一个月给我300元钱，福利与原来厂一样。

袁畅： 尽管不是国营企业，但收入一下子高了很多。

滕占敏： 那会儿我挣双份儿工资，白天一份活儿、晚上一份活儿。我们那儿有好多个体户，经常找我刻笔。晚上接的活儿基本都是高档笔，刻一支1元钱。后来我不爱接这种活儿了，那会儿晚上有时候跟朋友去打台球，每天晚上还要坚持练字，实在是没有时间，不太想多接活儿，那会儿对钱也没有什么概念。

袁畅： 您在这个私营厂子做了多久？

滕占敏： 1995年，这个私营厂子的两个股东分家，其中一个叫王沼清，他开了一家照清笔庄，还是专做出口，那会儿主要就刻“花枝俏

（纯狼毫）”“东岳青松（加健）”两种笔。王沼清一个月给我500元钱，承诺我一年能挣10000元钱，到现在我俩关系也特别好。

1996年，我结婚了。妻子是经人介绍的，年龄比我小一岁，那时候她自己加工毛衣。她是3公里外邻村的。1997年，我有了女儿后就辞职了，其实也不能说是辞职，就是把活儿放在家里做了，一边照顾家一边做活儿。一般都是厂子把活儿送来，再讲好完工时间，而且找我干活儿得先给钱。这个状态一直持续到2005年。

2003—2005年，我还接到了日本文林堂的订单，厂址在威海，厂子里也就七八个人，主要刻日本笔，区别是他们“混毛”一般用传送带那种机器，而咱们都是人工。有时候还用日文刻笔。

袁畅：您从私营企业做工到自己在家里接单定制一直持续到2005年，后来呢？

滕占敏：2005年夏天，烟台的一个韩资笔厂请我去刻字，承诺给我一个月3000元工资，于是我就带着妻子、孩子一起去了烟台。老板给租的楼房，孩子在烟台上学，妻子和我都在韩资的毛笔厂工作，我妻子负责给师傅打下手，干些零活儿，一个月也就1000多元。老板叫郭宗敏，是韩国人。这个厂子按量、按批次生产毛笔，上半个月可能没活儿；下半个月可能就会忙得加班。那会儿，莱州那些找我刻字的毛笔厂还将活儿送到了烟台。

袁畅：您在韩资笔厂做了多久呢？

滕占敏：一直做到2007年，韩资笔厂要搬到栖霞，我就辞职不干了。

袁畅：您前面说您是在2007年底来的琉璃厂？

滕占敏：是啊。我刚刚带着妻子、孩子回到家，戴月轩的总经理陈培新经人介绍找到我。当时只说想聘请我来北京戴月轩刻毛笔，并未谈薪酬，说干得好再说，试用期一个月。2007年11月27日，处理完家务事，我就一个人来到了北京琉璃厂戴月轩。在厂子里的时候，就给戴月轩供货，那会知道琉璃厂是经营文房四宝和名人字画的地方。

袁畅：刚来北京的时候您住在哪里？工作的主要内容还是刻字吗？

滕占敏：我来北京第一年住在店里，白天上班、晚上写字。那时候，来的老外不少，忙的时候一天能刻不少印章，那时候做笔的只有3个人。有客人需要刻印就刻印，其他时间刻毛笔。刻印是跟店里五五分成，刻毛笔是挣工资，也就是3000元钱，实际上没我在家挣得多，但在琉璃厂可以自己接刻印章的活儿。2008年，戴月轩在金源燕莎开了家分店，每周周末我就去分店刻印。那年，我搬到了八里桥，住在朋友家。

袁畅：制笔有很多工序，您专攻刻字，并在这一道工序中闯出了名堂。

滕占敏：不敢说名堂，我也参与毛笔制作的其他工序，只是刻字是我的专长，而且我喜欢尝试，尝试在不同的材质上刻字。我刚开始的时候是临摹老师傅的刻字，比如赵文广，他是当时莱州市制笔厂刻字最好的师傅，他刻的字非常工整，刻工好、刀法干净利落。刻工好讲的是下刀干净利落，我临摹他的字很多年。我一直练书法，逐渐形成自己的风格，用在了刻字上。

滕占敏刻茶道具

刻字属于工匠活儿，我可以在笔杆儿上刻诗词、文章，刀法能表现笔意，以刀代笔，与书法相近。我最善于在圆弧表面上刻东西，不用任何底稿，直接刻，比在平面上表现得还要好。我什么都能刻，各种材料都可以。

袁畅：戴月轩作为制作毛笔的百年老字号，您在这里制笔、刻字，对您的技艺有什么影响呢？我指的是来戴月轩的客人的要求以及戴月轩对您的要求方面。

滕占敏：2012年，我被确定成为非遗传人。戴月轩的毛笔一直供不应求。2014年，我还带了一个徒弟，他是一位聋哑人，是他妈妈把他送来的，他也学过书法，我一直带他，到现在已经带了3年了。我喜欢尝试在不同的材质和器物上刻字，比如臂搁、笔筒、扇子等文房器物，目前扇子、臂搁接的比较多。我还在扇骨、笔筒上尝试了画的雕刻，在这方面，我也收了两个徒弟，都是正经拜过师的。

作为非遗传人，除了政府补贴外，还要在一些活动上进行技艺展示、表演，这种展示对于毛笔的技艺传播是有好处的。今年，戴月轩的礼品笔、套装笔等销售下降很多，单支笔的销售数量上升了，也就是说，真正用毛笔的人、自己买笔或者买文房四宝的人成了主要消费群体，这样的客人有着自己的用笔习惯，他们会来戴月轩定制，戴月轩有着自己的传统和影响力，在这样的环境下，我接触的个体店都不行了。这几年原材料涨价，书画市场不景气，造成个体经营困难，但戴月轩相反，定制笔的销售数量反而大幅增加。

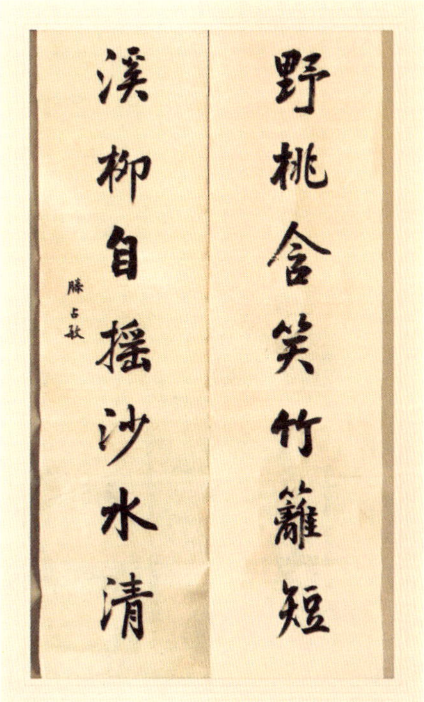

滕占敏手书

袁畅：您在制笔、刻字方面有自己追求的目标，或者说您已经形成了自己的审美标准，您认为什么样的字或者作品是好的？

滕占敏：好的作品能打动人心，要符合自己的审美标准才是好的。我比较喜欢古人经典作品，太夸张的作品我不喜欢。或者说，我想追求艺术、追求一种古意吧！不同时代都有不同时代的韵味，古意就像古人的韵味。学到了古人的法，才能有古人的韵味；有了古人韵味也就有了古意。

我特别喜欢书画，经常去荣宝斋，只要休息我就去看画，也参观各种书画展览。对于我来说，更多的是学习，汲取养分。多学习经典的东西，比如古人刻竹，明清时期，有京派、苏派，刻竹的有几百人，我想在竹刻方面多下功夫，会使我的毛笔刻字更进一步。多用毛笔，才能领会做毛笔。

写在后面：

与滕占敏的结识是在琉璃厂东街与厂甸胡同接壤处的一家南纸店。当时滕占敏为一些画家朋友在此选宣纸，他与店主人非常熟络，随意抽出一张样纸就挥笔写起来，写就之后，店主人连声称赞。当他要回去上班时，我就问他：“您在哪上班？”他说：“在戴月轩。”这时店主人在旁帮腔，说他是非遗传人，这一下儿引起了我的兴趣。

在滕占敏的带领下，我第一次进入戴月轩的笔坊。他的座位旁边坐着一位正在缠笔头的少年，据滕占敏介绍，这位少年不到20岁，是位聋哑人，是他母亲送来学徒的，目前已经学了3年。滕占敏对这位徒弟

戴月轩笔坊（摄于2017年6月）

描述不多，最后表示，现在学手艺的，有些身体残障的人士反而要强于许多身体健康的人，因为他们做事心无旁骛。

滕占敏作为口述访谈对象的意义在于，他是戴月轩时任总经理礼聘来的，到了戴月轩后经申请成为非遗传人。进入戴月轩之前在山东莱州，家庭早期（父母辈）收入由农业和传统手工业代工构成，并无资产性收入。滕占敏这辈儿从务农中彻底脱离出来，依靠传统手工业作为家庭收入的主要来源。滕占敏是70后，极具时代特征，20世纪80年代学徒入厂，90年代在私营企业做工，90年代末至2000年初转职入合资工厂，在传统文化、文创产业复兴初期进入戴月轩。

在与滕占敏的交谈过程中，了解到他是一位言语不多的人，往往是我问几句他说一句，这使得我不得不进行一些具有引导性的设问。在提到用笔的技术性，特别是与书法的关联性等问题时，滕占敏积极的配合以及有着极大的耐心。当最后问及在这个行业领域，他还有多大的提升空间时，滕占敏表示很担忧自己的眼睛。

"传承"不是一知半解地教，更不是毫不在意地学

时间：2017年2月27日

地点：北京市西城区琉璃厂厂甸胡同甲9号　果春斋

访谈人物：古籍修复国家级非遗传人　汪学军

访谈录音、笔记：袁畅

在场者：王鹏钧　王学甫

中国书店及店内场景（摄于2016年10月）

袁畅：我看见您下午骑车出去了一趟，以为您家里有事儿不回单位了呢。

汪学军：您不知道，我这腰老不好，是劳损，下午上医院了。老趴那儿修书，时间长了落下的毛病。胳膊也不行了，老疼……

袁畅：您是琉璃厂唯一一位古籍修复方面的非遗传人了吧？

汪学军：现在叫古籍修复，我爸那会儿，就是裁书的，那会儿的书没有机器装订，都得靠人裁，拿着刀这么一裁，书页就齐了，也好看了，我们家就是裁书的。我爷爷当年就在琉璃厂，连铺子带住，有那么一间小房儿，你打听“大刀汪”，说的就是我们家。

袁畅：说到您家，咱们从头开始，请您简单说一下您和您家的传承。

汪学军：我叫汪学军，1964年生人，从小儿就长在琉璃厂，现在在中国书店修书，修了35年了。我祖籍是浙江绍兴，我爷爷那辈儿来的北京。

袁畅：您爷爷那辈儿当时为什么离开绍兴呢？

汪学军：我也说不太清楚，都是我爸爸和他当年的那些同事告诉我的，说是全家来的，我爷爷弟兄七八个人结伴儿来的，有的来念书，有的找活儿干。我爷爷是来找活儿的，到了北京就在琉璃厂的“同善堂”当起了学徒，也是卖古旧书籍的。《琉璃厂小志》里记载的“同善堂——汪景熙，字子昱。”就说的是我爷爷。

袁畅：等于就在同善堂扎下根儿了？

汪学军：后来还自立门户了呢，但一直没有自己的牌匾、堂号。早年先的书行讲究眼里，本来印书的地儿就少，还全是手工装订，书自然值钱。比如说，这本书是什么时候的、什么版本、到现在值多少钱、哪儿坏了、怎么修、用什么纸，师傅哪儿有工夫一对一地教得自己长眼，自己边看边学。我爷爷刚来的时候，只能住会馆，后来出徒了，也就有了进项，搬到了前门岳家老宅附近，最后在小沙土园儿胡同买了一间小房子，也就有了自己的作坊。

袁畅：琉璃厂那会儿有不少同善堂这样的书店吧？

汪学军：那得说1945年前了，现在归在中国书店了，原先的肄雅堂也是书店，那会儿算是古旧书业，据说鼎盛的时候，有400多家，白天卖书，晚上就给人修书、补书、裁书。1952年，中国书店成立，1956年公私合营，把古旧书业的几块儿归并了，比如东安市场、隆福寺等，这几块儿的古旧书店都合并了，书店卖书，原先修书的手艺人、老师傅们就归结在一块儿，成立了古籍修复厂，厂子就在东单，现在已经没有了。刚建厂的时候有四五十人，忙起来的时候我母亲也会去厂里帮忙！

袁畅：我听我父亲说，过去书行的人都得精通版本、目录……

汪学军：可不是嘛！过去的老师傅都是从各个私营的店里出来的，版本的知识就不用说了，他们都了如指掌。那时候他们得替客人找书，过去北京大学、燕京大学的教授们来找书，都得找他们呀！除了卖书，就是古籍修复了。现在不行了，古籍修复算是书店的副业，不挣钱。

袁畅：古籍修复从您家也就是您祖父开始的？

汪学军：有关我祖父的事情，很多还是听我店里的老师傅跟我讲的，这些老师傅跟我爷爷共事的时候，还是各个店铺的学徒、小伙计呢！他们说，我爷爷人特别好，找我爷爷裁书特放心，每次来我爷爷这儿，临走的时候，我爷爷总叮嘱他们多看点儿书、记点儿内容、多长点儿本事……后来，我爷爷在1945年前因为食物中毒去世了。

袁畅：这就说到您父亲这一辈儿了。

汪学军：我父亲是1921年生人，1997年去世，享年76岁。我父亲是一个老实巴交的人，从来不闹事儿，也不和人发生争执。我父亲进中国书店是1958年，公私合营正接近尾声，我父亲被分到了修书这一块儿。他除了学裁书，还跟着学一些修书的技艺。我父亲在中国书店一直干到1985年前后，其实，我进中国书店是1982年，是顶替我父亲进入中国书店的。1982年中国书店出了一项政策，就是老员工可以有一名子女接替父母辈儿的工作。虽然我接替我父亲进了书店，但我父亲害怕我学不会，又在中国书店多待了几年，就为了多带带我、多教我些东西。

袁畅：1982年，您刚满18岁就参加工作了？

汪学军：我属于不是特别聪明，也不是那么出圈儿的人。我父亲对我是“粗放喂养”，他不怎么管我，也不怎么过问学习上的事儿，跟普通人家儿一样，读完小学、初中、高中后想过参军，但是没去成；考大学，学习又不行。能接替我父亲在中国书店谋一个差事，就觉得很不错了，咱得踏踏实实把活儿干好了。

袁畅：您进入中国书店后，您父亲也留下来亲自教您，是传授您修复古籍的技艺这样一个使命感的意识吗？

汪学军：那时候还没有非遗的说法呢，就知道踏踏实实地干活儿。倒是知道我们家的名号叫“大刀汪”，裁书的活儿特别有名。到现在我还记得，我爸特别耐心、细致地给我讲什么是头道、二刀、背刀，怎样下刀、走刀、磨刀，怎么样裁书，哪些地方儿费刀，哪些地方儿得回刀……

袁畅：您进入中国书店后是算正式职工了吧？

汪学军：算学徒。我刚进店那会儿学徒制是一年，没过多久就改成3年了。我学了3年，这3年学的、做的也就是装订、简单修复的活儿，更多的是在我父亲和老师傅们旁边看，自己领会。这3年看下来，自己能琢磨出来的就是修书的一个流程。

袁畅：您跟您父亲学的主要内容是什么呢？

汪学军：跟我父亲学习刀法，这是最后一步程序，我父亲除了裁书，平时也修书，学徒的时候我也做一些修书的活儿，比如修补、镶书、衬书等。我小的时候有事儿没事儿就在我父亲那儿转转、看看、玩儿玩儿，都成了那里的常客了。我小时候不怎么淘气，挺安静地看着他们怎么工作，看他们每天都守在桌前干什么，看那些奇奇怪怪的小工具，看我父亲怎么裁纸、磨刀。可以说，我很早就接触了这一行，但说不上有多浓厚的兴趣，就是好奇吧！看他们所有人在那里拼拼贴贴、喷喷洒洒，很熟练的手法，觉得特有意思，而且屋里那股子陈纸旧书味儿、糨糊味儿，我一点儿也不反感，还挺爱闻的。

自己有兴趣是一方面，跟我父亲和其他老师傅学又是一方面。那时候真是书业界群英荟萃的时代，曾经琉璃厂附近大大小小书铺里会古籍修复的师傅都云集在了这里，有高超的手艺，还有肯干、敬业的氛围，那会儿真是做得有声有色，也把名气做响了。中国书店的古书修复专业和版本鉴定专业可以说在全中国是非常有名的，很多老师傅都到大学里讲过课，比如张宗序老师；大学里的专家、学者有问题也会来请教老师傅。听说20世纪50年代末60年代初的时候，中国书店还给全国的图书馆办过古籍修复培训班。

袁畅：在您学徒期间，您接手的、独立修复的古书有吗？

汪学军：学徒的时候我也做一些修书的活儿，不是整套程序下来那么做，都是单一的，比如修补、镶书、衬书等。古书修复不是单一的一个工艺，整体（工序）都要掌握。比如说，每一个流程都很好掌握，但要将每一个流程都运用自如，还能针对具体情况具体分析，那就不是一朝一夕的事儿了。

袁畅：您能举个具体的例子吗？

汪学军：比如说，古书修复中的补书这道工序吧，首先要了解纸，皮纸、宣纸都要懂，现在的纸很多已经不是传统意义上的古纸了，你的访谈中不也有古法造纸嘛，你可以去了解一下，我们修复古籍就得学会认识纸，甭管你是修旧如旧，还是修旧如新，纸张的比对、配比都要注意，简单说，就是要知道拿在手里的书适合什么样的纸去补它。

我就犯过一次错误，当学徒的时候，刚刚摸着点儿门道儿，师傅让我给一本儿不是太值钱的书配纸，我自己没怎么上心，觉得光配配颜色就得了。等配完了颜色、再简单修补后才发现，书里补过的地方比原本的书页厚了，一打磨的时候就摸出来了。师傅就批评我："怎么用这纸啊？"我说："这颜色合适不就行了！"师傅说："光颜色合适就行了吗？这纸多硬啊！这单页比其他原纸厚了这么多，根本不适合修这本书！纸的材质、纸的颜色、纸的厚度，一样儿照顾不过来都不行。做事儿不能凑合，态度决定一切，做任何工作都是这个道理！"

袁畅：您那会儿当学徒有收入吗？现在中国书店有关古籍修复方面还是学徒制吗？

汪学军：学徒有工资，也是一级一级那么走的。第一年工资也就十几元钱，第二年增加到二十几元；第三年大概三四十元钱。那会儿是学徒制，现在不是啦。现在咱们叫肆雅堂，就是用了当年这个古旧图书修复最响的堂号命名的，其实就是咱们中国书店名下的古籍修复技艺工作室。在这个工作室里办培训班，基本就是挑有兴趣、有能力的工作人员，给他们培训古籍修复的知识和技能。

袁畅：您出师以后，接的比较难的、令您印象深刻的修复的活儿是什么呢？

汪学军：每个活儿都不轻松，你要说哪个最难或者最费劲，我也说不上来。修书的工序说出来都是专业的词儿，都是行话，咱们说几个案例吧。

记得有一次要修一套明代孤本地图集，叫《舆地总图》。这本书前前后后连修带补用了3个多月时间，有时候一天也就能修一两页。这本书的修补最关键的是修旧如旧，在这之前，人们可不这么看，认为修复的书用的纸纸越白越好，最好修得跟新的似的，慢慢地，随着人们文化水平和鉴赏水平的提高，知道了古书应有古书的味道，这就是一个时代审美的问题了。《舆地总图》这本书的配纸就是一件难啃的活儿，为了配合原来书的古旧纸张，修补1页就要配3种纸，这找纸就是配纸的学问了。过去中国书店里的古书基本都是用我们自己收集的古纸去补的，那会儿不怎么用新纸，如今我们的古纸也是越来越少了，有时候也要搭配新纸修补，不过即便是古纸不多，对于有价值的孤本、善本还是要拿出为数不多的古纸去进行修补。

其实古纸的种类很多，在修复工作中常用的就那么几种，包括宣纸中的棉连纸、竹纸中的毛边纸等。中国书店到现在还保存着一些市面儿上已经看不到的古纸，都是过去的古书夹在书里没用过的，比如，这张纸是清康熙朝的毛边纸（见下图），是夹杂在过去的书中，没有用到的纸，从纸的最原始状态讲，它经过这么多年没什么变化。它四周的边儿是不能用了，但中间这一大片儿很不错，用它修补接近它年代的书最好。这张纸其实还调了色，深一点的颜色可以补旧书发黄发旧的那一部分，这就是我跟你说的修旧如旧的原则。中国书店从前都是用自己收集上来的古纸来修复古旧书籍，但古纸也是有限资源，能留下来的还是有限，因此，除非特别有价值的古籍才能动用这些古纸资源；很多书只能选择现代制造的纸来进行修复，但就算是现在制造的纸，也必须是手工古法造纸。

修复前后古籍对比

再回过头说这本《舆地总图》，这本书书页的接口、四周、中心的颜色都不太一样，如果图省事儿，选一种颜色的纸补上就行，但是补出来的效果就难说了，翻开书页肯定跟“大花瓜”似的。我那倔劲儿又上来了，硬是一页一页地修，每页都用3种与原书页颜色相近的纸修补，就这样修好了全本。这么修不仅仅是为了好看，为了审美，更是为了古书的保存时间。不夸张地说，我敢说我手上修出来的书再保存上百年都没问题！我花的心思、心血在这摆着呢，3种纸的修复工序比一种纸的修复工序多出何止3倍啊！

袁畅：您在琉璃厂这么多年，附近商家不少是卖宣纸的，您对纸的认识应该比常人高出很多，配纸是一方面，与裱画类似，很多古书需要重新黏合，这个工序跟裱画有很多相同点吧？

汪学军：黏合要看需要修复的古书是什么原因造成的损坏，比如说，水浸了书就会让书页粘在一起，书主人发现后着急揭开，这样很容易把书页撕破；还有的古书被水浸泡以后，变得像一块砖，跟书砖、书饼似的，大家都有过兜儿里钱没掏出来就直接放进洗衣机的经验，这就跟洗过的钱似的。有一年，北京下大暴雨，一位藏家把古籍放在地下室，古籍被水都浸透了，当时天儿又非常热，古籍的纸大多是古纸，植物纤维，是一种有机物，在非常热的空气里，再加上浸泡了水，古籍迅速生了霉斑，有的书页都烂掉了，幸好这位藏家懂行，知道及时来找我们。我们拿到这套古籍后，先脱水，再除霉菌，最后再帮他装订成册，整个过程花了很长时间。这说的是“水”，还有“火”呢！烟熏会让书边儿发黄，咱们北方干燥，以前常生炉子，“北方烟熏”“南方虫蛀”，这两大害是古籍的天敌。

水火是天灾，人祸也很难避免。古籍因为翻阅过多而造成书缝开裂、书线崩断、书页破损等；有人看书翻页的时候习惯沾一下唾沫；有时候书被放在了离厨房近的地方，沾了油渍等。古籍的黏合是一道工序，也是一道必要的工序，但修复古籍，不仅仅那么几个工序，需要很多道工序。

袁畅：您以某道工序为例，讲讲传统修复工序中什么依靠的是经验？什么依靠的又是技术？

汪学军：我就接着你说的这个黏合说说吧。到现在为止修复古籍必须用到的黏合剂还是得自己片，不知道你们小时候糊过墙纸没有，过去没有立邦漆，也没有壁纸，家里的墙怕掉墙皮就留着废报纸，自己打糨糊，把报纸贴墙上。修复古籍，需要黏合的地方，用的糨糊。这糨糊怎么做呢？把富强粉和成面，醒了以后再水洗，洗出来以后就是修复用的淀粉，而洗掉的那些是面筋，为什么要把面筋洗掉呢？是为了降低糨糊的黏性。如果糨糊的黏性太强，很容易在粘贴的纸张上形成皱纹，会对因保存时间过久而纸张脆弱的古籍的书页造成极大伤害。有经验的老师傅打出来的糨糊，如果再进行第二次修复，可以将粘贴好的修补纸张揭下来，而不会伤到书页。我曾经修过一本日本的书，它用的是日本的一种传统古纸，叫美浓纸，这种纸吃水性差，吃水时间长，常常用来画画，当时把这种纸的衬页揭下来，特别费劲，需要好几天的时间。

再比如，黏合修补纸张需要调糨糊，制作工序为：首先，洗掉面筋、麸皮等杂质的小麦淀粉，这样可以在冷水中保存很长时间，不容易变质，但如果长期在高温环境下最好现做现用，制作好的小麦淀粉以一定比例兑水泡成稀粥状，而后慢慢倒入已经煮开的水中不断搅拌，最后熬成浓稠的不分层的白色糨糊，最适宜粘贴书页的糨糊就做成了。说起来容易，这个糨糊的稀稠度可是需要经验的，不能太稀，太稀了纸张粘贴不牢固；也不能太稠，太稠会使书页在晾干后产生褶皱。学徒的时候，有一次我打糨糊，一位老师傅走过我跟前儿嘱咐我再兑点儿水！至于老师傅为什么这么说？我就只能自己琢磨，师傅不可能什么都说出来，需要自己在实践中琢磨，我觉得这就是经验吧！现在，很多东西都是流水线、半成品化了，就拿糨糊来说，很多地方已经使用提纯过的小麦淀粉，这样可以省去洗面筋、杂质的步骤，我自己有时候为了图省事儿也会选择这种半成品，但只要时间允许，我还是喜欢自己亲手打糨糊，从原料到成品，每一道工序都经手。其实，这些都是经验！既有自己在实践中琢磨、总结出来的；也有传统的，古人的智慧带来的。

刚才你说的修复的技术类工序，就得说到我们家的裁书了。虽说现在已经不用我们家当年那种又大又沉的刀了，而是改用机械的或者马蹄刀了。你知道我们家那把刀多沉吗？7斤半，纯铁打造，拿个墩子，起来蹲下，这眼、腿、胳膊、脚一起协调，用力大了，可能会损坏书页，要知道，很多古籍的纸都是又脆又薄；用力小了，又裁不下来，刀口多，影响美观。裁一段时间就得去磨刀，磨刀得用三四个小时。“大刀汪”的名号其实是拿苦换来的，技术对于手艺来讲，替代不了吃苦。

袁畅：您说的这些技艺和经验要传下去真的需要时间，我看现在跟您学艺的还有您的儿子？

汪学军：我儿子27岁啦，小时候因为生病用药失误，导致失去了大部分的听力，也影响了说话的能力。学校毕业后曾经上过一阵儿班，后来单位搬外地去了，他就在家跟着我学修书。他是2016年初进的中国书店，也在肄雅堂古籍修复技艺工作室工作，他跟人沟通不是问题，可以笔谈，但他性格腼腆，我经常鼓励他出去多接触、多体验外面的世界。另外，在继承传统手艺这方面，我发现像我孩子这样的反而能坐住了，现在的年轻人，让他别玩儿手机，老老实实坐那儿好几个小时，你说容易吗？

袁畅：这是汪家第四代传承人开始进入角色了，中国书店还继续办古籍修复培训班吗？

汪学军：继续啊，说到传承，我觉得传承应该是把严谨的技术和有关理论知识统一结合起来，是技术运用中正确掌握不同程序、工序的特点和方法，就像你刚才说的，经验和技术是心灵的交融，更是责任心的体现。传承的技艺应该是在传的过程中，不单是继承，更应该是发扬和发展。现在很多伪专家故弄玄虚，假内行糊弄一大批真外行；传承不是一知半解地教，更不是毫不在意地学，我们不能耽误学生啊！

写在后面：

汪学军并不愿意接受口述访谈，他一直表示这类访谈要先由店里安排，其原因是店里怕师傅们接受访谈而影响工作（这个理由是海王村一位驻店电工后来告诉我的）。中国书店的东侧，店后门处，即是海王村文玩市场，从侧门出口处走出来，便是厂甸胡同。我的访谈是在厂甸胡同果春斋的唐卡画廊进行的，汪学军因与唐卡画廊经营者王鹏钧熟识，经常在旁边，我为王鹏钧倒一杯茶，也为汪学军倒一杯茶，这样一来二去，汪学军虽不说接受访谈，但也不说拒绝了。

后来，汪学军递给我一本名叫《北京非物质文化遗产传统人口述史——肄雅堂古籍修复技艺汪学军》的书，首都师范大学出版社于2015年出版，文字由赵宁整理。汪学军递给我书的时候告诉我，几年前他们做过访谈，你想了解就按这本书了解吧。之后，他又给我在两张类似宣纸的纸上写了几句话，这几句话算是这篇口述历史最后两个设问的回答了。

从语言上判断，汪学军是“老北京”，北京话中喉音多的词汇，他基本都能说。汪学军在开始介绍自己的时候，并没有非遗传人的技术性骄傲，而是将裁书的“大刀汪”，也就是他祖父、父辈的裁书传承讲在了最前面，这与传承人的家学感情相关，更与他对本地本乡的自我意识相关。

汪学军作为口述访谈对象的意义在于：第一，中国书店作为老字号中的年轻者，对前中国书店时期保有记忆或感受的人不多了；第二，作为60后的非遗传人，汪学军面临的问题是传承大于开发，即如何将古籍修复技艺传承下去、传给谁，等等；第三，汪学军从入行到现在没有换过工作，若以改革开放至今为历史时间段，汪学军是中国书店这一时期的见证者。

只为挑战自己

时间：2017年2月27日

2017年6月19日

地点：北京市西城区琉璃厂厂甸胡同甲9号　果春斋

访谈人物：荣宝斋画家　黄忠钦

访谈录音、笔记：袁畅

在场者：王鹏钧　王学甫

袁畅：这是您的工作室也是您的住处吗？

黄忠钦：我在大千画廊的时候就在这儿住，后来，在河北买了房子，老婆和孩子都在河北那边住。有时候要拿一些活儿回来做，我就留

黄忠钦

着这间屋子，我一般周末回河北，除了上班，其他时间，就住在这里。

袁畅：您有几个孩子？

黄忠钦：两个孩子，都是女孩，还在读书，争取大学考到这边。

袁畅：咱们这次口述历史课题的访谈主要关注的是个人成长，您方便透露您的生日和一些基本信息吗？

黄忠钦：没问题。我叫黄忠钦，1975年11月8日出生于江苏丹阳，我妈妈是江苏人，我父亲是福建人，我出生后几个月就随父母去了福建福州闽清，基本上算是在福州闽清长大的。

袁畅：您在福建长大的。

黄忠钦：是，一直在福建。

袁畅：您能讲讲您的家乡和您上学的状况吗？

黄忠钦：闽清是山城，山清水秀，我在闽清塔庄中心上小学。小学以数学、语文为主，没有英语。我小学的时候比较偏科，喜欢写作、练习书法。我特别喜欢看《故事会》、少儿书《山海经》等。

袁畅：您课余时有什么爱好吗？

黄忠钦：课余时基本都是帮家里干活儿，我父母是普通农民。我放学回家后会帮家里做农活儿，当然也跟小伙伴一起玩耍，比如推铁环、掏鸟窝、打陀螺等，都是小孩儿玩意儿。

袁畅：您上学的时候，学习成绩怎么样？

黄忠钦：我上小学的时候成绩很好，以第一名的成绩考入我们县的初中——闽清第二中学（闽清二中）。闽清二中的前身是文泉书院（创办于光绪十五年），书院匾额是由陈宝琛[①]题写的。因为有历史渊源，闽清二中的学风很浓厚。我上学那会儿，文泉书院旧址是我们学校的食堂，我们每天从那里经过，有青石板、古树，每到下雨时节，走过青石板，绕过古树，简直就是诗情画意啊！

① 陈宝琛（1848—1935），字伯潜，号弢庵、陶庵；福建闽县（今福州市）螺洲人；同治七年（1868），陈宝琛中进士，选翰林院庶吉士，授编修。

袁畅：您平时是住校还是走读？

黄忠钦：我们学校是寄宿制，周末可以回家。每天早上5点30分起床，起床后是早锻炼，然后是早自习，7点左右吃早饭，吃完早饭后正式上课；晚上还有晚自习，晚上7点左右开始一直到9点。

袁畅：在闽清二中的时候，有哪位老师或者同学给您留下了深刻的印象？

黄忠钦：上初中的时候，我印象最深的是我的一位语文老师，他是全国特级教师，也姓黄，他上课的时候喜欢旁征博引，讲古今趣事，上课风格非常风趣，同学们都喜欢上他的课，我从初中就开始偏文科；印象深刻的还有一位英语老师，那会儿他刚刚毕业，比较年轻，跟同学们打成一片，我们都很喜欢上他的课。

袁畅：住校的时期，课余时间活动应该很丰富了吧？您一共在闽清二中待了多少年？

黄忠钦：真正课余时间只有下午放学到晚自习之间这段时间，一般就是和小伙伴在校园中溜达、打打球。我们那时流行考中专，因为考上就有工作，但是在初中升高中考试报名的时候，如果你报名志愿是中专，就不能报考我们县的重点高中县一中了，因为家庭情况，我报考了中专，但是落榜了，就继续在闽清二中上高中，这样，我一直在闽清二中待了6年。

袁畅：闽清二中是一所不错的学校，后来您参加高考了吗？考上了哪所大学？

黄忠钦：说起来有些曲折。上高三的时候，我想考体育类大学，闽清二中是省田径特长中学，我的很多学长就是依靠体育特长上了上海体育大学、北京师范大学等。我练了一年田径，那会练得很苦，其实从高二暑假开始我就进入田径队训练，早上5点就要开始训练，下午放学要一直练到晚自习，周末要放弃回家，在校继续练习。高三的时候，我百米跑跑到11秒68，后来因为视力不行，在报考体育类院校时体检没有过关。因此我没有考上大学，本来打算复读，在复读期间我还跑到北京，打算做视力矫正激光手术，但协和医院的大夫说，做剧烈运动的人做这类手术，有可能导致视网膜破裂，所以我就彻底放弃了。

袁畅：等于说是放弃了考大学？

黄忠钦：是，那时候考大学是走独木桥啊。那年是1995年，我高中毕业，我就想出来做事了。我母亲的亲戚是从事手工装裱工作的，家里希望我学一门手艺，就把我送到江苏镇江博物馆跟随我小姨夫学习手工装裱。我小姨夫家有一位堂爷爷，名字叫于通海，非常有名气，在南京博物馆专做古书画装裱、修复工作。对于江苏我并不陌生，相当于自己的第二故乡，也有着乡愁情结。

袁畅：您高中毕业就去跟您小姨夫学习手工装裱了，您还记得刚刚到江苏的时候的状况吗？或者说您刚刚开始学徒的生活是什么样的？

黄忠钦：1995年夏末，我就正式开始了手艺人的学徒生活。刚开始学艺，我负责擦装裱的画案，擦了两个月。记忆深刻的是我从福建到江苏，不适应江苏的冬天，擦桌子冻的手通红。擦完桌子，我就给我小姨夫做助理，比如备纸、打糨子、配杆（画轴杆）等。

需要修复的古画

袁畅：在您印象中，您的师傅也就是您的小姨夫是一个什么样的人呢？有具体的事例吗？

黄忠钦：我小姨夫是一个老实、勤奋的人，在我印象中就没怎么看到过他休息，他在工作之余还接朋友介绍的活计。我觉得最有意思的一件事是看到他在博物馆修复一幅扬州八怪之一李禅的作品，该作品破损比较严重，在揭裱时十分费劲，因为画芯[1]伤残比较严重，纸质脆化，要经过几十次的全色[2]才能达到原画的效果，这幅画我小姨夫修复时间长达两个多月，那是1996年，我一直在旁边帮忙、学习，这幅画的修复过程对我现在的技艺影响至深。

袁畅：这样的学徒生活过了多久？或者说您跟您小姨夫学了多久？

黄忠钦：1998年，我小姨夫辞去公职，下海经营了一家东艺堂装裱店，我就随着小姨夫在这工作。与博物馆不同，在装裱店的生活、工作更加丰富，我说的丰富是指不同于博物馆的古画修复，装裱店面对的是形形色色的客人，装裱对象也就从古旧字画延展到了织锦、绣品和一些巨幅的书画作品等。从1998年开始，我就以半出师的水平接一些活计，以新作为主进行装裱工作。

袁畅：从修复到新作，1995—1998年，有关装裱的技艺您都学会了吗？

黄忠钦：这一行永远没有“学会”的时候，因为总有你看不到的东西，比如我案子上现在这把团扇，这团扇是绢的，这么多年被污水染了，如果你没有经历过这类绢本的修复，你根本不知道怎么入手。因此，总要以学生的心态面对一切。说到1999年了吧，这一年对我比较重要。

这一年，通过一位江苏的画家我认识了同样出身福州的一位画家，叫王和平，现在是福州画院的院长，经他鼓励，我回到老家福州，在福州茶亭街开办了翰艺堂装裱店，开始自己独立接活、创业的生涯。刚刚开始创业的资金是我家里资助的，我小姨夫也支援了一部分。生意

① 除装裱装饰部分以外，还有画面的部分。

② 墨色褪色或画面磨损后，将颜色补全、补齐。

还行，承蒙省内一些名家的捧场，翰艺堂装裱店一直经营到2005年，那时候每个月的收入有2000多元钱，基本可以维持。

袁畅：独自创业之后遇到了什么问题或者有什么困难吗？

黄忠钦：困难倒没有，因为有王和平老师的帮助和引荐，省里很多知名书画家都找我装裱。那时候我租的房子就是一位画家的，叫高季笙，他不仅租给我房子还找我装裱画，他以画鹰著名，他每月找我装裱书画的费用就可以抵掉我的房租，所以也没什么负担。还有省政协的郭东健老师，对我帮助也很大，每年省政协书画有一个大型的展览，其作品的装裱基本都在我这里。

袁畅：有这些名家的帮助，您能很快打开局面、站住脚，那为什么后来又来了北京呢？

黄忠钦：2005年，北京琉璃厂的大千画廊要组建手工装裱团队，大千画廊的高洪地先生物色一位苏裱师傅，这位受托人认识我在北京的一位表哥，通过这样的关系，就找到了我。我觉得大千画廊是画廊界的老字号，经营得比较好；琉璃厂又是中国文化地标，对我自己有更广阔的发展空间，对我的技艺也是一个挑战和提升。2006年3月，记得刚过完年，我就来到了琉璃厂。我一个人来的，家里人还留在福建。

袁畅：您当时来琉璃厂的时候，大千画廊和琉璃厂是什么状况呢？

黄忠钦：我是2006年3月从福州来到了北京琉璃厂，这其实是我第二次踏上琉璃厂这块土地了，没有那么陌生。那时候南新华街不像现在这么繁华，路面也是坑坑洼洼的。

大千画廊刚刚从现在的一得阁美术馆大楼[①]搬到师大附中西边的高台阶的楼里。我负责组建手工装裱修复部，最初的时候有5位工作人员。

① 北京市西城区南新华街25号。

袁畅：这5位工作人员是大千画廊自己招聘的，还是您负责组建的？

黄忠钦：都是他们自己招聘的。刚开始，跟他们合作还有些分歧。因为南北方在手工装裱的手法上有些差异，北方装裱技术也有值得南派装裱学习的地方，因为与这些工作人员共事，我将南北手法做了融合。

袁畅：那时候大千画廊的经营状况怎么样呢？

黄忠钦：那时候，大千画廊非常红火，尤其在业界名气很大。总经理高洪地先生以前在北京文物公司工作过，对近现代乃至当代书画鉴定都很有造诣，他对画廊的经营也有着自己的一套经营模式。

高洪地先生是军人出身，他的父亲又是山东快书泰斗高元钧，大千画廊的经营主要靠他，他为人很正直，没有任何不良嗜好，还是一个工作狂，我跟他接触的时候，总看见他在看书或者是练习书法，他的书法也相当不错。画廊收上来的画，主要都是高洪地先生鉴定，他对市场脉搏的把握很准确，眼力非常高。

袁畅：高洪地先生对您装裱方面的技艺有影响吗？

黄忠钦：当然有啊！我在大千画廊装裱了很多需要挖款①的作品，高洪地先生对我很放心。装裱部从组建开始业绩就很好，那时候，很多名家、藏家都主动找上门来。跟着高洪地先生在大千画廊的这段时间，我的书画鉴赏、鉴定水平，也就是眼力，有了很大地提升！

袁畅：挖款的工作是什么类型呢？有什么作用？

黄忠钦：大千画廊收购的作品当中，有很多是有上款②的名家作品，但是很多顾客买来是为了送礼或自家挂，就需要挖掉上款。挖款需要的技术含量很高，必须是既熟谙书画落款规矩又要有一定绘画技能的

---

① 将赠送的题款“挖”去，提升作品价值。

② 赠送某人或者庆祝祝语等题款。

师傅，才能在挖款后补笔[1]，使之浑然一体，在大千画廊期间我的挖款技艺得到进一步提升。

这就提到装裱的技艺啦！我简单地介绍一下：

书画修复是个很复杂、琐碎的事儿，要耐得住寂寞，要细心，还要具备丰富的书画常识，高端的修复还要有较高的书画水平做支撑，才能修复得完美如初！比如残破比较厉害的绢本明代人物画，它的修复流程就比较复杂。首先在拿到画之后要对画的材质进行鉴定，判别它大概是哪个年代的绢，而后尽可能地去找和它接近的绢，一般来说颜色都有差异，先把它染成最接近原画的背景色而后由它去托裱，晾干后在自然光线较好的地方进行全色。全色就是用国画颜料调合成接近画心底色的颜色而后用毛笔多次平涂，使之残破处与原画面颜色协调统一。特别是在接合处的口子，这种绢本不好刮磨，交接处得用细笔加之较淡的颜色多次接涂，颜色方能过渡得自然、不露痕迹。总之，一切以原画心为准，有的画面因为水渍、烟熏不均匀，我们在全色的过程中也要顺着它的浓淡走向而全修出它的本来面目。接着，在底色都全好后对整个画的画风技法有个大致了解再进行画意的修复接笔；这需要修复者有较高的书画技法水平方能得心应手，补笔后与原作者的画作融为一体，方是高手！如碰到重彩的还要对颜料有一定研究，使补出的颜色沉稳不跳，总之画的品种很多，有工笔、写意、水墨、重彩，这就需要修复者掌握多种技法。这也是我长期以来，坚持学习中国书画，并进行创作的初衷。

袁畅：后来您怎么到的荣宝斋呢？

黄忠钦：其实，跟荣宝斋的渊源可以追溯到我进荣宝斋之前。2008年后，中国艺术品市场迎来爆发式增长，琉璃厂的画廊遍地开花，琉璃厂人头攒动，“收藏热”“书画热”，拍卖会也是如火如荼地进行，新的成交纪录频频诞生。那个时候，因为我在大千画廊的关系认识了很多

① 补全残损或挖掉的画面内容。

琉璃厂的朋友，他们经常推荐朋友来找我，也就是在这一时期，我认识了荣宝斋前任的副总经理米景扬先生。米老先生这时候已经从荣宝斋退休，但是还是酷爱书画，米老先生还是国画大师陈少梅的女婿。经朋友引荐，米老先生找到我，让我帮他裱一幅陈少梅大师早年的画作。这幅画作是一幅人物画，需要清洗、修复。也就是因为这幅画，我和米老先生结下了不解之缘，到现在，米老先生还是我很好的师长。我对中国近现代名家，尤其是陈少梅先生的画作的鉴别、鉴赏，米老先生给了我很多指点。

真正意义上进入荣宝斋是在2014年，通过现在的北京荣宝拍卖有限公司的常务副总何奇峰老师的引荐，在现荣宝斋的当家人范存刚[①]老师的极力帮助下，给了我一个莫大的机遇，这样我就进入了荣宝斋。

袁畅：范存刚老师是一个什么样的人呢？

黄忠钦：最初接触范老师也是别人向他推荐我的裱画手艺，范老师把自己的画作《大写意花鸟》等拿来让我裱，几次来往下来，他就问我会不会看（鉴定）画，我回答说："会一点儿。"他又问我会不会书画，我说："会一点儿。"就给他看了我的一些画作，他问我这是跟谁学的，我说是老家那边的一个叫王和平的画家，我也买一些技法类的书、画册，自学了一些。他说："你走的这个路子还是'正'的。"他这样说，也就是说我的画走的还是传统路子。就这样，范老师将我引荐给当时的荣宝斋的总经理马五一，我就算正式调进了荣宝斋。

范存刚老师是在书画创作和书画鉴赏方面的当代大家，更是我人生中对我帮助最大的贵人，后来我正式拜他为师。

袁畅：进入荣宝斋之后，您的工作内容有了什么变化吗？

黄忠钦：进入荣宝斋之后，先是在装裱车间待了一年时间，装裱车间就在琉璃厂西街荣宝斋西斋里面，对北派装裱的认识又有了进一步了解。相比大千画廊，荣宝斋装裱的用料、用纸更为讲究。比如，荣宝

① 范存刚，荣宝斋常务副总经理、党委副书记。

斋装裱用的宣纸都是从红星宣纸厂特殊定制的；花绫的各种颜色都是荣宝斋师傅自己染的，这就有别于其他的装裱工匠的作品。行家一看就知道是荣宝斋装裱的。

袁畅：荣宝斋装裱车间的活儿多吗？

黄忠钦：业务量还是比较大的，有全国各地慕名而来的；有在京的书画院的以及当代的名家。2015年、2016年的时候，通过范存刚老师的推荐，范曾老师也把需要修复、挖裱以及自己创作的一些作品交由我来装裱。范曾老师对我的手艺很满意，还给我题词“信而好古”，来勉励我，意思是勉励我继承传统，继往开来。

袁畅：您说在装裱车间待了一年，那么后来您又去哪了？

黄忠钦：我被调到了荣宝斋书画二部，这是2016年的事儿了。书画二部主要是经营高端书画，比如都是齐白石、傅抱石、李可染等这些巨匠大师的作品。调到这里后，范存刚老师只要有机会参加拍卖、展览等活动，都会叫上我，一方面，让我在书画鉴定方面有更大地提高；另一方面，对我自己的创作和修养是一个极大地促进。2016年10月，在范存刚老师的鼓励下，我还出了一本个人画集——《散鹤片楮——黄忠钦作品集》，这个作品集收录了我近三四年创作的山水、花鸟、人物等作品。

袁畅：从您到琉璃厂的第一天到现在，您感觉琉璃厂有什么变化吗？

黄忠钦：我感觉琉璃厂这几年画廊多了，全国各地的名家的展览、展示也不断增多。在个人书画消费，我指的是礼品市场这一块，2011年是一个高峰，到了现在礼品市场处于低迷状态，就在这一时期，荣宝斋举办了“范曾个展”，2017年元旦，销售3亿多元，给了荣宝斋以及琉璃厂的同行们一个巨大的信心，消费者不是越来越少了，而是越来越懂画了，好的作品、大师的号召力还是有市场的。

写在后面：

黄忠钦进入荣宝斋的经历与滕占敏等人非常相似，一技傍身、爱好书画、名声在外、熟人推荐等。在个人性格特征上，黄忠钦更为温和，这可能与黄忠钦来自南方有关。初见黄忠钦是经地处厂甸胡同的唐卡王画廊经营者王鹏钧介绍，据王鹏钧说，其在荣宝斋参加拍卖的唐卡作品皆由黄忠钦进行装裱并配以镜框，还赠送了我一本黄忠钦的个人画集。

在老字号与匠人的关系记录上，西方乃至日本注重调查“归属意识”，即匠人本身对企业的归属感，这类问题并不刻意显现在口述历史的设问中，而是通过受访者在记述自己进入企业的过程中，进行观察。在本次访谈中，我们的设问有“后来您怎么到的荣宝斋呢？”“进入荣宝斋之后，您的工作内容有了什么变化吗？”等。黄忠钦在面对这样的问题时流露出足够的自信、满足感强以及对引荐人的感恩等，一方面，黄忠钦对荣宝斋有着品牌上的认同感；另一方面，也表达了他长期进行事业的潜在的意欲。

黄忠钦作为口述访谈对象的意义在于他的经历，他先是受家庭影响，后在南京博物院苏裱师傅的带领下学习苏裱；个人创业后以书画专业圈为主客户群，并刻意追求自我在书画领域的艺术素养的提升；进入琉璃厂后，在技艺上开始融合北派装裱的特点；除装裱外，开始进入书画鉴定领域等。这当然是黄忠钦口述的职业主线，在这条主线上，我并未设置引导性问题，而是请黄忠钦写了一篇个人自序后，以自序为设问背景，再进行访问。职业主线是受访者自我概括的结果，也表达了受访者自我发展方向的定位，从这一层面上，匠人对老字号的归属意识以及对自身的定位便可见一斑。

基于理解，超越商业

时间：2017年3月19日

2017年4月11日

2017年5月2日

2017年5月15日

地点：一得阁艺术中心二层一得阁美术馆（南新华街25号）

访谈人物：一得阁艺术总监　马婷婷

访谈录音、笔记：袁畅

在场者：李凌涛

一得阁美术馆外观（摄于2016年4月）

袁畅：我们一般在进行口述的时候，都要向您说明口述记录的目的，并在您的允许下询问您的个人情况，包括姓名、年龄以及家庭和教育背景等，希望您能理解。当然，如果有您不愿意回答的问题，也是非常正常的。

马婷婷：我能理解，毕竟学术研究不同于新闻访谈，我也曾经接受过不少访谈，您知道，作为艺术总监，一得阁又是老字号，在对外宣传方面，我们还是非常慎重的，或者说是谨慎的。那就从我个人的情况说起吧，我叫马婷婷，是90后，来自宁夏回族自治区，我是回族，我出生在青铜峡，那里有个水力发电厂。

袁畅：您对家乡有什么回忆？或者说您小的时候，对周围环境，您有什么印象？当然自然、人文环境都可以。

马婷婷：我对小时候雄壮的水利设施以及家乡浩瀚的沙漠有很深的印象。我是在厂矿长大的，上的是青铝子弟小学，我父母都是青铝的职工。从小我父母就对我要求比较严格，可以说寄予厚望，我从小是没有周末的，课余时间都在学习琴棋书画。我父母没有当我面跟我沟通过对我未来的期望，但我能感觉到他们想要我成为什么样的人。

袁畅：您能具体谈谈家庭对您的期望，或者您开始进入正规教育时，您的学习生活吗？

马婷婷：我小学的时候就是班长，一直到大学都是，我记得在学校的生活就是读书。印象深刻的就是，课余时间其他孩子在玩的时候，我在学围棋、学画画。我是从4岁半开始画西画的，到现在也没有放弃。黄昏的时候，光线很漂亮，我看着楼下打沙包的孩子们开心地玩耍，觉得特别美好。

袁畅：您小时候什么科目学得最好？或者学习哪些科目最让您感到得心应手？

马婷婷：我小学的时候数学最好，我觉得学数学最有乐趣，可能是因为数学是很快让自己看起来很聪明的一门学科。

袁畅：小学的状态就是一贯的读书，上中学以后呢？

马婷婷：我初中也是在这个子弟系统内上的子弟中学，初中的学习延续了小学的状态，唯一印象深刻的是发现音乐不适合我，我学不了古琴；从初一到高二，我打了5年篮球，还在跆拳道俱乐部待了3年。在我身体达到体能极限的时候，我的跆拳道教练会给我灌输一些以韩国文化为底蕴的武道精神，让我觉得很棒。

袁畅：感觉您对课余的兴趣班印象很深，在学习方面呢？比如初中升高中？

马婷婷：我每天读书，对成绩要求很高，比如，在升高中的时候，我曾经想考杭美附中，也和妈妈去参加了专业课的考试，但学费有些高，如果我去杭美附中，我和我父母的生活就要考虑两地生活这么一个状态，于是我还是选择了在宁夏上高中。我15岁的时候，参加了全区的统考，以银川市“外市第一名”的成绩考入了宁夏大学附中。宁夏大学附中是我们那个地区5所最强高中之一。

袁畅：杭美附中从高中开始就要进行专业方面的选拔吗？

马婷婷：是啊，而且竞争激烈。参加杭美附中考试的这个经历，让我开始思考，究竟为什么读书？您一定觉得奇怪吧，居然有小朋友这么思考问题。

袁畅：宁夏大学附中的生活如何？

马婷婷：上了高一成绩掉得很快，到了第二十九名，我母亲对我很失望，我也因此奋起直追，到了高二分文理科的时候以成绩划分，选择了文科，一路追到了尖子班。高中的时候最让我感动的是我母亲，她在我高一的时候辞掉了工作，全职陪读。当时我读书会读到凌晨2点30分，我母亲一直在我身边织毛衣，那会儿我经常读着读着就趴桌子上睡着了，我母亲就在旁边提醒我。

我从进入尖子班开始压力就很大，就像进入了高考倒计时。我从小学画画，一直热衷于参加课余活动，有颗种子一直埋在我心里，我要学会计吗？我要做律师吗？有个念头一直萦绕着我，就是我要读什么样的大学，读什么专业。我看到所有尖子班的人都在往前冲，可我不清楚这么冲的终点是什么，我记得我身后的黑板上写着“拼一个春夏秋冬，搏一个青春无悔”。带着这些问题，我在高二的一天，下了课我就找我父母谈，感觉必须要谈，我总感觉我要变成一个会计、律师，好像就在明天。

袁畅：您找父母谈，您感觉必须谈的迫切感具体是什么呢？

马婷婷：跟您一样，我那会儿开始访谈我身边的同学们。我经常会问我的同学“拼一个春夏秋冬”拼的是什么？得到的回答是上清华、上北大、上香港中文大学！我会接着问上完大学之后的打算，得到的回答是抽象的“找工作”，我不想这样，我想学艺术；但在尖子班学艺术会背负一个“学习不好才选择学艺术”的名声，尖子班是末位淘汰制，每周一小考、每月一大考……我要在大家都在飞速学习数、理、化、英的时候，抽出一半儿的时间学习画画，我还要在这个末位淘汰的压力下留在尖子班，当时的我就是一个另类。我文化课是艺术类考生中的全省第一名，接近600分，专业课差了不到1分，与我心仪的清华大学失之交臂。

袁畅：刚才您说，初中的时候您觉得自己不适合学音乐，但喜欢画画？那么艺术类专业课对您来说，不是从初中就开始学习了吗？

马婷婷：我从15岁开始跟一个老师学画画，他是宁夏大学美术教授付世文，我的很多价值观、世界观都是他赋予我的。

袁畅：这位付老师对您的影响具体表现在哪里呢？

马婷婷：就是没有考上清华大学接下来的选择，我可以选择复读，也可以选择其他艺术类大学。记得付老师对我说：“学校不重要，学什么才是最重要的，你这么想学艺术，那么学习纯艺术才对，你可以去景德镇学学纯艺术、学学雕塑、看看陶瓷。”我相信恩师的选择，我去了江西景德镇陶瓷大学，当时叫景德镇陶瓷学院。多年以后回想这段生活，尽管我这期间也因为学术交流的缘故去过清华大学，但我真的特别感谢恩师，我觉得那座城市太棒了、学校太棒了！

袁畅：具体棒在哪里？

马婷婷：这座城市给我的感受很深，仅仅因为高岭土的不同就让景德镇区别于全世界；翻起只有30厘米的泥土，而泥土中夹杂着满满的碎瓷片；景德镇有很多“怪人”，他们身上有一种共性，痴迷于某一项东西，做着常人无法理解的事情。这让我体验了全新的生活方式，这种方式不同于以前。琉璃厂也有这种感觉，但基数没有那么大，那个城市像个庇护所。我现在还有这样的习惯，我每年会回景德镇待两个月，去认识新的“怪人”，和旧的“怪人”联络一下感情。

袁畅：您能具体说说，您在景德镇，也就是您大学期间所经历的不同的生活方式吗？

马婷婷：这一点我必须再回到我小时候，讲一段我小时候的经历：我16岁去宁夏电视台参加了一个主持人的选秀节目，那个经历让我学会了大胆说话；在景德镇的时候，也就是我大学的时候，我成立了我的第一家公司。因为我从小学过琴棋书画，到了大学就成了各个社团的抢手对象，我就把各个社团的资源整合了一下，做了一个经纪公司，主要做商演、婚庆等活动，比如商场开幕、车展、婚庆，只要用得到吹拉弹唱、主持礼仪、模特表演等，我就经纪操作。您可能想象不到，我的这家小公司不仅够我自娱自乐，而且从大二开始基本的学费就可以自理了。

袁畅：那么，您一边上大学一边经营商演公司，您是如何平衡学习和工作的呢？

马婷婷：我大学的时间分成3部分：第一，努力读书，拿奖学金；第二，创业；第三，读闲书，比如伍尔夫、杜拉斯、米兰昆德拉等的著作，毫无边际、漫无目的地读。通过这些阅读，我觉得两性本质是不同的，不太赞同行为上平等，单就一个问题或者一个方案的解决方式而言，与性别无关。男性可能更果敢一些，女性可能方法更多一些，性别代表的是方法、手段的多样化，与是否更好地解决无关。

袁畅：您提到两性问题，作为女性您在大学期间创业，最让您难忘的事情是什么？

马婷婷：在这家公司的经营过程中，最值得一提的是我接到了“全球陶瓷商务高峰论坛（2012）”的会务业务，这个会议是景德镇很重大的一个会议，主办方要求我必须在现场协调，因此，除了会务，这样大型的会议的现场协调也由我一个人承担。就是在这次会议上，我遇到给我第一份工作的人。“孩子你在这里工作一个月工资多少？”记得当时他是这样问我的。我不敢告诉他实情，就敷衍说我是陶瓷学院的学生，在这里勤工俭学。

袁畅：当时的会场上应该不止您一位女性工作者吧？为什么他会找到您呢？

马婷婷：会场上，所有的工作人员都穿会议特定的服装，女性就穿一件青花旗袍，我也穿着一件青花旗袍，与会场其他的服务人员穿着一样，不一样的是我是唯一一个穿着旗袍在会场穿梭，不断跑来跑去、协调沟通的人。其他的女性都规规矩矩地站着，就我一个人满场飞，可能是他们觉得我是一个会场组织的小领导吧，很诧异这么小的年龄，居然能协调、组织这样的会议。他接着问我毕业后的打算，我回答他说：“我想继续学习，读研究生。”他对我说：“你可以来北京读研究生，我们也为你提供一份工作，你可以边工作边读。”

袁畅：您当时是如何决定的呢？

马婷婷：实际上我已经通过了上海大学研究生考试，但能有半工半读的机会，又是在北京，你知道我一直有一个清华梦。2012年3月，我就带着半工半读的希望来到了北京，在中国少数民族对外交流协会工作，隶属于中央民族委员会（以下简称“民委”）。我的工作没有职位名称，也可以说是在随时变动——根据项目，有时是项目负责人，有时是会务组组长、组员等，那段时间我走遍了北京的高端会议场所，比如钓鱼台、国家会议中心等场所举办的会议，不仅锻炼了我的口才，更多的是让我变得不那么紧张。

袁畅：那段时间的工作基本上是组织会议，与您在景德镇创业时期的工作内容很相似吗？

马婷婷：也可以这么说。工作其实是3条线在走：第一条是与政府机构打交道；第二条是跟企业打交道；第三条是跟会议场地沟通。其实每一场会议都很有趣，比如中国“国服”的研讨会，在钓鱼台召开，大家讨论我们有了国歌、国花，那么“国服”也是题中之意，“国服”应该是什么样式等。那段时间建立起来的人脉关系，直到现在还对我有巨大的帮助。要知道，每一场高端会议，你所接触的都是该领域的顶尖人群，也就促成了我对各个领域的了解，这算是一种丰富自我吧！我觉得这才是我应该有的个人的成长空间，我希望自己做事是有标准的，我要把我做的事做到极致，甚至必须要苛刻自己。

袁畅：我感觉听您这么讲很模糊，这个单位究竟属于行政机关、国企还是其他的组织类型？

马婷婷：其实所有制性质、企业类型等对我来说并不是最重要的，我还是保持一颗学习的心态。这个工作让我觉得比较灵活，我既不属于某一个单位，也不属于某一个企业。

袁畅：还是老问题，您为什么现在服务于一得阁呢？

马婷婷近照

马婷婷：当时是这样，尽管熬下去、坚持下去可能会有一个编制，但我还是希望有自己的发展空间。在来一得阁之前我决定创业，做孩子的教育，传达我理解的教育理念或者价值观，我想开一所学校，这是一段我不太想回忆的插曲。

袁畅：这是您第二次创业了吧？

马婷婷：是，那是2013年下半年，我离开了民委，打算自己创业。最初，为了市场调研或者进行可行性研究，我筛选了20家学校，筛选标准是：第一，每一家都有自己的特色和教育理念；第二，它们都是艺术类培训学校，涉及琴棋书画、陶艺等。根据这20家培训学校的产品和理念，我从中再筛选最具代表性的5家。为了更深入了解，我开始应聘这5家学校，在这些学校当代课老师。前前后后，我在这些学校任教一共用了3个月时间，也就是2013年10月到2014年1月，我一直在做代课老师，之后，我对他们这些教育机构进行归类和梳理，并开始写自己的教材。

袁畅：创立培训学校从教材编写开始？

马婷婷：从我自己的理解和从小我接受艺术教育的经验做起，我为自己的培训学校设置了个方向，也就是围棋、书法、绘画和陶艺。我做这4部分教材的方向不是培养技能，而是人的培养。其实无论是性格培养或者是对小脑发育的促进，都是人的培养，而市场上众多的培训机构，打的旗号都是如何考级，如何让孩子在短期内变得多厉害，而我不是。所有的班都是小班教学，主要是性格养成方面的教育，比如围棋，一周一节课，从趣味入手，我考虑的是围棋是一个战争类的游戏，理论很简单，就是教会孩子占地盘、打仗。所有的家长发现，孩子在我这里学习之后，对很小的事情开始变得不那么重视或者说不那么较真儿了，不再去争一块儿糖，而是关注于更大的方向。

袁畅：这里还是涉及一个宣传的问题，如果不针对考级、升学，您的课程会对孩子和家长具有吸引力吗？

马婷婷：其实，还是有很多家长认同我的教育理念的。我的课堂总是不那么整齐，虽然椅子随意散落但一定要舒适，教室后排永远有饮料和零食；我的老师团队选的都是勤工俭学的大学生。孩子们玩得很轻松，每个孩子都不是复制品，但一定是孩子愉快地喜欢自己这个独立个体，他一定要在理解的基础上具备自己的个性。

袁畅：在理解的基础上具备自己的个性，请您再具体谈谈这一点。

马婷婷：对于家长和教师来说就是如何正确、温柔地引导孩子。我甚至还找了正面管教协会，一方面给孩子辅导，另一方面辅导家长。你听说过正面管教[①]吧，算是国内比较早期接触到家长培训的。还有就是陶艺，在拉坯[②]过程中我教会孩子直面失败。在陶瓷制作过程中，人的心绪必须是稳定的，甚至呼吸过程紊乱也会导致失败，我的教学目的是在失败中帮助孩子建立自信。

袁畅：在培训学校的经营过程中，谁对您的帮助最大？

马婷婷：首先是我的母亲，在选址、企业注册登记等过程中，我母亲一直陪着我，甚至冲在我的前面。当然，这一过程是必不可少的，这个过程教会了我重视合同，教会我如何与工商、税务等行政管理机构打交道，让我认识了不少人也理解了很多人性层面上的东西。其次，就是感谢互联网，将世界的距离缩短了，我在网上结识了很多同行。比如：我有一位美国朋友，也是从事孩子教育工作的，她经常跟我沟通，通过即时通讯软件，把美国的一些与教育孩子相关的、好的视频和教材发给我。

袁畅：这次创业您感觉与上一次有什么不同？

马婷婷：大学时期的创业源于我的大学生活以及景德镇这个特殊城市所赋予我的资源；这次创业的初衷是我感觉我自己其实就是一个试验品，我父母在20年前就给我报了很多课外班，我自己就是个例子，技能和性格，哪一点的收获对孩子更为重要？我后来拿着我的教材去给一些投资方做路演，在武汉一个创业者论坛上，也许是我小时候的经历、

① 正面管教，2010年从美国传入中国的一种家长培训教程。

② 拉坯，将陶土放置在轮车上，通过旋转使之成型的工序。

也许是大家看到一个年轻漂亮的小姑娘在述说自己的经历所带来的创意，反正很多投资者都表达了为我投资的意愿。我的第一家店设在马家堡，我还在店里开了小饭桌，与孩子、孩子家长、房东以及工商、卫生、税务等单位打交道，保持一定平衡。我特别感谢我在之前的工作中所获得的经验，这些经验让我觉得只要是人就一定能沟通，我很享受与人沟通的过程。

袁畅：还是回到您进入一得阁这个话题上来吧，第二次创业是如何结束的呢？

马婷婷：结束的具体原因我实在不愿意回忆，很多人说是因为浮躁；也有人说因为我太年轻了。其实我自己总结的是"未做强、先做大"。都说努力必须有方向，我觉得我的努力并不白费，往往是在最失意的时候，一些真正的好朋友才会逐渐浮现在眼前，他们并未瞧不起我。我犯了初次创业、初尝胜果的人都会犯的一个错误，但对于我自己的成长经历以及我的个性而言，这样的错误不可原谅，我迟迟不能原谅自己，尽管是在最难受的时候，我也没有哭过。简单说吧，这个时间不长的创业经历，教会我如何建立一家五脏俱全的小型企业。

袁畅：这次事件距离您进入一得阁有多久？

马婷婷：不到一年吧！这一年我去了一座大山里，进行静修。您别笑话我，当时的我确实无计可施啊。我只想离开，这可能是所有遭遇挫折的人都会有的第一反应吧，就是逃避。但静修并不成功，为什么这么说呢？第一，现在很多人说的静修，或者说禅修，我觉得都只是徒具表象而已，我自身就是这样，当我抵达了静修的形式的时候，我貌似安静下来，其实内心更为焦躁，并没有获得我想要的宁静，我觉得这是伪禅修；第二，我清醒地明白了自己的焦躁并开始认真看待周围的每一处景色，我开始感悟了：当我在我觉得还可以的时候，围绕着金钱，我见识了最丑恶的东西；当我在我最落魄的时候，尘埃落定，我见识了最让我动容的东西，也许只是为一抹斜阳动容，我都觉得这是值得的。

袁畅：您是什么时候从静修阶段走出来的呢？

马婷婷：我还是觉得我得工作，大隐隐于市嘛。2016年，我25岁，一得阁向我伸出了橄榄枝，其实在2015年一得阁开始换东家的时候，就与我有联系。一得阁3个字让我无法拒绝，也不能动摇。

袁畅：这个不动摇与一得阁本身品牌号召力有关，还是与一得阁的现状有关？

马婷婷：二者兼而有之吧！记得当时王杰总经理邀请我时说："婷婷，我不是商人。"这句话最为打动我，我还是想做一些超越商业的、更为接地气的事情，开始的时候，我希望想明白了如何替一得阁创造价值，我再来。但当时一得阁的掌门人[①]如此礼贤，而且打动我的恰恰是一种共识，"基于理解、超越商业"的那种共识。从2016年到现在，我来一得阁一年零两个月，最大的感受就是"来对了"。

袁畅："来对了"是您有了更大的用武之地，有了施展的平台，还是您加盟这家百年老字号，有一种自豪感？

马婷婷：您说的意思我明白，但我想跟您说一下当时我到一得阁时的情况。

第一个问题是一得阁面临着权利回收的问题。20世纪50年代公私合营，一直到90年代，甚至2006年之前，一得阁基本上是一个集体所有制企业。2006年后，一得阁的经营权在民营化的过程中被几次变卖，我们的上一任"承包者"还沦为了阶下囚。我记得我进入一得阁以后，发现产品制造外包、销售渠道外包甚至一得阁的品牌使用权都是四分五裂的。

面对这个问题，一得阁首先是要收回权利，在收回权利的过程中，我们用了将近两年的时间在打各种各样的官司，达到了前所未有密集程度，两个月内达几十场次之多。这些官司中，有品牌权利确定、侵

① 现一得阁墨业有限责任公司法人王杰。

害无形知识产权、表现代理的权利追认、一得阁大楼[①]的租赁合同等。我虽然不是法律专业毕业的，但现在我可以用法律的专业知识跟您讲一些关于企业商业竞争中的法律关系的话题，我们是在实战中走过来的。通过这些您可以想到我们接手一得阁时所面临的困难。

袁畅：我看了《北京青年报》对一得阁的相关报道，知道一些情况。

马婷婷：第二个问题就是人员老化，记得我们公司现任掌门人王杰总经理经常说，他进入一得阁时面对的是职工平均年龄54岁这样一个现实，也就是说他在接手前，公司死气沉沉、状况特别不好。面对这个问题，我们大胆启用年轻人，通过公开招聘等渠道，输入了一些新鲜血液，但是人才如何管理和培养是大家都在探索的问题，并且当下的年轻人不一定对老字号文化感兴趣或者说有认同感。我们是如何解决这个问题的呢？首先确立的是奖励制度的正常化，预期利益明确；然后是平台的提供，而且不吝惜为有才能的年轻人交学费；最后是品牌文化和企业文化的认同感的培养。

第三个问题就是一得阁已经太久没有推出新产品了，那么没有推出新产品所造成的情势，也就是市场态势是什么呢？低端市场上充斥了一得阁的假冒、仿冒产品，中高端市场被日本产品侵蚀。和一些低端品牌产品相比，一得阁在吃品牌文化的老本儿，根据《北京青年报》报道：2010—2014年，在北京市场上买到真的一得阁产品非常不容易，而一得阁自身真品的产品合格率也不容乐观。

我初次到一得阁的时候，给我的职位名称是办公室主任，但其实我是身兼数职。我的第一份具体工作是一周之内做出公司简介以及主要产品的宣传册，在资料整理过程中我发现一得阁这样有名气的企业，居然对产品没有一个梳理，连我们的内部人员都不知道所有产品的区别。

袁畅：您能给我看看您说的那份一周之内做出的第一份一得阁企

① 北京市西城区南新华街25号。

业的宣传册吗？

马婷婷： 我现在手头有第二版和第三版，第一版我得给您找找，当时时间紧迫，我又是刚刚进入企业，作为初学者，我当时的设计理念是化繁为简，内容只有每个产品的照片、每个产品规格构架、每个产品的简要说明、再用一句话来概括这款产品的特性，这样既方便客户了解一得阁的产品，还可以普及一些常识性的知识。

袁畅： 做完这份宣传册之后，您的工作是什么？

马婷婷： 开发产品。我推的第一款产品是学生套装，记得接到这个任务的时候是领导找我谈话，说咱们一得阁的定位是国民国粹，那么就应该有一套适合学生的学生套装，询问我用多久可以把这个策划案写出来，我回答说一周。当时最大的困难是，我是个门外汉，甚至不会书法，我知道我要达到标准，让我恶补一年都不多。我想我做这款产品无法与别人拼专业，只能拼特色，来达到我想要的效果。

墨汁的生产无法避开工业防腐剂，国家有标准，但我做事较真儿，追求完美，我想是否可以用食用防腐剂代替，我把这个想法与研发部门沟通，在研发部门的配合下，经过减少剂量、缩短保质期等，最终才达到我想要的完美。这是一种情怀，与我第二次创业，就是开的那家针对儿童培训的教育机构一样，凡是面向孩子的、给孩子用的，一定要完美。

一得阁书法学习套装

学生套装的推出创造了一项产品标准，就是针对学生的墨汁在防腐剂使用方面的国家标准。

袁畅：那以往的老产品的打假是如何开展的呢？

马婷婷：中国文房四宝协会做过一个统计，一得阁墨汁的市场占有率是76%，但我们自己的统计是，这76%中有60%的一得阁并非我们制作生产的。打假力度很大，线上线下同步，我不是负责打假工作的。我想讲讲我推出的第二款产品——一得阁练习墨，这款墨汁是针对我们打假打出来的空白，也就是我们让出利润，让消费者得到最优惠的一得阁产品，也让假货无利润可图，牢牢把握低端市场。

我推出的第三款产品是上品云头艳。2016年10月，有3个契机：第一，第三代非遗传承人的非量产匠心之作，我们花重金请来了老师傅；第二，非遗拜师收徒，恢复传统拜师收徒仪式，我认为走心的形式就是仪式，拜师现场以宣誓代替跪拜；第三，庆贺一得阁美术馆的落成。

袁畅：拜师仪式是如何设计和出炉的呢？

马婷婷：2016年10月，一得阁举办“第四代非遗传人拜师收徒仪式”。仪式不仅仅是一种形式，许多人包括北京人有一种特殊的戏谑幽默的特点，这样的戏谑可以是对一些社会问题的讽刺，也可以是一些不良现象的反讽。但在企业文化的构建当中，形式化通过一段时间的积累上升至仪式化，会将企业的文化作为一种信仰成就和影响更多人。这不仅仅是仪式化过程中的一个严肃态度，更需要企业高层的坚持。

一得阁开发的新品——上品云头艳

一得阁拜师授徒仪式

袁畅：您刚刚讲到2016年10月一得阁美术馆落成？

马婷婷：这就是我目前正在负责的工作。美术馆占地面积1000平方米，就在琉璃厂一得阁大楼二层，除去前期建设投资，每年的经营成本为300万元，我接手前算过利用现有资源和已知模式，我最多只能做到150万元的利润，但公司依然很任性地将这个项目给了我，得到这样的信任，我其实压力很大，主观能动性都不用说了，我挖掘了自己最大的潜能去工作。

我给您讲些在这个平台上开展的事情：

第一，用美术馆办展、开会或拍卖，一天的费用是3.4万元，所以每场活动的收入都在几万到几十万元不等。但并不是每天都会有大型活动举办，我们利用空窗期来做中青年艺术家或是有趣的商家的集体展示，费用平摊给了大家，个人办活动的费用自然就低很多，而且大家抱团人气也会很高，并且我们在宣传方面拿出诚意，大力通过各家媒体或是新媒体方式推广，目前效果不错。

第二，我们现在的生活方式是在“抢”，抢时间、抢机会等。基于企业自身优势及现代生活的漏洞。我们在一得阁美术馆商务区打造了一种生活态的体验，大家来到这里可以试用到一得阁的墨汁、曹氏的宣纸、戴月轩毛笔，这些都是百年以上的老字号，在这里会书画的人可以尽情创作，没有基础的话我们为大家准备了抄经字帖模板，可以享受传统文化带来的让人静心的魔力；同时提供张一元清甜的茶汤、崇贤馆的古籍线装书，你可以充分领略古人的智慧和怡人的生活方式。不论是商务洽谈还是整理心绪，这里都是独一无二的好地方。

袁畅：大环境也为一得阁带来了不少机会吧？比如书法进课堂。

马婷婷：大环境所创造的机遇对每个人都是一样的，您说对吧？我只想谈谈对我个人的影响。我想讲一个人，冯唐，他虽然有争议，但在解决传统文学如何被现代人甚至是年轻人接受的事情上，他是有所作为的，他将传统文学从神坛上请下来，让现代人更为容易靠近曾经遥不可及的之乎者也。我要创造价值，就必须明白如何简化客户的选择过程。

我到一得阁之后，从设计宣传册到产品开发，再到拜师仪式等一系列活动的策划和实施，都是我以往没有做过的，一得阁让我切实地感觉到了过去的职场生涯都是求渠道、求人脉、求机会，而现在自己是在求兴趣、求发展、求创造。我在一得阁慢慢有了信仰，这是一个由被动到主动的转变，您说哪种创造的价值更高？

写在后面：

经厂甸胡同文心砚斋的邹经理介绍，我认识了时常来此购墨的付林，他爱墨、喜欢写毛笔字，时任一得阁东北区的销售代表。与付林相熟后，我向他表达了访谈一得阁高层实际经营者的意愿，付林表示需要经过正规手续，也就是先经他转交介绍信及写明访谈意图、所为何用等。一周后，在一得阁美术馆二层我找到了艺术总监马婷婷。

我按约到达一得阁美术馆的时候是下午4点30分，转过楼梯间，进入二层先是一得阁的牌匾，牌匾左为接待处、右为进门处，接待人员将我引入二层美术馆。马婷婷并未按我的设问作答，而是从个人背景经历开始口述，并且问了我很多有关老字号研究的相关问题，同时，也给我讲了一得阁这一年来的宣传活动、主创产品以及销售业绩，其间，令我好奇的是，马婷婷名为艺术总监，实际的工作远不止一得阁美术馆的展览、拍卖的策划与筹办工作，实际上她还担负了一得阁新墨品开发、营销策划以及包装宣传等工作。我观察受访者在初见时，往往对口述历史的学术意义不甚了了，大多当作一次新闻访谈来应对，这样的应对表现为受访者彬彬有礼的接待（多为职场意义上，较为官方、礼仪性的接待）、职业性的对谈、新闻软文似的企业介绍等，与琉璃厂其他的商家不同，一得阁显然有着比较规范化的企业管理规则，包括接待规则；同时，一得阁保持着接待新闻访谈者的一种警惕性，这种警惕性被许多老字号商家描述为打着访谈为老字号宣传等旗号变相要钱的江湖行为。这样的警惕性同样也体现在笔者与其他老字号商家的交流中，一度让我的访谈计划搁浅，因为我很难向他们解释清楚口述历史与新闻访谈的区别；也很难说清这本书对他们的宣传意义。为了消弭他们的警惕性，我只能通过购物、不断上门请教、帮他们策划活动等方式接近他们，慢慢地取得他们的信任，再试图进行口述访谈。

与马婷婷的口述访谈断断续续地进行了3次，其间，我参与了她策划的“琉璃厂文房四宝艺术节一得阁会场——墨友会”“一得阁进校园”“一得阁春夏艺术展”等活动，在活动策划期间，口述访谈会进行得相对紧张，受访者口述内容往往集中在对当下文房以及艺术品市场的看法与展望；在活动间歇，口述访谈会进行得相对顺利，受访者口述内容以设问为纲、按部就班，这表现出一得阁赋予了马婷婷在策展和产品定位上较大的权力，从另一方面判断，马婷婷本人的工作是有严格的绩效考评及明确的任务目标的。

在对受访者日常工作的观察上，随着交流的增多，要保持中立几乎不可能。这不仅反映在受访者对同一时点的内容在不同口述时间下表述上的出入，也反映在受访者越出设问范围，按自己理解的思路进行描述，这一点上马婷婷无疑是聪明的。为了避免陷入口述历史非历史的学术悖论，我力求一个事件一次叙述，并且引导受访者在口述上按照自身的成长顺序，即编年体叙述，这样，在口述中出现的前后不一致与受访者思维、视角上的进化便可一览无余。

一得阁楹联及牌匾小考

袁家方

“一艺足供天下用，得法多自古人书”，是驰名中外的墨汁店一得阁的门楹。对联的意思似乎很简单，那就是“我有一个技艺足够供天下人用，其方法是从古人书中得来”。这副藏头联从字面儿上，似乎很好理解，而且读过大体就能记住。但它会使人时不时地想起来，于浅近中回味无穷。

一得阁的匾额和楹联，都出自其创始人谢崧岱先生之手。这又是一个老北漂创业的故事。一说到墨汁，人们马上想到徽墨，都会以为其创始者一定是安徽人。其实，谢先生是湖南湘乡人，据说，他自幼敏而好学，诗文俱佳，兼喜金石书画，擅名乡里。同治二年（1863）中乡举，同治三年（1864）进京赴试未中，次年在东琉璃厂开设制墨作坊以为生计。

从谢先生所撰《南学制墨札记》的序中看出，他是光绪六年（1880）入读国子监的，4年后，即光绪十年（1884）写出《南学制墨札记》。序文中说，他曾向4位同学讨教制墨汁的方法，且自己反复试验，在光绪九年（1883）冬创出墨汁的制作方法。他把这个办法介绍给同学，大家仿制，但都不如谢先生做待好，以至“疑岱为秘者亦有之”。鉴于此，他便“乘放学之暇，将数年所历试者，详其原委，撰为八法：取烟第一；研烟第二；和胶第三；去渣第四；收饼第五；入盒第六；入麝第七；成条第八。名曰《南学制墨札记》”[1]。

从这段话能看出，谢先生将自己研发出来的墨汁制造方法毫无保留地公之于众，以为共享。他还特别说明在研发的过程中，曾与4位同学探讨过，但在札记写作时，没能与他们商榷。如此看来，谢先生很尊重那些和他一起为研究墨汁的制作方法共同努力过的人。谢先生的为人，真是坦坦荡荡，实在诚恳。

匾额中的“戊子嘉平”[2]4字告诉我们，这是光绪十四年（1888）腊月谢崧岱先生所书。依例推想，一得阁那个著名的楹联也应同时问世。中国人用墨作为书写的工具有数千年的历史，大约从最初的研墨，人们就会有一个由衷的期望，期望研墨的时间尽可能短。倘不研墨就能书写，估计也是数千年前人们的梦想。所以，谢崧岱先生的发明创造结束了研墨的历史，开启了一个新的墨汁书写与绘画的时代！其起始点表现为：

第一，光绪九年（1883）冬，谢崧岱在南学研制出墨汁的制作方法，它是墨汁问世的标志；

第二，光绪十四年（1888）谢崧岱亲自题写匾牌“一得阁”高悬店堂，它标志着一得阁墨汁正式走上市场，被社会广泛应用。

“一艺足供天下用，得法多自古人书”，不只是写“一得阁”，推而广之，它更是琉璃厂“店铺学人”成功之道的写照，可以说它是“琉璃厂文化”“琉璃厂精神”的典型代表。

从进入21世纪以来，人们不断琢磨琉璃厂文化创意产业的发展之路。很多人问我，什么是琉璃厂的文化产业、文化创意产业？琉璃厂该怎么发展文化创意产业？我的回答就是“一艺足供天下用，得法多自古人书”。

① 《南学制墨札记》，［清］谢崧岱撰，上海古籍出版社，1995年版。

② 嘉平，腊祭的别称，亦为腊月的别称。

人无笑脸休开店

时间： 2016年9月16日

2016年12月5日

2017年3月23日

2017年4月16日

地点： 琉璃厂厂甸胡同甲9号　果春斋

全聚德博物馆（北京全聚德和平门店7层）

访谈人物： 全聚德和平门店厨师长　王国民

访谈录音、笔记： 袁畅

在场者： 王鹏钧　王学甫　路金芝

袁畅： 听口音就知道您是老北京人，您的个人情况和家庭背景方便介绍一下吗？

王国民： 我叫王国民，1960年2月11日生人，我是阴历正月十五元宵节那天出生的。我们家兄弟三人，我排老二。我父亲跟我母亲都在北京新侨饭店[1]工作，我父亲厨

王国民（摄于2012年11月）

① 北京市东城区崇文门西大街1号。

房管理，就是负责品尝菜品，我母亲是服务员。

袁畅：您走上餐饮这条路是受了您父亲的影响？

王国民：凡是北京老的餐饮人都知道我父亲的名字，他叫王文桥，中国烹饪协会会员，第一、二届副秘书长，北京烹饪协会专家组顾问，北京烹饪协会原常务理事、副秘书长。也就是第一个儿给厨师考级、分级制定标准的人。1988年“北京首届烹饪技术比赛”组织委员会任副秘书长兼副评判长。

袁畅：家里面除了父亲，谁对您的个人成长方面影响最大？

王国民：那就是我姥爷了。我姥爷叫梁魁禄，13岁在东单一古玩店学徒。我姥爷家住在府学胡同55号，租的别人家的老宅子，院子里种着枣树、搭着葡萄架；院子当中有一口大鱼缸，鱼缸里养着荷花。我姥爷出门总是一身中山装，手里拿一个提包，包里装着一双象牙筷子，还有一堆瓷片儿。他一直在北京市文物管理局工作，他没啥文化，但他的学生都成了鉴宝专家。

袁畅：您受正规教育是从小学开始的吗？

王国民：没错！我上小学在宽街中医医院东边儿的一所小学，之后转学到朝阳区光华路三小。我住宽街的时候，住胡同里，光是玩儿，和同学们一起，冬天滑雪，夏天滚铁环儿。我父亲有好多书，家里住平房，屋里搭的都是书架子。

袁畅：您从小受家庭影响有什么爱好，或者说特长？

王国民：那估计就是书画方面了。我们家都练书法，我父亲、我哥哥和我练颜体；我弟弟练欧体。记得我们家搬进楼房后，就在光华路，那时候贪玩儿，每天应该写一个小时的书法。一次我贪玩儿，回家晚了，一回家，趁我父亲回来之前，赶紧装样子练书法，父亲回来之后，走到我身后，猛地一拔我手中的笔杆儿，笔被拔去、我手心一团黑墨。父亲转身拽我，要把我捆到暖气上，幸好我母亲过来劝，才逃过一劫。小学六年级以后，父亲就不再管我了。

袁畅：您小学时期有什么最令您难忘的人或事儿吗？

王国民：我小学时印象最深的就是挖防空洞，我们那个年代，不学拼音，都是在生字旁边注同音字，自然对写字的要求很高。父亲要求我看书必须查字典，那会儿能借到的书有《基督山恩仇记》《傲慢与偏见》《牛虻》等，这些算不良书籍，从我一个外交部子弟的同学手里借来的，第二天必须还，都是竖版繁体字。

袁畅：您父亲既然是做餐饮方面的评定、鉴定的工作，您家里来的人都是特级厨师、大师吧？

王国民：也不然，也有不少文化界的大师，甚至还有医生。比方说，我父亲交往的朋友中有孔嗣伯，其父是孔博华，京城四大名医；孔嗣伯经常来我家跟我父亲谈古论今，时而还与我父亲有书信往来，那会儿我才知道，过去中医写方子都是毛笔书法。每每我家聚会，美食过后，作为助兴，很多宾朋都现场挥毫。

袁畅：您在课余时间都有什么爱好？

王国民：初中的时候，我学会了滑冰；别外，那时候我家正好住在大使馆旁边，我母亲又在西餐厅工作，我开始对外国文化产生了兴趣；上学的时候，我负责班里板报，还踢足球。那会儿上半年学工，下半年学农。我被分到北京乐器厂工作，就在大北窑，第一年上半年我在小提琴车间，第二年上半年我在食堂码馒头。从那时候开始，我便与艺术和餐饮结缘了。

袁畅：您上学期间，有没有让您特别难忘的老师？您还记得她是教什么科目的吗？

王国民：我初中、高中都在北京市日坛中学上的。高中的时候，我的一位语文老师叫董馥珍，董老师如今已经80多岁了。她教过我哥哥和我，董老师特别谦和，对孩子们又好，我们都特别喜欢她，受董老师影响，我特别喜欢语文、历史。

袁畅：您在学生时代有没有三五好友，一直到现在还在联系的？

王国民：我高中的时候，跟我们班长关系特别好，他叫祝京旭。

记得有一次我晚上上他家问作业去，发现他们家门上贴着便条儿，记着什么时间该干什么事儿，印象特别深刻。他还管我借了两本数学方面的书，应该是微积分；后来，经董老师推荐，他上了清华大学，恢复高考时他才高一。

高中的时候我还有一位好友，叫林聪。我们俩住得很近，那会儿，我们经常早上起来约在日坛公园晨练；那会儿特逗，我到他们家楼下一喊他名字，他就探头答应。记得特别清楚的是，那会儿我俩躲在日坛公园树后边儿背课文，现在没那景儿了，都看手机。

袁畅：您不同于老三届，也没有下乡的经历，高中毕业正好可以考大学，因为您正好赶上了1977年、1978年恢复高考。

王国民：谈起恢复高考，我准备复习的时候，一天早上我一起来，就撞在家里门框上了，经医院检查说是脑贫血，家里人让我回老家白洋淀休养。一回老家可热闹了，我天天摸鱼、游泳，一下子就耽误学习了。回北京后，应该是1979年，我干脆连高考都没参加，去颐和园听鹂馆[①]的小卖部卖蛋糕、豆沙包等，一天八毛钱——这些现在叫特色食品。

袁畅：应该是北京特产吧？类似于现在的旅游纪念品性质的北京小吃？

王国民：有一点儿这个意思，但那会儿就是给游客尝尝。

袁畅：颐和园的听鹂馆那一时期除了这种快餐似的甜点外，有正餐吗？

王国民：有啊，正儿八经的宫廷菜肴呢！我在听鹂馆干了不到一个月，就安排我进厨房负责餐具消毒，我和另外一个小伙子给后厨送消毒后的餐具。

袁畅：这一时期，您还没有正式接触到料理或者厨师的工作？

王国民：正式开始给师傅打下手，是进了听鹂馆3个月后的事儿

① 听鹂馆位于颐和园内，以“宫廷御膳”闻名，改革开放初期对外接待的定点单位。

了。那时候黄恩顺[①]师傅在听鹂馆，有这样的因缘，我就跟着黄师傅学做宫廷菜了。

袁畅：对生鲜的宰杀让您难受了吗？

王国民：其他的都还行，到后来收拾鸭子也就顺手了。在听鹂馆一干就是一年，跟热炒的黄师傅学过，跟面点师傅赵德民[②]学过，跟红案的德永顺[③]学过，等于是全工种学习。

袁畅：那会儿宫廷菜是仅仅一个名称而已吗？还是真的按照过去的规制恢复了宫廷菜？

王国民：肯定是恢复了，连餐具都很讲究的。那会儿，我记得我端过一个钜过的老盘子，刚端起来，师傅就提醒我："你可别摔了，摔了你可赔不起。"多少年以后，我在听鹂馆参加一次活动，又见到这个椭圆形的大盘子，特别亲切。听鹂馆有一桌"万寿无疆席"，盛菜的盘子全是万寿无疆纹饰的黄盘子，那会儿就是招待外宾的，等于国宴标准。20世纪80年代，只要去颐和园的外宾旅游团，必去听鹂馆，每天翻3桌：中午11点30分、12点30分以及下午1点30分，相当忙！忙的时候，我还帮忙擦杯子，根本不得法，把手擦出一个血泡来。

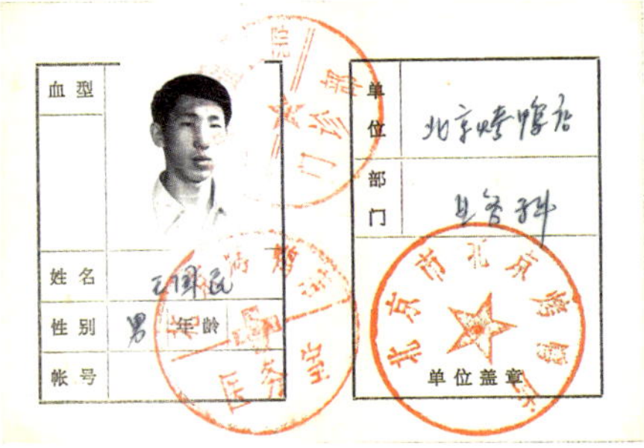

1984年王国民进入全聚德的工作证

袁畅：在听鹂馆的工作对您未来的职业发展提供了什么样的帮助？或者您可以继续聊聊您接下来的工作经历。

---

① 黄恩顺，1937年生人，颐和园听鹂馆饭庄高级烹调技师，专攻"宫廷御膳"，其"滋补药膳""满汉全席""万寿无疆席"等闻名中外。

② 赵德民，颐和园听鹂馆饭庄高级面点技师，其代表菜有"豌豆黄""萨其马""芸豆卷"等，1992年，与人合著出版《听鹂馆宫廷寿宴》。

③ 德永顺，颐和园听鹂馆饭庄中式高级烹调技师，海淀区职业技能鉴定所专业考评员，擅长宫廷菜肴，对烧、焖、烤、炸尤为拿手，代表菜有"三鲜人参鸭方""散花活鱼"等。

王国民：1980年9月1日，我来到了全聚德。入职前需要面试，面试的地点在正义路附近，面试的时候问我的英语，就是简单的问候语，我记得我兜里准备了30张小纸条儿，都是为英语面试准备的资料。当天，我正式进入全聚德。经过了一个星期的培训，培训的时候，我结识了全聚德鲁菜师傅，当时的副总蔡启厚[①]以及烤鸭技师田文宽[②]和张文藻[③]，他们给我们演示了全聚德名菜、名技。培训后我被分配到了一楼厨房。

袁畅：当时为咱们做培训工作的是这些顶级的大师？

王国民：是啊，改革开放初期，咱们国家外事接待多，让我受益终生的老师还有一位鲁菜大师王义均[④]，他是厨师界的榜样，为人谦和，王老师还去日本表演过。王老师不抽烟不喝酒，干干净净，特别精干，人家的做人、做菜都特别地道，真不愧是鲁菜传承人啊！

袁畅：您被分配具体工作后，主要负责什么？

王国民：在一楼厨房时，我最初的工作是红案，负责切配、抓菜，现在行话叫料青、配菜，一早儿起来主要做的是择菜、剔鸡、切丝等工作。刚入门儿的时候，我师从高异德[⑤]，高老师个儿不高，印象最深的是他的刀工惊人，有高师傅这样的高手，对我的刀工自然要求特别严格。

袁畅：您一直是负责红案工作吗？

王国民：我在红案干了半年，其实这半年，我已经开始进入热炒

---

① 蔡启厚，原在东兴楼饭庄学徒，后在八面槽的惠尔康饭馆掌勺，惠尔康关闭后，蔡启厚来全聚德掌灶，曾担任全聚德烤鸭店的副总经理。20世纪50年代，蔡启厚和王春隆、张文藻等人一起，到苏联烹调中国名菜；80年代初，他们又先后带队到日本献技。

② 田文宽，第四代烤鸭技术非遗传承人。

③ 张文藻，第三代烤鸭技术非遗传承人。

④ 王义均，丰泽园饭庄名厨，高级烹饪技师，1945年在北京致美楼饭庄学徒。精研山东菜烹调技艺，尤其擅长制汤技法，代表菜有“葱烧海山”“酱汁活鱼”“干烤大虾”等，任北京市饮食服务总公司高级业务技术培训讲师。

⑤ 未查到高师傅的个人信息，向全聚德几位同人求证，均称不知道此人，可能是被访谈者记忆有误。

了。那会儿就怕过年，过年得炸鱼、炸丸子，那会儿冬天特别冷，大盆儿炸，一炸炸半天儿，小胳膊儿冻得特别红。

袁畅：您那时入全聚德，跟现在新来的，比如应届毕业生相比，工作环境有什么区别？

王国民：我刚上班的时候，作为徒弟，早上特别早就来到单位，抓紧时间把冰箱都擦好，把冷冻食品归位，非常辛苦。加之，我是高中毕业，师兄弟都是初中毕业，因此单位有会议时，念稿子基本都是我的活儿。我又是团员，在全聚德我还兼任全聚德和平门店的团宣传委员，那会儿，学雷锋活动，我还报道、记录了我们全聚德几个人义务为冷荤切配菜品、剥鸭掌。1981年，我被评为先进工作者。2004年，我从家找出了这张奖状，这张奖状当时是办公室主任用毛笔写的，特别亲切。

袁畅：那个时期，也就20世纪80年代初，毛笔的使用还是能在日常生活中经常见到的，您的毛笔字，在新的单位能有用武之地吗？

王国民：我就是在全聚德写水牌的时候，又重拾旧好。这就得说到1982年，我出了一点小意外，学徒时工作量太大，手得了腱鞘炎，拿不了炒勺了。因此，我调到了业务室，负责写水牌，也就是每天预订房间的客人名称，一般都是大单位，也有散客、家庭等。小时候的书法功底，这时候派上用场了。

袁畅：20世纪80年代初期，硬笔书法、英语等，有一个全民学习的高潮，咱们全聚德在那一时期是不是也特别重视非业务类学习？

王国民：不能说是非业务，学习对每个人来说都是终生的，甭管学什么，只要能补充自己就是好的。那会儿业务室的工作相对轻松，我利用业余时间，跟收音机学了日语，那段时间的学习习惯我一直保持着。1983年开始，我进入宣武区中国书画业余学校学习书法，经过一年时间的学习，1984年5月取得了毕业证书。与启功先生结缘就是在这个时期。我们的老门童认识启功先生，知道我喜欢书法，就到业务室叫我，那时候我不敢出来搭讪，就在一旁看着，启功先生要了1/4只鸭

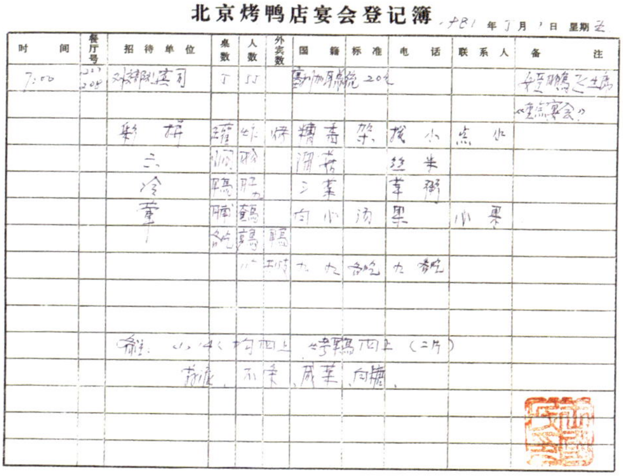
北京烤鸭店宴会登记簿

时间	餐厅号	招待单位	桌数	人数	外宾数	国籍	标准	电话	联系人	备注

1981年5月全聚德的预定登记

子、鸭汤白菜和一份凉菜。与启功先生真正算认识要到后来了，我以后会说到。

袁畅：与启功老先生结缘真是一段令人难忘的回忆，您亲自给启功老先生做菜了吗？

王国民：那会儿我在业务室，手上的伤还没好，但就是喜欢，或者说爱好书法、书画。我在业务室待了不到一年时间，又回到原工作岗位。1985年12月2日到1986年9月19日，全聚德选派技术尖子到北京服务学校进修，就在沙子口附近，在北京服务学校进修烹调师资培训课程（以下简称师资班）。不是脱产学习，而是利用休息时间进修，进修内容是理论、实操，包括刀工等。现在回想起来，那会儿给我们讲课的都是特级大师，有金

王春隆展示技艺场景

永泉[1]、李刚[2]等。也就是我在师资班毕业这一年的年底，我被调入二楼厨房工作。当时全聚德的行政总厨，也是国宝级大师王春隆[3]找我谈话，让我来二楼厨房学习宴会菜品。那时候，全聚德和平门店的二楼一般是重点宴会楼层，承接所有的国家领导人接待宴请以及外事任务。到了二楼厨房，我最得意的传承菜品就是和王春隆老师学习的火燎鸭心；同时，还和国际烹饪大师陈守斌老师学习了罐儿焖牛头等全鸭席菜品。

袁畅：您的这段经历是全聚德为了培养外事服务人才吗？

王国民：一半儿是，一半儿不是。那时候，全聚德要拓展业务，开分店，也有一个技术外派、技术指导的工作，需要这方面的人。1986年，我被外派到和平里全聚德店，全聚德旗下分店之一，在和平里全聚德店负责热菜，时间是半年，后被调回。1987年，接到上级通知准备到德国工作，为了更好地全面学习全聚德特色的技艺，也为了出国完成外派任务，我几乎是重新开始全聚德特色菜品的新一轮学习。这种学习经历，要求一专多能，因为要到国外，必须能独当一面。于是，我从烤鸭班开生（去毛、去内脏）开始，再到面点，也就是学做荷叶饼、芝麻烧饼，还跟著名面点大师李德才[4]学习抻面，然后再去学习冷荤等，这就全面了。我本身就是做热菜的，这下烤鸭、凉菜、面点都会了，可以独立制作一桌全鸭席了。

袁畅：请您讲讲您在德国的工作和生活情况。

王国民：1990年7月，我踏上了德国之旅，目的地是德国杜塞尔多

---

① 金永泉，北京晋阳饭庄名厨，高级烹饪技师，1935年在柳园饭庄学徒，精通特色菜、晋菜，尤以各式泥蓉菜见长，代表作“柴把鱼翅”“香酥鸭”等。

② 李刚，北京市103职业高中校长，烹饪专业教师，专修川、粤、淮扬菜系，擅长刀工、勺工等技法，著有《烹饪刀工述要》等著作。

③ 王春隆，北京和平门烤鸭店特级厨师，精通山东菜，对全鸭席的继承和发展起了重要作用，代表菜有“火爆鸭心”“烩鸭四宝”等。

④ 李德才，15岁来京，在煤市街的聚源馆学徒；1979年在全聚德和平门店执掌面案，其代表菜有“玉兰酥”“雪花鸭蛋酥”“鸭四宝烧麦”等。

夫市全聚德分店（以下称德国分店）。德国分店一共有80个座位，不像快餐店，而是类似烛光晚宴，基本接待的都是各国来杜塞尔多夫参加展览和会议的人群。杜塞尔多夫从9月开始到圣诞节，都是各个展览会，当地有身份的人或者参会的商家代表等都以能来德国分店宴请为乐，德国分店也以预定为主。德国分店的后厨有3个人，厨房面积40多平方米，烤炉与国内不同，一水儿德国制造，还有个100多平方米的地下室，有冷库等，鸭子、凉坯都放在地下室，设施完善。

王国民在德国

袁畅：您在德国的工作是五天工作制？

王国民：德国是四天工作制，周末从周四就开始准备，周五进入准休假状态，周六正式开始，以此类推。德国分店的工作时间是，中午11点上班、下午2点下班；下午5点上班一直到凌晨12点下班，德国法律规定，中餐馆营业不能超过凌晨12点；酒吧不能超过凌晨2点。

袁畅：一周之中，您的工作最忙的时候是哪天？

王国民：我们最忙的时候就是周六，从周四开始，天天爆满。进入圣诞季，更忙得不可开交。德国分店设计了5个快餐，应对圣诞季。德国分店的旺季就是德国的冬天，因为夏天德国人基本喜欢出城休假，喜欢啤酒冷餐等，夏天的德国分店非常冷清，也就晚上忙一阵儿。德国人吃东西喜欢吃“死食儿”，也就是死啃一个菜。有一个德国老奶奶，吃过一次锅塌豆腐，每次来必点锅塌豆腐。

袁畅：您在德国分店主要负责什么工作？热炒还是烤鸭？

王国民：忙起来，都得上手，我还经常出来片鸭子呢，很多德国的老客人都是这么认识我的，片鸭子的过程中跟我们合影、聊天、打招呼，在德国，厨师亮相是件非常常见的事情，也就是厨师与食客的互动，这就要求厨师还需要懂服务生礼仪。

袁畅：厨房内的主要流程是？

王国民：我们一共两个热菜，从订货到制作，都要靠我们自己，每周一、周四订货，鱼片基本都是成型的，改刀即可制作；蔬菜都是现成的，保鲜膜包装，打开包装，消毒、清洗，处理起来很方便；德国还有一个规定，内脏不许进入城市，“开鸭子”要到汉堡，开车需要4个小时，汉堡郊区有一个鸭厂，检疫也在鸭厂，一只一只检疫，从尾部开始，用手掏、测，非常严格。在餐厅也有检查，检查、化验结果一式两份，用铅封封好。

袁畅：我听您说您的工种有料青、红案、热炒、开鸭子、片鸭子，还有应对检疫……

王国民：是！要不说一专多能呢！来德国分店工作头3个月想家，特别想，尤其是旺季的时候，我们两年没有休息，德国人形容我们是“阿拉拜”除了工作还是工作，像钟表一般永不停歇。德国人很友善，为了缓解我们的工作压力，德国分店也组织我们去杜塞尔多夫的老城[①]酒吧，感受德国传统文化和啤酒文化。

袁畅：您在德国一共工作了几年？最为突出的感受是什么？

王国民：我在德国分店一共工作了两年，1990年7月到1992年5月底，我感觉德国人对中国餐饮特别钟情，我们做的几道菜，尤其是盘饰，让德国人惊讶不已，因为除了观赏以外，都可以食用。还有就是德国人做事非常严谨，工作就是工作，放松就是放松，无

① 狂欢节、女人节都在老城举行，14：00开始狂欢；在女人节这一天，家庭中男人不能管或者干涉女人的行为。

论晚上玩儿多晚，第二天绝对精神百倍地投入工作，而且对自己的仪表要求很高，衬托精气神儿的并不一定是名牌。我有时候休息的时候，就爱逛德国的老商业街区，特别爱看德国店铺的橱窗，感觉摆设得非常艺术，陈列得很吸引人，每个橱窗都可以说是一道城市的风景。再有就是圣诞节的气氛浓厚，灯光、食品、商场、游乐场等，这样的氛围再加上浓浓的人情味儿就让人兴奋，直到现在一到圣诞节我就觉得兴奋。业余时间我几乎游遍了杜塞尔多夫的名胜古迹，除此之外，我一直坚持练毛笔字，还有剪报等，也是思乡的一种寄托。

袁畅：您回国后，继续回到原岗位还是上级又给您指派了新的任务？

王国民：1992年6月，我又回到了全聚德和平门店，10月份派我去九华山全聚德分店，为期半年；1993年6月又派我去怀柔分店，为期3个月。这期间，我还帮助筹办了全聚德广场夜市，与德国分店雷同，夜市中全聚德推广的是啤酒文化，以冷荤、凉粉、杏仁豆腐等为主，热菜有葱爆肉等。你看看，这都是全聚德的第一次。1993年12月1日，我去了长春全聚德分店。成立集团以后，就派我去各地，上级觉得我不抽烟、不喝酒，又爱工作，又技艺全面，干脆让我当拓荒者吧，我也因此感受了各地的文化氛围。

结束“漂泊”，真正踏踏实实回归本行是1994年10月，我回到全聚德和平门店冷荤班组工作。其实，那会儿上级还是想把我送到纽约分店，毕竟我有外派经验，但是我感觉我的冷荤技艺需要充电，就要求上级调我去冷荤班组。

袁畅：您还记得继承盘饰书法是什么样一个契机吗？

王国民：2004年，我在全聚德负责冷荤，这一年，我经常在想：2008年北京就要召开奥运会了，我能用什么方式将中国美食与中国传统文化结合在一起呢？有一天，我的徒弟要参加年前技术练兵，我作为评委，要制作一盘“盘头”，即基本盘饰，我就用甜面酱画了一幅传统中国书画，记得当时我画的是一幅小梅花，大家觉得很有意思，就让我继续尝试。我又在“精致五拼分吃”上开始进行书法创作，比如“福在眼前”，大家觉得这样的菜品如果用在寿宴上一定会得到客人喜爱。2004年夏，我们集团组织“技师全能大赛”，我做了一个“春江水暖鸭先知”的凉菜拼盘，当时评委们眼前一亮，感觉这是从未有过的创意、创新。2005年春季，我们店进行菜品研发，我用香椿豆腐做成小鸭子形状，盘饰继续沿用“春江水暖鸭先知”这一题材，将这一菜品推向成熟。我的书法盘饰创新得到了集团领导、店领导的肯定，这期间，我主持料理的国宴、外事活动宴会都加入了盘饰书法的主题菜品，店内的生日宴、商务宴请也把我的盘饰书法作为点睛之笔。一次，著名作曲家张千一宴请德国音乐家，我思虑良久，就在盘饰创作上书写了音乐无国界5个字，得到了宾主一致好评。2014年10月，梅葆玖先生来我店就餐，我曾经去过正乙祠戏楼看戏，戏目是《梅兰芳华》，看完后又去梅兰芳展览室参观，得知梅老先生生前喜欢梅花，于是我特意在为梅葆玖先生的五拼分吃中用盘饰书法创作了“梅花香自苦寒来”，梅葆玖先生特别高兴地告诉我，不仅他父亲喜爱梅花，他的大徒弟还是梅花奖的获得者。

袁畅：盘饰书法的推出，让您对书法有了另一种视角吧？

王国民：可以说，我的书法创作有了全新的感觉。2009年4月，我参加了第五届餐饮人全国大赛暨笔墨书情现场表演，我代表集团创作了“鸭香”“美”两幅作品，后来，“美”这幅作品颇受好评，我就将它引入盘饰书法，受到了客人的好评。

袁畅：您谈谈盘饰书法的现状，也就是全聚德菜品中是否融入了盘饰书法的创作？

王国民：现在，或是中国传统节日，或是周末，或是常客的生日等，我都会在菜品中针对客人的不同需求，展示盘饰书法。最有意思的是，有一次一家人举办寿宴，小朋友在四楼玩耍过程中磕碰受伤，等孩子伤口处理完，我看到家人有些扫兴，便在生日点心中书写了“小坚强”，缓和了气氛，这一家人很开心。2017年大年三十晚上，我写了150个“福”字在盘饰中，但这还不是我的最高纪录，我的最高纪录是一天写了500个字做盘饰。

1933年挂炉烤鸭

盘饰书法得到集团领导的赞许和店领导的认可，现在是我店的一张名片了。我认为这不仅是百年老店在传承的基础上创新发展的一个表现，也是中国餐饮文化的附加值。对于我个人来说，生活在这个国泰民安的时代，我们应该多学习前辈的艰苦奋斗精神，做事要有耐心，尤其对年轻人要有耐心，以老带新，在传承中用心做每一件事，文化的推广和发扬需要像盘饰书法这样跨界、创新、传承的匠意。

袁畅：全聚德毗邻琉璃厂，说说您对琉璃厂的感受，或者说您是怎么看待琉璃厂的？

王国民：我1980年参加工作，正好住宿舍，晚上下了班就去上书法课，当时大千画廊对面是卖文房四宝的怡芳斋。印章我买的是翠文阁的，大白云买的是戴月轩的。不是我讲究，而是靠着琉璃厂的氛围。

袁畅：这个氛围您具体指的是什么？

王国民：就是名家墨客啊。琉璃厂对我来说，就是“开眼”的地方，能接近名家的墨宝、书画，因为我在外事口儿，经常负责接待，又能结识名家。就说我与启功先生的结缘吧，他经常来全聚德，要1/4只鸭子，来个凉菜，再来一份鸭汤，老人家一个人，感觉特别随和。后来，台湾著名画家陈齐全先生与启功先生一起莅临中国美术馆举办的

福

寧靜致遠
丁酉吉日北京
博雅軒
玉龍

國泰民安

“陈齐全画展”，开幕式上人挨人的，我就去搀着启功老师，启功老师特别幽默地对我说：“别跟架着烤鸭子似的架着我。”随着我在餐饮界名气不断积累，认识“大家”的机会也越来越多，我感觉“大家”与普通人一样都是心态平和，特别谦和。

袁畅：您最喜欢琉璃厂哪家店或者说老字号，换句话说，您最常去琉璃厂哪一家店？

王国民：在琉璃厂我逛荣宝斋是最多的，到现在我还留着信笺，上面有齐白石先生画作的水印，这种水印信笺也是荣宝斋的拳头产品。在荣宝斋看名家作品，对我是一种熏陶，看多了以后我还经常去美术馆追寻这些“大家”的名作。

在我心目中，琉璃厂对我来说，就是文化的圣地，这一条街铸就了我对文化的一种情怀。就像我继承的盘饰书法，就是这个时代造就的。每天在单位，要不让我在盘子上写几个字，我都感觉空落落的，尤其是“福”字，福报多多。

袁畅：通过您在餐饮界的成长经历，同时自身对书法、书画的热爱，若是由您自己总结自身的成长、成名之路，您会如何评价呢？

王国民：我跟随几位餐饮界的大师学习过，像王春隆、王义均、陈守斌、李德才、蔡启厚等，他们对我技艺的影响很深，让我对中国餐饮文化有了更进一步地认识和理解；两年德国的经历让我有了更开阔的视野，尤其是德国杜塞尔多夫的古城、橱窗和风情；对于全聚德对我的培养我真心感谢，派我去全国各地支援技艺，其实也是丰富了我的人生。当这一切再回到原点的时候，我能用平和的心态对待手中的工作，平心静气地去继承盘饰书法，能将培养我、熏陶我、赐予我情怀的琉璃厂融入我的技艺中，这实在是一种丰富美妙的人生。他们采访我的时候，经常说我的人生像是一个传奇，其实赋予我传奇的恰恰是咱们的传统文化。

写在后面：

王国民老师是此次口述历史访谈计划中年龄最长的一位受访者，他的经历极具时代特征，从改革开放初期作为外宾接待的“桥头堡”颐和园听鹂馆学徒，到入驻全聚德和平门烤鸭店；从老字号国际化初期外派德国全聚德分店创设，到全聚德集团成立……

王国民老师是一位兴趣广泛，有着家学渊源的人。他的父亲王文桥是餐饮界中的学者，曾担任并组织餐饮烹饪技术考评以及烹饪大师、名师的鉴定考核工作，参与编纂了《中国名菜谱》《中国烹饪词典》等著作。王国民老师并未在口述中过多地提起他的父亲，对于父亲的影响和熏陶，直到为他口述提及的人名做注释时，他才交给我几本由他父亲编纂、编审的书籍。与其父一样的是，王国民老师酷爱书法和京剧，他的朋友圈中，有魏喜奎的学生，有昆曲非遗传人，更有铁道部书法协会的王学甫老师以及萃文阁的金石篆刻名家。

2008年为了奥运会的接待工作和申遗，全聚德和平门店的五楼建立了全聚德博物馆。王国民老师在博物馆担任义务讲解，在讲解过程中，他会即兴表演由他恢复并创新的盘饰书法。

作为受访者，王国民老师绝对是一位典型中的典型。他对自己在工作和生活中的亲历事件，都有详细和充分地记录，比如哪一年调入哪个部门、班组成员的名字、哪位重要人士来就餐以及接待过程中的趣事等。至今，他还保留着20世纪80年代初期全聚德和平门店（时称北京烤鸭店）的订餐登记、名厨教学演示的照片等，相信这些资料作为全聚德店史的编纂和完善都是弥足珍贵的。

王国民老师与琉璃厂的接触，要追溯到改革开放初期，这期间，作为亲历者，他可以说是琉璃厂的“老”人，本书许多受访者都是由王国民老师提供线索并帮助联系的。在此，向王国民老师致以诚挚的感谢。

王文桥先生为庆贺党的十九大胜利召开挥毫泼墨

天道酬勤，我不相信意外之财

时间： 2017年3月25日

地点： 琉璃厂厂甸胡同5号　梓风阁　南纸店

琉璃厂东街105号　尚品轩

访谈人物： 汲古阁原导购　郑子辉

访谈录音、笔记： 袁畅

在场者： 张英　陈芬华

袁畅： 方便介绍一下您个人的基本情况吗？比如籍贯、出生年月等。

郑子辉： 我叫郑子辉，1981年2月6日出生于安徽省阜阳市。

袁畅： 您的家庭成员方便透露吗？

郑子辉： 我们兄弟姐妹共7个，我排行老七。父母都是农民，因为家里缺男丁，因此就用我的六姐跟人家换了一个哥哥回来，这么算的话，我上面是五个姐姐一个哥哥，我哥哥比我大8岁，等我成年的时候，我的姐姐们早就都嫁人了。农村你也知道，住的都不远，我姐姐们基本在前后院儿，算是大家庭。

袁畅： 自从您记事儿起，能回忆起的家庭状况是什么呢？换句话说，您记得小时候家庭是什么情况呢？

郑子辉： 我小时候的记忆就是贫穷，我出生那年赶上计划生育，我是第一拨被罚钱的，罚了80元钱。小时候，就是玩儿火柴盒儿、推铁环儿、跳绳儿，都是自制的玩具，把我们家水桶的箍弄下来当铁环儿，跳绳儿的绳子用红薯秧晒成半根编起来。那个时候农村没有幼儿园，我是5岁上的一年级，在郑棚小学，主要学习语文、数学，没有英语课，一个字母都没学过。小学感觉就学了点汉字似的，家里人根本不管我的学习，靠自觉吧。小学生活没什么特别的，就是四年级加入了少先队，记得入队那天晚上，我把红领巾平铺在桌子上，生怕弄褶皱了。再有就是小学考初中，那时候，一般小学考初中的考试结束后，要等到初中快开学之前，也就是8月20日前后，初中的班主任会把录取通知书送到各村各家里。有一天，我爸碰到了我的一个同学，我爸听说别人拿到了初中录取通知书，以为我没考上初中，说了很多让我伤心的话；结果第二天，我的录取通知书就到了，这才知道是虚惊一场。虽然考上了初中，家里又陷入另一种困境——没有学费，那时候初中学费是60元钱，为了筹集学费，我父母就让我养兔子，卖兔毛赚学费，也就相当于替家里干活儿，家里本来就养了很多兔子。天天割整筐整筐的草回来喂兔子，兔子两个月左右剪一次毛，一直干到开学前，记得开学前卖了一批兔子毛，挣了二三十元钱，但还是不够，后来又管几家邻居借了钱，才凑够学费。初中上学是住校，离开家的时候，自己带够一个星期的馒头，每次都是一大书包，学校有一个食堂，一分钱热一个馒头，一顿一个馒头，偶尔花两毛钱买一碗胡辣汤或者是面条，每周带3元钱左右的生活费，基本上正常的生活就是这样。初中开始学习英语，开始接触了26个字母。初中是早上6点左右上早自习，上早自习之前把一个馒头放在食堂门口，早自习结束后吃早饭，接着开始上课。老家那边属于非常落后的地区，初中在农村基本没有娱乐项目。我小的时候那会儿老吃馒头吃腻了，也买不起方便面，我妈自治了一种方便面：就是手擀面，然后放锅里蒸，蒸完之后放点油、放点菜在锅里一炒，最后放饭盒里带到学校；吃的时候用开水一泡，就可以吃了。

袁畅：初中时期，令您印象最为深刻的事情是什么？

郑子辉：印象最深刻的是初中时候的英语老师，我特别羡慕老师说英语时候的感觉。我感觉英语很神奇，字母组合在一起居然是另一种语言，说出来跟唱歌似的，觉得很神秘。我小学没接触过，初中一上来就学英语根本听不懂，满书上记的都是汉字。那时候，只是觉得英语有意思，真正也没学到多少。同学中有跟我特别要好的，都是从一个村里考进来的，但“发小”在初中时期，经常是上着上着就辍学了。因此，我初三上了半个学期，也辍学了。我妈生我的时候都45岁了，当时在农村来讲，属于年龄偏大了，算是高龄了，家里除了务农没有任何经济来源。当然，经济原因是一方面；另一方面，来自同村的同伴一个都没有了，我也就没那个心思了。

袁畅：等于初中没毕业您就开始创业了？

郑子辉：创业谈不上，大约是1994年6月我就不上学了，家里开始也反对，当时我哥哥在北京做厨师，我印象很深刻，我爸管别人家借了1000元钱当路费，7月，我就跟着哥哥一起来了北京。

袁畅：按照初中没毕业的年龄，您找工作或者应聘，还不到法定劳动年龄啊，能有地方接收您吗？

郑子辉：在北京找工作真费劲，一晃快过了一个月了，借的钱连回家的路费都不够了。我哥哥在北京东直门建材经贸大厦对面的一家欣悦餐厅给我找到一份工作，管吃管住一个月210元钱。刚进饭店，我的工作是翻油条，那会儿觉得油条真好吃，我一顿能吃5根，连着吃了3天就吃不下去了，然后就是进厨房包馄饨，从早上5点30分干到夜里10点，工作了一周后，感觉两条腿都不是自己的了，我就去找哥哥大哭了一场，说：“实在受不了。”哥哥就劝我，可能坚持一下就适应了、就好了。就这样，我坚持了下来，我在这家餐厅做了半个月就做到了服务员的岗位，那会儿服务员属于餐厅内比刷碗、打杂高一些的工种，但麻烦又来了，首先，好多字不会写；其次，不会讲普通话。印象最深的是，一到饭点儿，我就特别怕餐厅来客人，心跳加速。好多菜不会写我就画，然后跑到后厨告诉厨师我画的是什么，从这时候开始，我意识到了文化的重要性，下了班以后，我就天天抄菜谱。我们餐厅的隔壁，有一家运输公司，里面有一位大姐，每天中午必在我们那儿吃饭。一来二去就熟了，她觉得我又勤快又能干。那时候，她家亲戚要找一个保姆，一般做阿姨、保姆的没有男孩儿，可这家就想要男孩儿做保姆。

袁畅：男保姆？这家人找男的做保姆，这件事本身就有些匪夷所思。

郑子辉：确实是。这个大姐就发现了我，带着她家亲戚就来餐厅找我，跟我说："我家条件比餐厅好，吃住都好，你来吧！"离开餐厅的时候，还记得餐厅老板娘可能因为我小，舍不得我，送我的时候哭得泪流满面，伤心得不得了。你看，不管我给谁干，我和人家（老板）的关系都处得很好，人家都舍不得我走。

袁畅：您真去了这家当保姆？

郑子辉：去啦，一去还好几年呢。我到的这家是天津盛锡福的后人，算是创始人的孙子这一辈儿，姓刘，也是一个大家庭。我在他家就是接送一个6岁的孩子上下学、洗衣服、做饭、收拾屋子，就是家庭那点儿事儿。最重要的工作就是照顾他家一位奶奶，也就是盛锡福创始人的儿媳妇。这个奶奶可不是一般人，当初人家可是大家闺秀，脾气一般人受不了，一开始不喜欢我，到后来对我比对她亲孙子还好，我们的相处就是个磨合的过程。在他家干了10天后，我就觉得"太闲了"，想要离开，后来在大家的劝说，我就留下来了，这一干就是4年。1997年，奶奶因病去世，他家的儿子在20世纪90年代就开始在汲古阁二楼开店。1998年，那会儿我也十七八岁了，他家儿子劝我，为我的未来考虑，当时给我指明两条路：一是，去他家经营的汇力发西饼屋学西点；另一条路是来琉璃厂汲古阁店里帮忙。当时，我说不出来的喜欢琉璃厂的工作氛围，就选择了去琉璃厂汲古阁。不得不说，我的生活态度、价值观都很受这个家庭的影响。

袁畅：也就是这样的家庭背景，造就了您开始对琉璃厂的文化感兴趣，从这会儿开始，您就算正式到琉璃厂上班了？

郑子辉：这家人特好，到现在我们还有联系。在汲古阁上班是我自己的选择。我在他家干活儿的时候，有时候会送些东西到他们家琉璃

汲古阁店员合影（摄于20世纪90年代）

厂的店里，等于说来过琉璃厂，感觉这里干干净净的，都是书画，就是不太懂，那会儿就想，我要是能看懂多好，我就能干这个了。

袁畅：您还记得到汲古阁上班，最初您负责什么工作吗？

郑子辉：1998年过完年，我正式到琉璃厂汲古阁上班了。最初的工作就是打扫卫生、包装、举画，那会儿卖画都是轴画，需要人举着给顾客看，我就是负责举画，举着画的同时就听师兄弟跟客人交流，这样的工作状态一直持续到2000年。这一期间（1998—2000年），汲古阁的生意特别好，基本上以外宾为主。客人一般都是旅游团，每天到下午两三点钟的时候，涉外团就会从长城回来，琉璃厂属于一个旅游景点，也就是说，逛完长城一直到晚饭前，这段是在琉璃厂观光购物的时间。因为汲古阁在琉璃厂东街是第一大店，位置又好，又有名，因此是顾客必进店之一。汲古阁分为东厅、西厅、二楼、地下室、中厅五大部分。西厅以卖工艺品为主，有景泰蓝、刺绣等；中厅以陶、铜、拓为主，这也是汲古阁最擅长的领域；东厅主要做文房四宝。汲古阁的二楼、地下室都属于承包出去的，我在的就是刘家承包的汲古阁二楼，以字画、古玩杂项为主，品类很多，与汲古阁本家不一样。我记得，当时地下室是李来福承包，北京人，主要做瓷器。这段时间对于我来说是基础学习，对这些东西有一个泛泛地了解。我觉得最管用的是人与人的接触，我刚来的时候就是一张白纸，客人可不一样，有很多是玩家，我遇到不懂的时候，就听客人给我讲。一开始就是仅仅对商品的认识。

袁畅：那个时期琉璃厂主要是面向游客？

郑子辉：没错。主要是旅游团，主要是外国人。那时候，琉璃厂以销售为主，本身就是商店，销售的对象又是世界各国游客，所以销售的“法宝”就是掌握一门外语。

袁畅：销售人员肯定是最吃香的了，尤其是懂外语的，这一点有点儿像改革开放初期友谊商店啊。

郑子辉：会外语太重要啦！那个时候的琉璃厂，在应聘销售的时候基本都有翻译的底子，我们店当时招聘来的说英语的人比较多；店里只有一名沈经理是说日语的。那时候我的收入是1000元钱左右，我的师姐会外语，可以拿到3000多元钱。当时，我的销售业绩并不比他们少，但我只能接待中国客人。尽管如此，我的收入始终比他们低。沈经理跟我说，虽然你别的能力强，但你没有学历或者专业的技能，你肯定不可能挣得比你的同事多。也是这样原因，我辞职了。沈经理买下了刘老板的承包柜台，他跟我说我学完还可以回店里工作。2000年10月左右，我就去了西长安街的第二十八中学，当时是一所外语培训学校，全脱产学习日语；我也在海淀区巴沟村租了一所房子，一间平房，还是合租。

袁畅：脱产学日语？把工作辞了学习，您没想到如果学完了人家那边不让您回来了怎么办？

郑子辉：一起共事了这么多年，信任还是有的。我学日语是从一个字母都不认识开始学的，我的目的很明确，就是能开口说日语。我印象最深的是老师的一句话：“你要想学好日语，每篇课文你要念到100遍，念到吐为止，否则你是记不住的。”当时我是押上了全部身家，之前挣的钱除了寄给家里还省下1000多元钱，我就是用这1000多元钱应付我吃喝住行和学费，一共支撑了我9个月的学习时光。

袁畅：一般学习语言都是半天，课余时间您是怎么安排的呢？

郑子辉：我当时报了两个班，同时学、反复学，从周一到周六，半天在学校上课，半天回家学习，在家就是跟着磁带念书，念100遍，念一遍就在本子上画一个杠，保证自己念够100遍。我的家庭环境不好，还借了不少钱，在经济上家里没有人能帮助我。这种学习机会对我来说，无异于一场赌博。我手里只有18000元钱，攒了好几年，如果学得好的话，很可能用不了一年，这个钱就能挣回来。我在海淀区巴沟村的同屋跟我说，你说梦话都在背日语。2001年5月1日，我正式回到琉璃厂，我也从海淀区巴沟村搬到了大栅栏的杨梅竹斜街49号，过去的八大胡同，你看都是有历史文化渊源的地方吧，我在那儿住了快10年。

袁畅：回到汲古阁吗？那个老板还真是信守诺言啊！

郑子辉：是啊！那会儿没有移动电话，只有BP机，我“呼”了一下沈经理，跟他说了一下大概的情况，说学得差不多了，想回去工作。他就说，那你回来吧。我总觉得我生命中每个时期都会遇到贵人，沈经理是我生命中的又一个贵人。

袁畅：您回到琉璃厂是2001年，琉璃厂与您走的时候有什么区别吗？

郑子辉：回到琉璃厂，感觉变化很大，我自认为书背得滚瓜烂熟，但是店里真的来了日本人，还是一脸茫然，因为你学的书本的知识和你实际要销售的商品的知识是不一样的。这个时候，沈经理把所有商品的名称翻译成日文给我写下来，我就回家背，背了一周多，商品名词都会了，再结合自己学的语法，一步一步开始，可能用了不到一个月的时间，我就得心应手了。

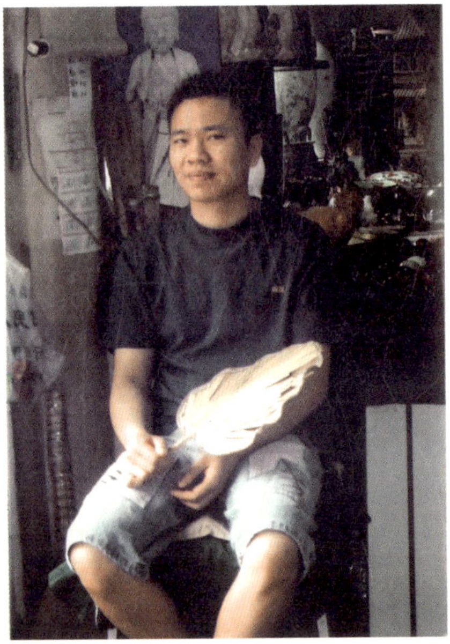
郑子辉2002年自拍像

袁畅：收入肯定不一样了吧？

郑子辉：那年5月，到月底发工资，我挣了2800元钱，那个时候我真正体会到“书中自有黄金屋，书中自有颜如玉”。不光在琉璃厂，我们那会儿挣得算相当高的收入。不过后来，汲古阁一楼五六十平方米，房租就达到三四十万，沈经理觉得房租承受不起，压力比较大，就把店关了。

袁畅：您不是刚刚学成归来吗？一下子又面临失业了？

郑子辉：不可能失业，但说日语的导购确实没有说英语的吃香倒是事实。会英语的，在琉璃厂比较吃香，日语算是小语种，沈经理给濯锦斋的王老板打了个电话，介绍我到王老板那里。2001年4月1日，我正式在濯锦斋（原本属于北京市美术公司在琉璃厂的门市部，现在是北京画店）上班了。王老板也算是我的贵人，我在琉璃厂的工作生涯中，跟王老板的时间是最长的，从2001年4月到2013年底。

郑子辉在琉璃厂（摄于2008年末）

袁畅：干了12年？

郑子辉：12年，但认识王老板不止12年，在汲古阁的时候就有来往，那时候就认识。王老板一家都对我非常好，比如说，2009年，我的孩子要上学了，需要接送，我和我妻子两个人都在上班，有一段时间，王老板和老板娘经常帮我接孩子。琉璃厂的客源是不固定的，每天下午三四点钟的时候，是我们比较忙的阶段，错过接孩子的时间，他们经常亲自帮我接孩子，你看看人家对我的这份感情！

袁畅：在濯锦斋的工作与汲古阁有什么不同吗？毕竟是新的工作环境了。

郑子辉：其实没什么不同，反而还有很大收获呢！比如，英语。在濯锦斋，日语算是我的强项，但身边都是说英语的，我的英语是怎么学的呢？就是跟着那些师哥、师姐一句一句学，直到最后能应付日常工作。

袁畅：濯锦斋与汲古阁在经营内容上有什么不同？濯锦斋的强项，也就是优势产品是什么？

郑子辉：王老板的经营是以杂项和字画为主，其中最强项是皮影，王老板是北京少数几个收藏皮影量比较大的皮影收藏家。因为皮影的故事很多，中国不同地域的皮影有不同的特色，雕法也是不一样的，比如说河北唐山的驴皮影吧，前几年春晚有个节目俏夕阳，就用人的肢体模仿皮影的动作；陕西皮影以牛皮为原材料，雕工比较细腻，有雪花雕、万字雕、梅花雕，刻工非常精良。濯锦斋的鼻烟壶也很好卖，内画鼻烟壶，用一根毛的毛笔在鼻烟壶中反着画，卖得也非常好。鼻烟壶与字画一样也是有传承的，我记得最清楚的是我卖过一位叫王金山老师的作品，在那个时候，他的作品卖得非常好，能卖到千儿八百块，现在这个老师的作品就非常名贵了。再比如，三寸金莲、绣品，这些也是那个时期外国人比较喜欢的，具有中国历史意义和传统特色，卖得都比较好。

袁畅：您在濯锦斋的收入如何？工资与店内的销售情况是否挂钩呢？

郑子辉：我的工资是保底加提成；收入的多少跟个人能力有很大关系。那个时候，刚到濯锦斋，能挣两三千元钱。2002年过完年，我们又搬回东街的汲古阁东厅，名称还沿用了汲古阁的字号。搬回来后，经营面积比濯锦斋大了一倍，刚一搬过来就赶上了“非典”，2003年，我们几近绝望，老板自己值班，我收拾好了行李，退了房子，回老家待了4个月。2003年8月，我再次回到北京，感觉又回到一个最初的状态，继续工作。也许是经过了2003年的影响，2004年中国旅游业爆发，2004年、2005年我们的收入也达到了一个高点。

袁畅：高点？您所指的是什么方面？

郑子辉：当然是收入啦。2005年，我在琉璃厂的收入翻了一倍。我的优势是双语销售，我的机会也就比别的同事多。2005—2008年，也就是奥运会期间，我们汲古阁东厅的翻译最少要有7人，我自己的收入差不多能有其他6个人的总和，有时还要多一点儿。我的销售范围也很广，有瓷器、玉器、陶器、木雕、各种核雕，都是各种流行的工艺品。在奥运期间，我结识了一些国际上的知名人士，包括奥委会主席罗格的太太，她至少来琉璃厂五六次，每次都来看我，她从我手里买过一幅丁松海画家的山水画，当时3000多元钱，还买过皮影、鼻烟壶等；泰国公主也来过我们店；新加坡的总理李光耀也光顾过。

袁畅：收入的增加对您的生活，或者是家庭的改善有哪些呢？

郑子辉：2007年，我的人生有一个质的飞跃，我在老家阜阳市买了属于自己的第一套房子，80多平方米，花了20多万。买房的最初目的是为了让我的孩子能接受城市教育。但实际上，孩子跟我一直在北京生活，房子一直没住。

袁畅：目前的梓风阁是您创立的？

郑子辉：梓风阁是这家店原先的老板注册的，我随汲古阁的一个股东出来后到了这里，就沿用了这个牌子，但实际上我们专门做宣纸，之前的旅游纪念品基本不做了。在汲古阁的时候认识了很多老客户，到现在还让我找字画什么的，我也就维持着。

袁畅：专门做宣纸？与之前的杂项相比，宣纸的专业度比较高。

郑子辉：这就是宣纸销售的问题了。现在社会比较浮躁，信任度低，凡是来买宣纸的生客，也就是第一次来我这里买宣纸的客人，都让我们介绍，你不知道宣纸这东西，如果你是初学，我只能介绍一些入门级的，但很多客人并不认同，谁都想用专业级的，但我能说什么呢？客人就会认为我把卖不出去的卖给他，其实不是这样的。久而久之，我只是需要客人提供一个额度，比如，我要了解客人的预算是多少，我再根据预算推荐。

袁畅：您是安徽人，宣纸对您来说并不陌生吧？也就是说，您应该很快就上手了吧？

郑子辉：也是经过一段时间的摸索。我们家的宣纸更多的是我们自己的厂生产的，就在宣城旁边的小岭，非常有名。宣纸的品牌非常多，中国宣纸集团、红星等，我们家是双旗，是我们店大股东的哥哥开的厂，请的是老红星的师傅，您不知道，现在市面上真正称得上宣纸的，价格必须在1000元钱一刀以上，为什么呢？就因为按照宣纸的制作工艺和原材料来说，达到宣纸要求的，成本就在1000元钱以上。

袁畅：我看您店里的宣纸很多都不止这个数啊。

郑子辉：是啊，这就是文房市场的一个新的走向——古旧宣纸收藏。比如说，2008年奥运会的纪念宣纸，这是一种；还有一种是20世纪90年代的，经过陈放，很多老先生，特别是对书画有特殊爱好的，都特别喜欢这类宣纸。

写在后面：

目前，郑子辉在琉璃厂与人合伙经营一家安徽宣纸店。一进店门，郑子辉并不主动与客人打招呼，当问到某种宣纸的品质、用途或者年份时，郑子辉才走上前来，一一进行介绍。郑子辉的声音略带沙哑，初接触时，处处透露出小心翼翼的状态，既不过多地探寻你的身份，也不过多地介绍本家货品的好处。据他自己说，不能强买强卖，更不能不顾客人需求生硬地推荐，必须让客人用得上才好。郑子辉在接待客人时还有一个特点，那便是处处示弱，他并不表现出比客人有着更多的对宣纸的了解，遇有行家，郑子辉一般会顺着别人说话，说话要让每个人都感到舒服。这份心得让郑子辉以及他的宣纸店在琉璃厂东街上小有名气，就连戴月轩的制笔师傅买纸也是到他家。

约郑子辉做口述历史访谈的时候，是2017年3月，刚过完春节，正好距他离开汲古阁整两年。他珍贵的记忆是20世纪90年代中后期到2015年底，他一直在汲古阁做销售。汲古阁一直以经营书画、文房、杂项著名，目前，除联营柜台外，汲古阁的经营品类并无太多变化，20世纪90年代末，作为对外开放窗口、旅游名胜的琉璃厂，汲古阁以其优越的地理位置，成为接待外宾的重要窗口。2012年，国内收藏热骤起，汲古阁则是国内藏家经常光顾的旗舰店。郑子辉历经两次波峰，接待过英国贵族、泰国王室，至今仍是一些国内藏家的顾问。郑子辉在当代琉璃厂的典型意义，毋庸置疑。

无巧不成书，郑子辉初入北京，在盛锡福后人家里打工，受传统民族资产阶级家庭熏陶，郑子辉在第二次人生的职业选择上，选择了琉璃厂；在没完成义务教育的学历背景下，他自费、脱产学习外语，以胜任琉璃厂的工作。郑子辉对自己的职业生涯规划是逐渐清晰、逐渐步入正轨的，这与同时期或者现在刚刚进入琉璃厂的青年相似，被琉璃厂熏陶，在琉璃厂成长。

经营史在我国并未成为一个学科，但在日本，举凡商科大学商学专业内必有经营史一门科目，也许是翻译的误区，日文汉字经营更多地被我国翻译为管理，而国人对经营史的理解也仅限于企业史。经营史在东瀛商学科内有着独特的框架，它以企业创业者为渊源，以历任企业高层管理者为中轴，将企业的发展按经营规模变化、经营战略变化、内外部商业环境变化以及经营机构变迁等要素进行历史分期。与《琉璃厂小志》中对各个商家的介绍有些相像，即每一历史分期中，企业重要人物的出现、高层的交替、中层重要经理人的经营生平等，都是经营史的重要内容。我国的南开大学以研究早期民族资本主义企业史见长，而当代企业的经营史则鲜有学者问津，这不能不说是一件遗憾的事情。

郑子辉的样貌、素养，很有琉璃厂掌柜的风范，因琉璃厂而并不油滑，很像莫里斯镜头下，琉璃厂书肆中学徒的样貌。

我喜欢金石篆刻，又是干这个工作，算是很幸运的

时间：2017年8月11日

地点：琉璃厂东街60号

受访者：萃文阁高级书法篆刻师　段京良

录音、笔记：袁畅

在场者：白文冲　舒梓峰

袁畅：萃文阁一直都在琉璃厂吗？

段京良：一直都有，但那会儿不叫萃文阁，应该叫北京市印章艺

段京良在萃文阁门口（摄于2017年8月）

术公司萃文阁[①]。萃文阁算是老字号了，开业于20世纪30年代，一直就在琉璃厂，由魏长青[②]创立；1950年公私合营，逐步发展为刻字社、合作社性质，鼎盛的时候有六七百人，是北京最大的、唯一一家印章行业的国营企业。

袁畅：您方便介绍一下您的个人情况吗？比如，您是哪年出生的？哪里人？家里都有几口人？

段京良：我1955年出生在北京崇文区天坛地区，住在幸福大街。家里一共七口人，有兄弟5个，我排行老四。我父母都是工人，在起重机厂工作，我父亲属于七级钳工，工资算是偏高的，挣80多元钱，那也不够花，因为家里人口多。

袁畅：您小学是在崇文区念的？您还能记起小学时候的事儿吗？

段京良：我小学上的是文章小学，那时候崇文区有一个“文章胡同”，那会儿我的小学是四层楼，当时在崇文区是硬件一流的。我小时候，北京的社会治安很好，自让下学，夜不闭户。那时候订的牛奶，整瓶儿在门口儿放着，也没人动。

我小学二三年级就有“大字课”，有专门的大字老师，学的是柳体的玄秘塔，描红模子；我从小就喜欢写字，可能是性格原因，小学就写黑板报。我四年级的时候，“文化大革命”开始，北京市全停课，休息了一两年；再开学就直接上中学了，中学还是划片儿分配，我被分配到了天坛中学。

袁畅：等于小学就念到四年级，就上中学了？那是哪一年呢，您还记得吗？中学的学习、生活是什么样呢？

段京良：应该是1968年上的中学，因为还在“文化大革命”期间，

① 据日文资料《北京的史迹》第145页记载，及至1979年夏，琉璃厂东、西街商铺中并无萃文阁，根据地理位置判断，墨缘阁旁边的店铺为首都刻字厂。另据《北京琉璃厂》第151页记载，墨缘阁约开设于1946年，经理是王理伯。

② 魏长青，从小就在琉璃厂学徒，后于廊房头条创立文兴斋，1934年迁至东琉璃厂，改名为萃文阁，专门经营金石篆刻。其人书法精湛，据说写得一手好颜体，他治印，能刻吴昌硕体，尤其擅长制作八宝印泥。

没那么严格，都是跟着“大拨儿”走，没有及格不及格。还记得“挖防空洞”“备战备荒”。到了夏天麦收的时候，去农村务农，叫“接受贫下中农再教育”，那会儿的学校生活，政治活动就占了一大半儿，每年都是如此。

袁畅：您是中学毕业就直接参加工作了？这就说到1970年前后了吧？

段京良：1971年，我中学毕业，不到17岁。我在中学一直负责出黑板报，一直坚持练字，就想着自己未来能考美术学校。中学毕业那会儿，北京首都刻字厂到学校来招生，老师就推荐我去了，当时北京首都刻字厂归北京市公安局十三处管，属于特种行业，当时在社会上这个单位的效益属于中上等，都觉得能进这个单位还不错。于是，1971年12月28日，我就去了北京市首都刻字厂，总公司在虎坊桥，我在总公司当了3年学徒。

袁畅：您能详细讲讲您学徒时的情况吗？

段京良：整个儿社会环境就是那样，学徒都得3年，这3年就说材料吧，石头、牛角、有机、象牙都有，有什么活儿你就得刻什么。我们那会儿学徒，是大班，上大课。我是学写字的，我这个班大约20多人，跟着王殿甲老师学，王老师专门负责写字、写公章。那会儿没有机器、电脑，写、刻分开，分别学习。

袁畅：您学徒学了3年？出师之后呢？

段京良：说是学徒3年，其实学了1年多就下车间了，就在总厂车间干活儿。车间出来之后就去了门市，就是廊房头条、西单、东四、西四等刻字厂的下属门店。

那会儿像首都刻字厂东四门市部这类门市部在北京有20多家，一般门市部大约都是10多个人不等。这10多人，有刻人名章、公章的，有业务员，是一个综合的实体，什么活儿都能接，都得自己刻。刚开始几年，我去门市还是写字，后来就是自写自刻，自己刻不受别人干扰，自己构思发挥的余地大。有实用章和艺术用章两大类，我一般主要负责金石篆刻，当时叫名章班。到了门市部后，早上8点上班，下午5点下班，下班有时候还得再学习1个小时，每周休息大礼拜，就是周日休息。出师之后我挣31元钱，后来涨到38元钱，一直到改革开放之前。

袁畅：您那会儿主要在哪家门市部做事儿呢？那会儿的琉璃厂是什么样儿呢？

段京良：哪家门市我都待过，后来就调到廊房头条的门市，离琉璃厂很近。那会儿，我常逛琉璃厂。那会儿的琉璃厂也是这样，但没那么多新建筑，可是文化氛围浓，比现在浓。首先，街面儿上没那么多车，就是步行街，各家儿经营的东西绝对不一样，墨缘阁是古书，一得阁是文房，萃文阁是刻字……那会儿各家儿的业务都不冲突，各店有各店的特色。但现在你看，就说刻字吧，哪家店都刻。

1984年琉璃厂这条街重新翻盖，有了现在的样子，老房子都重新弄了。20世纪70年代末80年代初，我去琉璃厂经常去荣宝斋、戴月轩，我

段京良工作场景

记得那会儿有庆云堂[1]，专卖碑帖，我还在那买过字帖呢。

袁畅：改革开放后，萃文阁有了什么变化？

段京良：到了1970年底，萃文阁就不归北京市公安局了，归北京市第二服务局，现在服务局取消了，就归了首都旅游集团。萃文阁1979年的时候，在广州白云宾馆开了一个广州分店，一是为了扩大萃文阁的影响，二是为了配合“广交会”的创立，促进经济效益。开了萃文阁分店后，经济效益特别好，我个人收入也在改革开放之后翻番了。我去过3次广州，分别是1984年、1986年、1989年。每次我去广州至少待3个月，1986年待的时间最长，待了7个月！

袁畅：您到广州算是出差吗？对您个人收入而言，有什么变化吗？

段京良：在广州，收入更高了，20世纪80年代，要是能拿二三百元钱，就算高工资了。我在广州最忙的时候，要在白云宾馆开两套房，因为要在房间里干活儿。比如一个“广交会”，半个月的时间，最高可以为单位创利10万元钱。

1990年，我还被派去日本，参加千叶县举办的“世界文具博览会”，我和同事李文新[2]去的，在这个博览会上刻字，一个字3000日元。那会儿日本经济好，卖得特别好。20世纪七八十年代的时候，咱们接待的以日本人为主，现在是以咱们内宾为主，原因有二：一是，可能是日本受经济危机影响，他们的收入没那么高了；二是，咱们的收入上去了，大家开始关注文化生活了。

袁畅：您是哪一年调到琉璃厂萃文阁的？您还记得当时店内的陈设布局吗？

---

① 《北京琉璃厂》有关“庆云堂”的记载原文是：“……到临近北京解放时，琉璃厂的古玩铺经张雅宗同志统计，为31家。它们是：庆云堂碑帖及文房用具……”另据，日文资料《北京的史迹》第145页记载的“1979年夏”这个时点为止，琉璃厂东、西街并无“庆云堂”；因此推断“庆云堂”应为20世纪80年代初期恢复的。

② 李文新，魏长青的学生，后任萃文阁名誉经理。

段京良：我是20世纪90年代从廊房头条的门市部调到现在琉璃厂萃文阁的。刚来琉璃厂萃文阁的时候，萃文阁门店都是自己经营，没有对外联营的柜台。你现在看到的整个门店的区域都摆着石章、石料；二楼北边是工作室，我们就在二楼的工作室里摆两张工作台刻字，地下是展室；二楼南边是经理室、厨房和卫生间。萃文阁的经营模式一直是前厂后店，加工和门市都在一起，相当于一个传统了，一直就是这样。我在这家店接触了不少名人，像日本前首相福田康夫，他来萃文阁刻章，站着等了15分钟呢！那时候，福田康夫是中日友好协会的会长！

袁畅：在琉璃厂这些年，您在技艺上或者对金石篆刻的理解上有什么变化吗？

段京良：因为我喜欢金石篆刻，又是干这个工作，算是很幸运的。学什么东西，有了兴趣，才会有动力。业余我研究书法、篆刻等，在琉璃厂，本身工作又是干这个，我也一直向一些书法家、篆刻家请教，学到很多东西。比如著名的书法家大康，当时我曾经看过大康写过几次字，对我启发很大。认识大康之后，我就想找大康给我讲讲，大康

段京良在店内的工作台

就鼓励我多下功夫。看过、请教过就省去自己摸索的时间，这是我个人的体会。我也拿过我的刻章给人家看，哪方好哪方不好，自己往往看不出来。

袁畅：从您来琉璃厂到现在为止，您感觉琉璃厂有什么变化吗？

段京良：从我来琉璃厂到现在，我觉得琉璃厂的文化氛围降低了。比如，车多了，感觉上就乱。还有就是这条街上小摊小贩太多了，在大街上就兜售商品，缺乏管理。

袁畅：到今天为止，您已经在首都刻字厂、萃文阁工作了46年了？

段京良：其实我前几年就退休了，现在算是单位返聘，上一天歇一天，平时还给北京八中、三十五中上书法篆刻的课。我现在刻字，单位给我100元一个字，在这条街上算是中等价位。一天也没什么规律，每个月一般都是3000元左右，也就是我在店里10天左右接的活儿吧！

写在后面：

段京良不算现役琉璃厂老字号中的匠人，他属于退休后的返聘人员；但萃文阁金石篆刻业务中不能没有他，萃文阁的创立者魏长青一脉的传承者中，也只有段京良还在坚守岗位了。

萃文阁近况（摄于2017年9月）

段京良参加工作时，属于典型的单位人，他本人也很清楚这段历史，他在受访中能将计划经济与改革开放区分开来，其个人对这两个中国经济发展的重要时期的感受可见一斑。

在初次见面的时候，段京良带我参观了目前萃文阁的内部格局，按照他的回忆，也勾勒出萃文阁在首都刻字厂旗下时红火年代的陈设与人员构成。他是北京人，对北京的变化与琉璃厂的变化分外敏感，尽管他对传统技艺的介绍并不多。

计划经济时代，模糊了单位图章、人名章与牟利性金石篆刻的区别，统称为刻字。段京良的职业生涯亦发端于此，他的成长、学徒方式有着时代特征，这些特征告诉我们，曾经活跃在琉璃厂的匠人们来自何方，他们的技艺得自哪里。极有意义的是，他们对当下琉璃厂的感受却是琉璃厂回不去的另一种归属感。

毕业后，我选择“回厂”

时间：2017年8月11日

地点：琉璃厂东街104号

受访者：红星宣纸公司　胡玉洁

录音、笔记：袁畅

在场者：白文冲　滕占敏

袁畅：红星宣纸厂是哪一年进驻琉璃厂的？

胡玉洁：2016年4月前后。我毕业于2016年10月，一毕业就来了。

袁畅：您这么年轻就到一家传统手工艺企业就职，在您这一代人中应该是不多见的吧？

红星宣纸厂

胡玉洁：其实不然。很多与我同一届的大学毕业生都选择回乡，也就是回红星宣纸公司工作。我们销售科目前有一位会计专业的男生和一名电子商务专业的女生。

袁畅：请您介绍一下您的个人情况。

胡玉洁：我叫胡玉洁，1991年3月16日出生于安徽省泾县乌溪乡红星宣纸厂医务室。红星宣纸厂一共有两个厂区——“542”厂区和“312”厂区。“542”厂区得名1954年2月公私合营改造，我就出生在这个厂区。我父母、外公和3个姨以及两个姨夫都在这个厂工作。另外一个姨夫来自宣纸二厂，当时他们厂生产的“鸡球牌”宣纸现在也属于红星公司了。

袁畅：您父母在厂里从事什么工作呢?

胡玉洁：我父亲早先是晒纸工。宣纸生产有3个重要步骤。即捞纸、晒纸和检（剪）纸[①]。小时候，家里没人照料我，父亲就把我带到车间。夏天晒纸是非常受罪的。我看到父亲打着赤膊，披着毛巾，从一叠叠豆腐块[②]一样的“贴”上将纸一张张揭下来，再转“贴”在温度很高的墙上，等纸烘干后再揭下来。后来，父亲转去负责“漆帘子”这道工

晒纸场景1

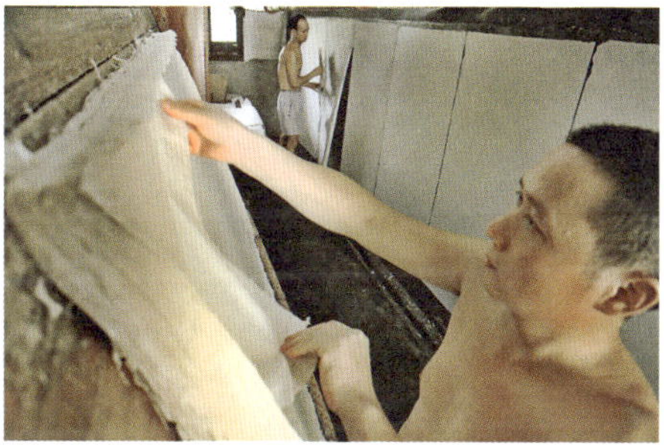

晒纸场景2

① 既要检验，也要将宣纸边缘裁成固定的尺寸。

② 为保证纸的平整，捞纸之后，将水分压干所形成的豆腐块状。

序，就是用当地的“土漆”给捞纸的帘子刷漆。漆的味道很刺鼻，很容易过敏，一般人干不了。我母亲主要从事织帘子的工作。1989年前后，她曾被派去浙江学习织帘子。

袁畅：您还记得小时候宣纸厂是什么样子的吗？

胡玉洁：我小时候喜欢在厂里玩儿，因为厂里有水，水都是山里流出来的。我们常在水里搬螃蟹①、游泳、捉鱼等。厂里的馒头也格外好吃。一到下午3点，食堂师傅就推着小车去车间卖馒头，1元钱4个，很便宜。我们就追着小车，一路跑一路就着榨菜啃馒头。厂里有班车去县城，车票0.5元钱。公司在县城有一家大酒店，是城里鲜有的带电梯的建筑，我们常把电梯当玩具玩儿。

袁畅：您是在厂里的子弟小学读书吗？

胡玉洁：没有。父母送我到城里的实验一小读书。当时，全家在县城租了一间房子。平日里，父母早出晚归，周末全家回厂里。

袁畅：您能描述一下上学时的学习、生活经历吗？

胡玉洁：小学的时候，我参加了书法课外班。每天早上8点上课，中午去托管班吃饭，吃完饭有时候就去书法老师那里写字；等到下午5点30分下课后，我直接回家，蒸上饭，等父母回来做菜。周末一般都要去书法班。书法是从柳公权入门。记忆中，我将《玄秘塔碑》临了好多遍，还写了一些汉隶和少量的行书。小时候，只有写字的时候才用宣纸，平时练习只用报纸、毛边纸②。

袁畅：您在哪里读的大学？学的是什么专业？

胡玉洁：聊城大学食品科学与工程专业。聊大开设的书法专业，正是我的爱好。所以，我经常去书法系蹭课。毕业以后，我考入了首都师范大学中国书法研究院。当时，院长是王元军先生，导师是甘中流先生。研究生课程有“楷隶行草篆技法课”“篆刻”“中国书法理

---

① 搬开石头抓螃蟹。

② 一种草纸。

论”“中国书法史”“书法文献”“书法文化”等。甘老师很有文人气质，为人低调谦逊，不好参加社交活动，只爱安心研究学问。硕士期间，我经常前往北京故宫博物院、国家博物馆、中国美术馆等场所学习书画知识。我的毕业论文研究的是吴桢组刻的《清鉴堂法帖》，该帖现存于安徽歙县新安碑园内，具有极高的艺术意义和文献价值，但从未出版过。撰写论文期间，我多次考察了新安碑园，还联络了一些私人藏家，搜集了丰富的第一手资料。

袁畅：您为什么毕业后选择来红星公司？最好具体说一下当时的情景和感受。

胡玉洁：2016年硕士毕业后，我就考虑是否回家乡的宣纸公司工作。首先，我本科是工科专业，对轻工业材料、实验流程等有一定地了解，而这与宣纸制作和检验有不少相通之处。其次，经过3年的书法专业熏陶，我逐渐了解了书法家们对纸的追求。最后，我很喜欢家乡的事物，尤其是宣纸。于是，我就给公司领导发了一条自我介绍的短信。领导表示非常欢迎我回来工作，鉴于我在北京读的硕士，对这里比较熟悉，领导就安排我来北京分公司。就这样，我就又回到了北京。

袁畅：作为红星宣纸公司在琉璃厂的工作人员，请问您对琉璃厂有什么感受？

胡玉洁：上学期间，我就经常逛琉璃厂，看画展、买纸。那会儿，我就喜欢试纸，各种不同品类的纸。琉璃厂的艺术作品质量较为参差不齐，既有近现代一些先生的优秀作品，也有很多江湖作品。公司驻琉璃厂的旗舰店成立于2016年4月，隶属于中国宣纸股份有限公司北京分公司。

另外，我还想继续回答一下刚才的那个问题，就是我为什么要来红星工作。2012年7月，我陪同张子恩导演考察文房四宝的制作。当时，张导的夫人问一位做纸工人：“你们的下一代有会写字、画画的吗？”他们回答是：“我们最没文化的人做着最有文化的事。”我听了特别心寒，便下定决心要为家乡做些贡献。读研期间，我还发现很多书法专业的学生都不懂纸。这也赋予了我尽绵薄之力，推广宣纸文化的使命感。

写在后面：

红星宣纸厂入驻琉璃厂的时间并不长，只有短短的一年多时间（根据笔者访谈判断），因此，琉璃厂东西街的其他商户对其并不熟悉，联络访谈口述也几经曲折，最后，常常在红星宣纸厂驻店接待的胡玉洁总算答应了下来。

对胡玉洁进行口述访谈的时候，碰巧她的两位同事也在场，一时间，琉璃厂东街的店铺里同时有了3位90后。经过非正式的询问才知道，这两位同事是从安徽老厂派来北京进行对调学习的。对调学习是对新入厂的销售部门的员工进行驻店实习，目的是帮助新进销售人员了解所售产品并通过接待客户熟悉客户需求。3位90后进入红星宣纸厂的目的各有不同，一个是离家近，所学专业是经贸类，大学专科毕业；另一个是在外打工多年，回乡娶妻生子，不便再在外漂泊，所学专业是财会，大学本科毕业；胡玉洁研究生毕业，又是书法专业，在京求学多年，对北京人文、商业环境了解颇多，自然要常驻琉璃厂店。三人共同表达出对红星宣纸厂是一家省级国营大厂的自豪感，对国营的认同感以及对家乡的归属感是他们3个人择业的共同标准。

初入红星宣纸厂琉璃厂东街的门店时，感觉店面很宽，东西各有一张供客人试纸用的书案，宣纸的摆放不同于琉璃厂其他兼营文房的门店，疏疏落落，包装精良。奥运纪念等重大事件纪念主题的宣纸是该店一大特色，临窗口处摆有4种红星墨汁，价格与一得阁墨汁相近。

对胡玉洁的口述访谈进行得很快，她一再表示自己的故事不多，对琉璃厂的左邻右舍也不甚了解。访谈时，她拿出红星宣纸厂的几份宣传材料，有一部分是技术性较强的内容，她基本是按照宣传材料回答的。对家乡的归属感，对国营大厂的认同感、自豪感应该是胡玉洁心中的红星宣纸公司。

红星宣纸厂晾晒原料场景1

红星宣纸厂晾晒原料场景2

红星宣纸厂捞纸场景1

红星宣纸厂捞纸场景2

红星宣纸厂
裁纸车间

心若淡雅，万物皆明

时间：2017年2月16日

地点：琉璃厂厂甸胡同甲9号　果春斋

东城区东四十一条5号

访谈人物：逸福堂　王学甫

访谈录音、笔记：袁畅

在场者：王鹏钧　王国民

王学甫个人近照（摄于2015年）

袁畅：方便介绍一下您的基本情况吗？

王学甫：我叫王学甫，1958年8月24日出生；现为北京京津城际铁路责任有限公司高级工程师。

袁畅：您是哪里人？

王学甫：天津蓟县。

袁畅：您在天津上学？

王学甫：小学是在天津的一所农村小学上的，五年制，学校就在本村。7岁上“减一小学”，相当于学前班；8岁上小学一年级；1966年“文化大革命”开始，学习英雄人物，主要以学习《毛主席语录》为主，课本也就是算数和语文，那时候的小作文都是一些通俗读物。

袁畅：您还记得小学的时候，您在学校或者说天津农村的一些经历吗？

王学甫：那会儿书包都放在学校，非常自由。冬天天不亮就上学，感觉上学很早。老师稍微有点文化，还有一些民国时期的老师，“公派老师”（教育部门派下来的）很少。小学给我的印象不深，经常大冬天组织一样大的孩子们一起模仿电影里捉特务的游戏，一方扮演特务跑，另一方扮演好人追。家里那时候连个半导体都没有，就是油灯加点蜡烛。

袁畅：中学您在哪里读书？您还记得是哪一年吗？如果有印象的话，您可以讲讲中学的学习、生活经历。

王学甫：中学我是在寇各庄公社白塔子中学上的，我记得我们学校的校长姓杜，那会儿学校搞基本建设都是自己干，第一，搞基建时，谁推砖推得多；第二，必须是贫下中农，成分必须好。这两点具备了就能推荐上好高中。

那时候我身体很好，吃苦耐劳，不怕脏、不怕累。其实我从小学就开始干农活儿了，那会儿的记忆是到处都是草，还有坑，坑里都是水，有水坑就有鱼，还有泥鳅，小鱼拿回家，泥鳅扔掉，家里没油没法儿做。那会儿只有周日休息，休息的时候啥也不干。每天早起，掐野菜喂猪；晚上放学后要到大堤上和马路边上割草，地里的草要“开圈”[①]时才能动；每天干活能挣1分[②]（工分）。那时候经常挨打，我母亲打我基本都是因为我不干活儿，看书不干活儿也挨打。初中开始就能帮家里干活儿了，大人刨地里的楂子[③]，我们在后面捡，一天能挣5分。

袁畅：除了帮家里做农活儿，您在上学期间，尤其是上高中的时

① “开圈”，就是当生产队的某一块地收割完，粮食也已经运送到场院以后，允许人们到这块地里去捡拾地里拉下的粮食。

② 人民公社时期，劳动计酬的一种单位。

③ 楂子就是玉米粒子。

候，那一时期咱们国家还没有恢复高考，学校的教育与课余生活是什么样子的，您能描述一下吗，哪怕是一天您的高中生活？

王学甫：我们那会儿属于河北廊坊地区，高中开始属于天津地区，这时候我们用的是天津市的中学课本。高中也有数理化，政治是必修课。高一以后，我们接到文教部门通知：农村教育、面向农村。高中时，我们上的是红医班，和赤脚医生。学习量血压、打针，还去农村和本校小一年级的班级练习打针、种疫苗。学了一年后就来到校办工厂，学三机一泵，即柴油机、电动机、拖拉机和水泵。课本几乎没翻过，记得化学课就讲了一个“水”，但是语文课讲了很多，如毛主席在七大上的讲话《愚公移山》以及1939年写的《纪念白求恩》、鲁迅的《祝福》等，还有文体方面的记叙文、说明文等。语文要学会写文章，数学要会算数、量土方，物理、化学讲得很少。那时候，课余时经常去校办工厂帮忙，我们班加上我有3个男生，手快又比较有劲，我们3个就组成了一个维修组，在我们公社、各个大队都非常有名。我们学校有个电话，经常上着课，校长就进来对我们说，哪个村机器坏了要去修一下。有时候各大队队长甚至到家里找我们，多晚都得去，这让我们感觉待遇高了。我们的维修小组可以吃到烙饼、溜肉片等。上学时，我们自行车后面就是维修袋，随身带、随时走。

袁畅：高中时代，您接触了简单的医学常识、知识，也学习了不少机械方面的知识，当时您是十六七岁？

王学甫：对！上高中还有一件事，我们大田作业，玉米我们不管，龙口夺粮时节，我们都是主力。到了高二下半年开始学开拖拉机，我考了驾驶本。高中读了两年，这时候回家干活一天就挣到了9.5个工分，几乎满分。50多米的豁子[①]，必须直，那会儿就知道三点一线，手把、驴耳朵和对照物。还有就是撒种，各种农作物各种规矩。出白薯，怎么刨；掐苗、种玉米、种高粱、留好苗，怎么下锄。看脚印就知道你会不会耪地。农村的活儿有些粗，有些很讲究。拼体力就是割麦子，全

① 准备撒种子时，在田地里开出的沟。

部劳动力下场割麦子的时候，非常壮观。很艰苦，但也很有意思。

袁畅：高中毕业以后，您去了哪里？回家务农还是继续学习？

王学甫：等到高中毕业的时候，我们公社就一个班，除了我们维修小组3个人留校以外，其他人基本都是司机了。一身技术，几乎没有回本村的。我们那会儿很自豪，跟别人不一样，穿个工作服，那时候农村看见四轮跑的就是拖拉机。那会儿我们学车就是跟着师傅学，早起晚归、吃苦，是高中之前我最大的收获。

高中毕业后，学校送我们去师范进修了半年，就开始当老师了。印象最深的就是1976年，我带了4个班的学生去推砖，我记得那天是9月9日，在半路上听广播，得知毛主席逝世了，整个大堤上加上我带的班有四五百人，号啕大哭，校长说可以回去的时候，大家一边儿推车一边儿哭，走过的村子也是哭声一片，举国哀悼。

袁畅：留校任教后，学校的教育开始进入了1978年的调整，这个时期，您的任教生涯中开始出现了什么样的转变？

王学甫：作为民办教师，教育逐步开始回归正轨，首先，取消了农业中学光学农业基础技术不学文化的规定。我们这些教农业技术的教师都必须去师范学校进修，进修回来后，我就开始教数学和化学。过了一段时间后，我开始了语文教学生涯。

袁畅：您在学校任教的时期正好是1978年，是我国改革开放初始的时期，那一时期您的个人经历发生了什么变化？

王学甫：从学校毕业到去师范学校进修，这期间全国高考恢复了，这应该是1977年底。这期间出了一个笑话，我的一个老师，也是我的同事让我考中专；另一个老师说，这次高考是象征性的。言外之意是基本都能考上大学，大学基本工资第一年是45元，第二年就是56元；而中专只有35元，另外考上大学意味着可以转为干部身份。于是我就参加了高考，我报考的是天津师范学院。但没考上。1977年底到1978年8月这半年时间，我决定复习初中知识考中专，于是我把全国20世纪50年代中专的考卷搜集来，每晚都做题，按照考试时间，各省市中专题我都能达到85分，有的甚至满分。1978年夏天特别热，考试那天正等着发卷时，突然接到通知说本次考试取消，我就特别沮丧地回来了。回来后，听一个公社教育干部讲，一个月后要和今年暑假高考落榜生一并再考一场，考高中知识上中专。

袁畅：您作为在校教师，工作相对稳定，除了在学历教育上有提升的愿望，还有其他的职业方向或者说想跳槽吗？

王学甫：这时候哪来得及多想啊！我就找本校老师补数理化，老师身份考试的就我一个，那段时间真是拼了。我寻思，既然让初中、高中一起考，那么应该有50%的初中知识。结果一个月以后，再进考场，果不其然，我的应考策略是正确的，真是硬着头皮考的，成绩出来了：语文84分、数学46分、物理化学加一起43分，总分298.5分。我感觉自己够呛，但那年的分数线是145分！那时候是先报志愿，我报的是天津铁路工程学校，天津市有走读条件的学校，总分数超过230分的可以上大学。我问了一个在市里当兵的哥哥，他劝我读铁路。就这样，我上了桥梁隧道专业，（第二次访谈时，王学甫补充道，2010年，在一个建川博物馆买到了1958年出生那天的报纸，除了头版炮轰金门岛外就是铁路通车；副版是书画①）。说是中专，可我们的课本都是长沙铁道学院、西南交大等大学翻印过来的。我们是农村来的，又是恢复高考后第一届，特别渴望学习。我文体特别好、又当过老师，因为学校老师资源不足，学校的文体课程都由我来教授。

袁畅：等于既是老师又是学生？

王学甫：没错！记得到学校报到后正赶上学校召开秋季运动会，看着一些学长们在练跳远，我就说了句风凉话："我穿皮鞋也比你们跳得远。"这句话让旁边体育教研主任听到了，他说："你跳一个试试？"旁边一个体育老师把球鞋换给我，加了几步助跑，我就跳了5.5米。这个主任立即说："开库房给他一身运动服、钉子鞋，让他再试

① 意为，这一生从这一刻开始就与铁路和书画有了不解之缘。

试。”这一跳，我几乎跳出了“坑”，不到5.8米。第二天，这个主任就让我进了田径队，这两年我就跟着集训，拿了天津市运动会一个第四名、一个第六名。那时候我还当了班长，我们班经常换老师，出差、实习都是我带队，相当于一个班主任。

袁畅：这样看的话，您是“文化大革命”后我国培养的第一批专业技术人才了。

王学甫：是这样的。毕业后，我就被分到了北京铁路局北京工程处天津工程段。虽然第一批毕业的学生有着“天之骄子”的骄傲，但真到了最基层的班组，非常艰苦，特别是线路上的活儿，比如抬钢轨、卸混凝土等，有的活儿甚至比我在农村干的农活儿还苦，住在工棚里，睡的是只有简单骨架，可以睡20多个人的大通铺。我在线路班干了8个月就被抽调到技术室，干了一年半后调回天津基地，做工程技术员。干了三年半以后，我对铁路工程环境，从技术到核算、造价有了整体的认识，也适应了这种环境。这时候，一纸调令又把我调到北京昌平构件厂。

王学甫青年照

袁畅：构件厂？从铁路工程转到了工厂？

王学甫：在昌平构件厂的生活是我身份转折的起点，我被提干，当了车间主任。我国大型穿连梁等都是昌平构件厂做的，它也是铁道部铁路科学院的制造基地。我对工程尤其是桥梁的预制构件有了全面地了解，特别是唐山地震后，大范围推广微型折板，还获得了国家级的奖项。从技术员、调度主任、经营调度主任、外派项目技术主管到副厂长，我在昌平构件厂一干就是15年，昌平构件厂给了我很多锻炼的机会，比如大秦、京九、京秦、保定车站改造等大的铁路项目，我都参加了。厂制施工管理经验和一系列大型项目让我过得特别充实，让我更加成熟，我入党就是在昌平构件厂。

袁畅：您在构件厂干了15年，在厂里的日常生活是什么感觉呢？

王学甫：在厂里的日子平淡而充实，我每年都是先进，领导也对我比较满意。直到20世纪90年代末，我被调到北京机关，调到北京机关后，我参加了栾和桥危桥改造、南仓工程、南通途、北通途改造、京秦的提速工程等，这些重点工程的经验拓阔了我的视野，提升了我的经验。

袁畅：北京机关？是从事行政工作了吗？

王学甫：还是铁道工程，特别有幸的是2004年，高铁建设投入，我是第一个进入到高铁建设筹备组的，对我来说真是一个挑战！与之前的传统铁路建设知识、建设理念、建设模式完全不同，本着边学边干的态度，我作为现场技术工程师开始了我的新的职业生涯。京津城际高铁是发改委为2008年奥运会提供便利条件所实施的工程项目，后来改为京沪高铁的实验段。国内的标准完全没有，我们只能在探索中仿造德国高铁的模式。我们的土建建设的设计理念还保留着20世纪五六十年代肥梁胖柱的仿苏式，长度也是西方国家不能比的，加之我们搞的第一条高铁预计速度要达到350公里，这是我们遇到的最为棘手的问题。京津城际带了一个头，我们的经验成为今后中国其他高铁建设的标准。

袁畅：这样高的速度我们的技术达不到？除了速度问题，您在工程管理、施行过程中还遇到了哪些难题？

王学甫：第一个难题是征地拆迁，连接两个直辖市的征地使得工期变得紧张。很多外国专家根本不相信我们能在奥运期间将高铁建成通车，但是他们根本没想到我们是24小时连轴儿转；第二个难题是标准问题，不能照搬国外的标准，比如我们要“零沉降”，设计、施工就变得极为苛刻，京津城际高铁的建设队伍可谓倾全铁道部的精英，所有都是空前的；第三个难题是国内设计的新产品和国外设计的新产品一起混到了这个工程项目中，乘轨槽需要数控磨床，在引进一台的同时，我们自己也制造一台，想都不敢想啊！

铺板、铺轨、高性能混凝土、纵向连接、运梁车，之前30年的铁路建设，这样的项目对我来说，真是全新的第一次，科学管理、科学周密的计划，半点虚伪和马虎都不行！每一个孔梁，宽度13.4米；两条铁路要铺在一个孔梁上，900吨梁要架上去，这么短的时间内必须完成，都是全新的设备啊！中国第一条高铁的建成通车是全铁道部共同努力的结果，也是两个直辖市领导的共同关注和支持的结果。几代人的想法，在我们这代人身上付诸实施，实实在在的中国制造、中国模式，真是艰辛啊！3年来，对我个人来说，没有休息可言！

我必须把话题转到书法上来，即便是3年来这样忙，我也没有中断过我的书法爱好，实在没有时间的话，就拿根棍子在地上写。书法对于我来说，是让我能够冷静下来思考我的工作，保证我能以科学周密的态度来应对工作。第一批参与我国的高铁建设，使我获得了不少奖项。参与高铁运营后的管理，包括建设后的工程质量的监察、维修等也积累了高铁建设时期的经验。

袁畅：书法与高铁工程在某些层面上，您认为是有联系的吗？

王学甫：纯行政工作、纯技术工作、半技术半行政工作，我都做过。中专毕业后，我还进入兰州铁道学院、中国青年政治学院、中央党校、西南交大继续学习，一直是我的个人坚持甚至是信念。总而言之，从1980年毕业到今年退休，37年时间，风风雨雨，有教训也有经验，有失也有得，控制自己保持正能量，用积极向上的态度对待工作、面对领导和同事。

袁畅：您的书法工作室在琉璃厂已经有近十年的历史了，对于书法，我个人感觉您的职业也就是本行貌似与书法关联不大。

王学甫：其实从初中的时候我就特别喜欢写字，那时候流行庞中华的钢笔字帖，我就练庞中华魏碑钢笔字帖。当了农村民办老师后，有一次校长提出要来听课，一下子我特别紧张，事后，校长问我感觉如何？我说："特别紧张，除了紧张还是紧张。"校长说："你讲课可以，但有一样你是不合格的，就是你的板书。"这次谈话后，我就开始每天在学校抄讲义，只要是上黑板的字，我就在黑板上练，一练就是一年。从2000年开始，那时我还在建设单位，每天的生活单一化、公式化、具体化，吃、现场、喝、回家，可谓四点一线。有一次偶然参加一次笔会，我看到书法家们挥毫泼墨，特别欣赏。从2001年开始，我就开始读一些理论性书籍，我当时就在想，现在我40岁了，60岁退休以后做什么？2005年，在人民大会堂举办的一次书法家交流会议上，我在大厅里遇到了尚德林老师，跟他聊天时，他问我："你退休后做什么？"我想了想说："唱京剧！"他劝我："你还是坚持写字吧！"我有些不自信："我这个年龄练书法还来得及吗？""3年，我保证不了你成为全国冠军，但我能保证你成为全国一流！"尚德林老师的一句话，让我一下子迷上了书法。

王学甫在位于琉璃厂的工作室中

袁畅：这位老师是您的好朋友？

王学甫：亦师亦友吧！那时候尚德林老师3个月回国一次，我俩经常一起切磋，3年后，我的书法作品被人挂出来了！

袁畅：让尚老师说中了！

王学甫：后来，施工单位请我吃饭必须在晚上6点之前，因为7点我必须回家练字！我要想干这个，就必须用10%的努力完成它，我甚至给自己制定了一个时间表，每天练写不少于3个小时。开会、出差，包括夜里加班，丢掉了的练字时间要用双休日来补，只要能够写字的地儿。说一点儿也不过分的话，跟书痴没有任何区别。在高铁建设最紧张的时期，只要有空闲时间我都拿着与书法有关的书。这段痴迷的时光里，我并不盲目，我读了很多有关书法理论的书，历史上著名书法家的生活、师承等我都浏览过。

魏碑、章草、汉隶，古代的不说，近代的特别是碑体有贡献的大师有康有为、陆维钊、赵朴初、沙孟海等。专注、专一、死心塌地地一味猛攻，一个大师我能临两三千遍。我从事的书写体，认准了，我就坚持到底。但凡能够给我书体提供营养的书体，我都涉猎。这样，通过老师指点和自我认同，我学了隶书—魏碑—章草，这就是我的路子。这期间我参加了全国和铁道部的书法展，也举办了个人书法展，出版了个人的书法集，也写了有关书法的论文。从书法里，我收获了充实、满足和快乐，同时也净化了思想、生活、道德品质，简单说，修身养性吧！

袁畅：您的书法研修过程与之间的经历是一张一弛的关系？书法是工作之余的一种修养？

王学甫：不能这么说！从工程到书法，很大程度上支撑我的那份坚持，其实是为了我退休以后的生活。当维系自己自由生活的同时，要有一种属于自己的生活方式，我认为书法是最好的选择。

写书法可以说有百益而无一害。2014年，我在读一本书法书的时候有一小段有关篆刻的论述，这段论述大概是这样："书法入印，方为神品；刀法入印，终为俗。"我曾经为了练习摩崖魏碑，就在石板上刻字。现在我具备了一定的书法水平，我完全可以以刀代笔。自从我刻印，许多书法界的朋友都来求印，就是那一年（2014年），我给自己制定了一个目标：完成10000方印，也就是汉印5000方、秦印3000方、其他体2000方。截止到2017年春节前，我已经完成了4000多方，其中2016年一整年完成篆刻创作和练习1600方。

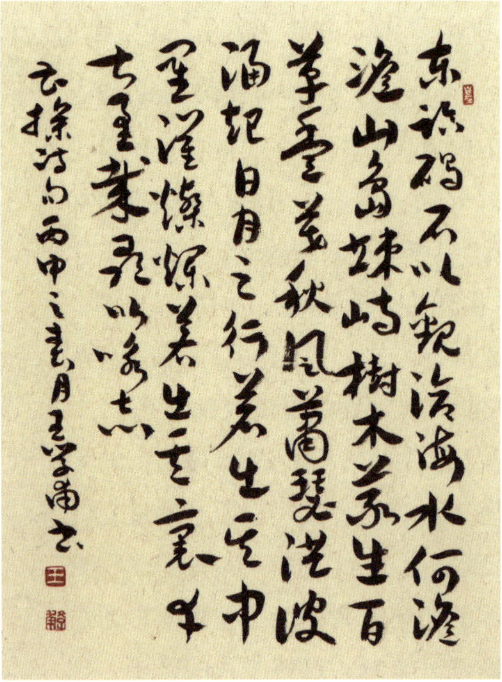

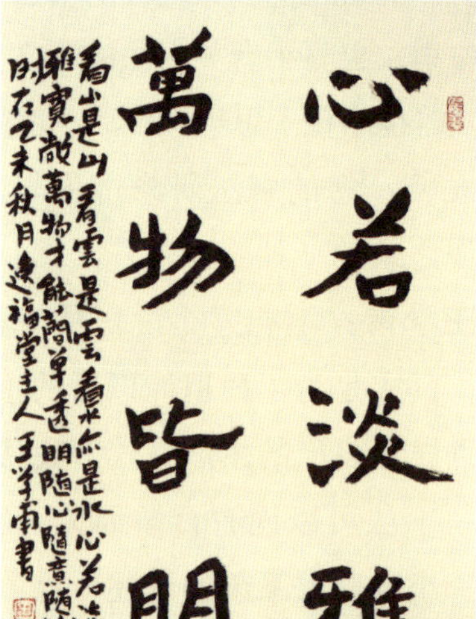
心若淡雅
萬物皆明

写在后面：

从民办教师、昌平构件厂厂长到高铁工程师，王学甫的人生跨度与我国改革开放近四十年的历史一样，令人目不暇接。

一进琉璃厂东街，路北侧是以中国书店为首的海王村，与海王村比邻的岔路口再往北转，便是厂甸胡同了。果春斋是厂甸胡同里最大的一家画廊，画廊的南厢房便是王学甫的书法工作室逸福堂。

与王学甫结识并进行采访，是最为顺畅的一段经历。王学甫的表述简短、思路清晰，对问题的理解很透彻，最为重要的一点，王学甫的口述很实在。他并不过多渲染他在书法艺术上的理解和追求，他总是对我说，他是为退休有事儿做而研习书法，另外他对自己的本行有着极强的自豪感。比起书法篆刻，他更爱谈高铁。

琉璃厂的画廊，以代理名家的书画兼收古旧字画为主，逸福堂是一个较为独特的存在，王学甫并不与左邻右舍往来，逸福堂也没有高朋满座的喧嚣，每日若干方刻印、若干幅习字是王学甫的常态。昔时的王总工程师，更喜欢别人叫他王老师。附近住户及朋友的孩子每周准时来他的工作室学习书法、几所中学也请他去给孩子们讲书法课，这么说来，他的确是老师。

对王学甫进行采访时，正值他在准备铁道部书协书画展的作品，同时，他的第二部作品集也亟待出版。每次访谈的时间只能定为一个半小时，3次访谈过后，才将初稿整理出大概的框架。在整个儿琉璃厂的艺匠中，王学甫显得突兀，他既不属于任何商铺也不算是一位经营者，在一个非职业的状态下，他经营着人生另一阶段的艺术。

一流的作品是时间磨出来的，好的艺术自有它的市场

时间：2016年10月19日

2017年2月2日

2017年5月30日

地点：琉璃厂厂甸胡同甲9号　唐卡王画廊

雍和宫五道营胡同67号

访谈人物：唐卡王工作室　王鹏钧

访谈录音、笔记：袁畅

在场者：王国民　张宏新

袁畅：您如何确定唐卡作为画廊艺术品的主题？

王鹏钧：我是从定位、水平和内容3个方面去衡量的。我们画廊的作品可以说是当代顶级唐卡艺术，这是从历史传承、技法、色彩等多方面综合考虑的。在商业模式上区别于国画的运作，拒绝商业炒作，因为它（唐卡）本身的价值决定了它的收藏人群是小众的。我们画廊的推广一直以来以艺术品本身的艺术特质，结合佛教艺术活动、学术方面的展示和展览，让社会逐渐接受它的市场价值，包括收藏家、唐卡艺术爱好者。

袁畅：方便介绍一下您个人的基本情况吗？

王鹏钧：我叫王鹏钧，1972年12月17日出生，江苏徐州人，父亲是

王鹏钧工作场景

铁路职工，母亲是医生。在那个年代，我们家的收入算是普通的，和做生意的比不了，但比上班族要好。

袁畅：您的家乡是什么样一个环境呢？

王鹏钧：徐州没有污染，天空湛蓝。徐州是一个文化重镇，也是两汉文化的发源地。比如，李可染[①]、刘开渠[②]、朱德群等，都是国内外闻名的顶级艺术大师。我小学到大学都是在徐州读的。大

① 李可染早年多画人物、牧牛，20世纪50年代后专事山水画，逐步形成鲜明的个人风格，作品气势磅礴，以意境，构图新颖奇拔，层次深邃而著名。重“师古人”，更重“师造化”，对现代山水画影响很大。代表作品有牧牛系列作品、《万山红遍》等。

② 刘开渠，以毕生精力将西方的雕塑观念和技巧与中国的民族精神和审美形式相融会，创造了许多代表20世纪中国雕塑最高成就的作品。他以自己的实践颠覆了明清以来中国雕塑塑造泥菩萨的传统，将中国雕塑引入到国家层面的公共空间，并成为20世纪公众喜爱的公共艺术形式。他以富有独特气质的雕塑语言讴歌了中国人民的民族精神和英雄气概，创立了中国雕塑的现代风范，形成了朴素、洗练、沉稳和重于内在生命表现的艺术风格，为中国现代雕塑开渠、奠基。

鹏镇[1]以前叫夹河乡，我们小时候经常在大寨河玩耍，捞河虾。大寨河南头儿有一座山叫霸王山，那里有一座楚霸王项羽的点将台，因此而得名。山上还有千佛洞，有佛造像1000多尊，很大一批佛造像的头部都在“文化大革命”时期被毁坏了。霸王山的东山头儿有一座汉墓，刘氏后裔墓。有历史可查，彭祖的祖籍就在大鹏镇，是徐州养生、餐饮界的大师、鼻祖，相传活了800多岁。我是在家乡这种厚重的文化气息中成长的。

袁畅：小时候的教育经历中什么令您印象深刻的，或者说您有什么爱好呢？

王鹏钧：小时候我喜欢画画，但因为身体素质很好，一直与体育结缘。初中时，100米短跑我跑到了12秒以内，高一的时候达到了11秒3，达到了国家二级运动员的水平。那时候没有教练，就是业余的时候自己锻炼。每次县里比赛，我一直是前两名。

袁畅：您高中时代是如何度过的呢？也就是说您最终学历阶段的学习时期和初入社会的经历是如何呢？

王鹏钧：1996年，高中毕业以后，我就直接参加工作了。因为我是铁路子弟，属于内部招聘，准备个简历、参加个文化考试就上班了。那时候，扳道工、道口工、货运员、站务员等，我都干过。其中，道口工是最辛苦的，比如冬天零下十七八度的时候，火车来之前要提前关闭栏杆，我们叫拉杆子，冷的呀，栏杆都沾手；其实我们就相当于铁路的交警，这样一干就是两年。我们是四班制：白天干12个小时可以休息24个小时；晚上夜班干12个小时，休息48个小时。尤其是夜班，从晚上8点一直要上到第二天早上8点，一熬就是一夜。拿我在茅夹线[2]的工作来说，平均15分钟左右一趟，我要走出行车室，拿着信号灯，检测每一辆路过的车的行车状态和安全状态，风雨无阻，这一个班下来，

---

① 大彭镇位于徐州市西郊，距市区8公里，面积76平方公里，地处苏皖交界城乡接合部，地理位置优越，交通便利。

② 陇海铁路的一个线路区间。

就是一整夜。你想，十几分钟出来一趟，十几分钟出来一趟，有时候就不想回屋了，尤其冬天，屋里生着炉子，温度很高，一出一进容易感冒。

袁畅：这样的工作您坚持了多久？有没有升职或者转职的可能性？

王鹏钧：升职不敢想，毕竟刚刚进入工作单位，这时候就想改变，改变的方法就是参加成人高考，想提高学历进科室，换一个好点儿的工作环境。当时我以全分局第二名的成绩考上了徐州铁路分局党校计算机信息管理专业，全脱产3年，铁路职工20000多人，考上的只有30人，考上了有种跳龙门的感觉，觉得以后上班没有一线辛苦了。但实际上，毕业以后（2001年），我还是留在了一线，无非是夜班没有那么辛苦。

袁畅：就是说，到了2001年为止，您一直没有进入艺术这个领域，一直在铁路工作？

王鹏钧：有了学历，工作稍微轻松了一些，也有了一定的升职空间，可我还是有点儿不甘心，不甘心两点一线的生活，那时候我就开始关注艺术品市场。最初，我对工笔画感兴趣，重彩工笔，一看就能看懂，比如于飞闇[①]老师的作品，从表现形式上和题材上喜闻乐见、通俗易懂，那时间就喜欢上了重彩艺术。

袁畅：重彩艺术还不是唐卡？

王鹏钧：对，那时候（2000年初期）徐州画画的很多，琉璃厂在徐州的艺术圈子里非常有名。大概是2004年，我利用休假时间和我的另一个同事，第一次跑到琉璃厂，当时琉璃厂是人头攒动，感觉是一个很繁华的文化市场，外国人、外地游客和文艺青年比较多。我从琉璃厂最北边，就是和平门地铁站一直往南走，印象最深刻的是荣宝

① 于非闇，1939年，46岁时开始攻工笔花鸟画，虽大器晚成，但成就极大，到20世纪40年代，其名声已与张大千不相上下。于非闇擅长绘画、治印、书法。著有《中国画颜料的研究》，对中国画颜料的品种、性质、发展状况、中国墨的特色等均有详备考述。于非闇的作品在新中国成立前颇受藏家喜爱，作品价格与张大千、吴湖帆、溥儒等的作品价格不相上下。

斋，一进荣宝斋二楼楼梯口，就看到徐州籍艺术家肖龙士[①]的一幅兰花，大概3平尺的样子，标价是3.2万元，我感觉艺术太有价值了。那天，我在一家画廊门口的书摊儿上买了一本荣宝斋的拍卖图录，最吸引我的是这本图录后面大约有15幅明清时期的老唐卡，非常震撼，无论是色彩还是构图，还包括佛的表情。后来，得知唐卡的成交价格在那一时期，平均是10万~15万元之间，那是唐卡第一次走近我的生活和视野。从这次琉璃厂之行开始，我就萌生了深入研究唐卡艺术的念头。

袁畅：第一次到琉璃厂，对书画作品的价值有了认知，但琉璃厂毕竟是很有历史渊源的文化重镇，您在此之后有什么具体的计划？

王鹏钧：最初，我想经营一家唐卡画廊，专卖唐卡。2004—2008年，我去了拉萨、青海、甘肃，到拉卜楞寺、塔尔寺、布达拉宫等寺院中着重看了古老的唐卡艺术品，我感觉与市面上看到的一些唐卡作品有着天壤之别，人物的开脸、作品的色彩，都相差太远。寺庙的作品有着厚重的历史年代感，而市面上的新唐卡，把握不精确，比如“四臂观音”“财神”，色彩比较俗艳，表达不出佛教的精确内涵。寺院中的“四臂观音”慈眉善目，不懂佛教的人看了也比较舒服，市面上的眼睛以及五官比例不正确，或者脸胖，或者眼睛一大一小，手型包括手指甲的线条表达比较粗劣，精细之处更无法与寺院的唐卡相提并论，衣服的纹饰包括背景山水的晕染，更不在同一条水平线上了。最让我触目惊心的是，庙堂里的唐卡，我称之为艺术品的唐卡在市场上几乎为零，这就意味着在市场上流通的都可以定义为唐卡工艺品，也就相当于旅游纪念品，这样的作品与寺院中的老作品无论从收藏价值还是艺术高度都不在一个档次。我感觉到从经商、从画廊经济角度去做唐卡艺术是很难的，市场流通产品，也就是唐卡工艺品背后的作者们都是以商业角度去画唐卡，市场上根本没有精品。我只能通过自己的方式去寻找能够潜心投入

① 当代著名画家。

唐卡艺术绘画的艺术家，而且还必须具有很高的艺术天赋的艺术家，就是说艺品和人品应该是统一的。

袁畅：但艺术家也需要生存，不是吗？

王鹏钧：经过3年艰辛的努力和探索，我跑遍了所有老唐卡可能出没的地方和现存唐卡艺术家生存的地方。生存指的是认真做唐卡艺术、不走入市场的艺术家以及没有逐利意识的艺术家，他们秉承着传承的心态，延续若干辈，他们是传承艺术脉络、潜心画佛的人。只有这些人的作品才能诞生出当代的唐卡精品。

袁畅：您的家庭成员对您经营画廊有什么看法吗？比如您和您夫人在刚刚见面的时候，您是如何介绍自己的职业背景的？

王鹏钧：我比较重视我夫人对我的职业的看法。刚认识她时，我记得我给她看的是"白度母"这幅作品，她感觉很震撼，当时那幅唐卡就挂在我的画廊一进门左侧的隔板上。介绍完作品，我就告诉她我是这家画廊的经营者。可能是女性的天性，女性都喜欢艳丽的色彩，她很支持我的事业，她也是唐卡的爱好者，我的很多作品也吸收了她的建议，她的鉴赏能力不可小视。

袁畅：对于当代精品的打造，或者说创作，您是如何进行的呢？您是一名国企职工，方便说一下您的经营启动资金是从何而来吗？

王鹏钧：绘画团队组建是在2006—2008年逐步成型完善的，团队成员和主要作者是不能说的，出于对艺术家和唐卡艺术的保护，唯一能透露的是我们这个团队是以新勉唐艺术为传承的。从团队组建到2011年在琉璃厂创办唐卡王工作室，其中的艰辛很多到现在我都不想说，比如，我的积蓄根本不够支撑庞大的店租和团队艺术家每年的生活费用，有不少初期投入都是来自于朋友的帮助；还有一个资金来源是我自己做一部分股票投资，有相当一部分初期投入来自股票收益。

袁畅：您还记得第一次到琉璃厂时，初来乍到的感受或者您的所见所闻吗？

王鹏钧：初期在琉璃厂，初来乍到，需要客户认知的一个过程，从2011年9月开业到2012年6月，8个月的时间没开张，到了7月才迎来第一位客户。这个我印象非常深刻，这位客户请了四臂观音和释迦牟尼佛两幅唐卡，一个有6平尺，一个有4平尺，当时我记得成交金额还可以，总算能略有盈余。之后，不到两个月，这位客户又给我带来了第二位有缘人，我对他印象很深，他是一位旅澳华人，是一位忠诚地唐卡收藏家，他请了一幅文殊菩萨和一幅八马财神。尽管这一年只有这两个客户，但大大增加了我在这个领域存活的信心。

袁畅：我听说，琉璃厂、潘家园等文玩收藏市场有一度收藏投资热引发的市场高潮期，您还记得那段时期吗？

王鹏钧：最辉煌的时期是2013年、2014年，这段辉煌时期主要是艺术品市场的繁荣和老百姓对艺术品的非理性消费，每年平均可以成交10幅作品。对我的工作室和团队来说，积累了一定的运营资金，这部分资金全部都用于团队的建设和运营以及作品的研发。

袁畅：每一个产品，或者放大说，每一个企业都有一个在经营管理上追求的目标，有的是对自己产品的要求，有的是对未来前景的憧憬。唐卡这类艺术品，如果不是行家很难对这样的作品有一个定位。

王鹏钧：最初我的定位是以画传统题材为主，比如经典民间构图，但是我发现高端的收藏客户更喜欢带有宫廷色彩的作品，因此，我开始转换思维，想打造以宫廷题材为主的作品。大家都用同样的时间去画唐卡，拼的是时间和作品的精细度，但作品的内涵和更高层次附加值，比如历史价值、艺术地位的价值，体现不出来。打个比方吧，清代乾隆朝，乾隆皇帝是对唐卡艺术贡献最大的一位帝王，因为他把国画大师和油画大师的技艺有机地结合在唐卡作品当中，那一时期的许多宫廷作品，既有油画三维一体立体艺术的感觉，又有藏族绘画艺术的精细技艺的表现，还融入了将汉地明代以来山水亭台楼阁的表现手法。于是，我要求我的画师尽可能去摆脱作品民俗化的感觉，我为他们准备了汉地山水画的资料，然后不定期为他们请一些国画老师进行培训，增加他们对汉地艺术的理解，并要求他们了解汉地绘画的历史以及汉地艺术对佛教艺术造像的理解。这就造就了一种置身事外的反观自己民族艺术的视角，这样我们工作室的作品才逐步实现了我的转型理念及逐渐形成现在我们工作室自己的风格。清代的宫廷唐卡艺术品中，大部分精品现存于台北故宫博物院，为了再现清代这批宫廷唐卡艺术品，说大一点我觉得我们有一定的历史责任。同时，现在我国的文化艺术已经进入新的非遗时代，让宫廷唐卡艺术精彩再现，更好地在继承或者说复原中传承，是我们工作室最深层次的理念。

我们工作室第一批出炉了30幅作品，其中经典的代表作以“三十五佛”等为题材，还有幸与荣宝斋合作拍卖，而且我们创造了一项记录，即当代新唐卡在官方拍卖市场的价值定位——当代画师作品的价格参照。我们工作室也因此获得了与荣宝斋、香港雅昌的长期合作关系。在与这些大的拍卖公司的合作中，我认为收益是我们作品的知名度、美誉度和业内专业人士对我们作品艺术性的认同，这使我们更坚定了未来作品的创作方向。

王鹏钧在中国佛教讲经交流大会（摄于2016年）

这里面还有一个传奇故事，2016年8月27日，我们工作室受邀参加“中国佛教讲经交流会”，在此次交流会上与万豪集团五台山酒店合作展出我们工作室复原、绘制的22幅清代宫廷唐卡，在展出进行的第二天，也就是28日当天，参加此次交流会的学诚法师、妙江法师等9位国内高僧大德莅临展厅，此22幅作品一跃成为此次佛教盛会开幕式的背景精品。

袁畅：您在琉璃厂这些年，感觉有什么变化？又有什么是没变的？

王鹏钧：现在的琉璃厂失去了以往，也就是2008年左右，那样熙熙攘攘、喧闹的氛围，整个儿琉璃厂车水马龙，包括外国人、拍卖公司的人等，现在的琉璃厂没那么多人了，拍卖公司包括画廊也关停了一大部分，像大千画廊这样的老字号都关了，以荣宝斋为风向标的拍卖公司的成交额下降了60%多。所谓一线的“大家”的作品，这样的作品也缩水了60%、70%。何家英的作品当年可以卖到100万元一平尺，现在也就20万元左右一平尺，还得是精品。

袁畅：这种情况是怎么造成的呢？

王鹏钧：我认为是消费者理性的判断和作品真实的价值的回归，这个市场的节奏呼唤真正的艺术家和艺术作品的出现。回到唐卡上，深厚的历史传承、大量的劳动时间、天然珍稀的矿物原料，这样的作品，不仅没有下降，反而稳中有升。传承艺术、非遗文化的魅力也就在此。

袁畅：您能说说画廊未来的经营方向吗？

王鹏钧：皇家或者说宫廷艺术的理念其实并无封建色彩，我提取的是宫廷艺术中带有历史色彩和浓厚民族风格的营养成分。例如，宫廷传统唐卡中所表现的明代中国山水画的技法和传统，在这样的文化继承的基础上，打磨更好的作品。我认为目前市场停滞期恰好给了我们反思、磨砺的时间，作为艺术家或者说当代画廊的经营者，我们需要一定时间的反思和磨炼，反思的是这个时代的需求，磨炼的是对作品不断升华的追求。

袁畅：琉璃厂如果不能实现您的商业上的心理满足，那么您是否打算离开琉璃厂呢?

王鹏钧:琉璃厂是文化的沃土，这一点是毋庸置疑的，中国文化看北京、北京文化看琉璃厂，从某种意义上讲，琉璃厂是当代艺术及近现代艺术最为经典的和具有代表性的艺术平台，只要有扎根的机会，我绝不想离开。

写在后面:

专门经营唐卡的画廊在北京不多，因其宗教渊源基本分布在雍和宫附近。据笔者观察，雍和宫五道营胡同有3家，国子监附近有1家，而琉璃厂仅有王鹏钧1家。

王鹏钧的唐卡画廊坐落在琉璃厂东街长甸胡同果春斋的北厢房和门厅处，东西墙各陈列尺幅偌大的唐卡作品若干，画廊内陈设简单，供客人观看作品的空间很充足；与雍和宫唐卡画廊不同的是，王鹏钧并未为唐卡设立供案、供具，据他本人介绍，这么做是为了突出唐卡的艺术价值。

王鹏钧对唐卡有着自己的理解，他更愿意将唐卡称为宫廷艺术，他在介绍作品时，不断地强调作品的宫廷原作，当他的画师完成一幅作品后，他经常说完败原作，自豪创作出了当代的、具有宫廷风格的经典。

王鹏钧对画师、客户的信息高度保密，据他本人说，这是行业规则。在琉璃厂驻扎了10年，王鹏钧成了本次口述历史项目的“引路人”，中国书店的汪学军、荣宝斋的黄忠钦等，都是经他介绍并成功访谈的。对这10年来琉璃厂的变迁的回忆，也是王鹏钧提供给我最宝贵的资料之一。

第二章

笔墨纸砚艺匠口述历史

静坐下来，调好录音设备，仔细端详坐在对面的、正在准备回答问题的口述者，其实是充满自信的。在进行访谈前，要尝试着让对方放松，或者缓和面对面采访的拘束感，在这一过程中，其实会获得两种不同的结果：

1. 口述者打开“话匣子”并能跟上采访既定的思路，回答的内容能切合问题，双方在宽松的氛围下一气呵成地完成访谈。

2. 口述者略显抵触采访这件事，说话温暾，完全没有章法可循。

任何教科书或者学术研究成果中都不会有类似的表述，个中苦衷只有每一个从事并坚持口述历史搜集工作的学者懂。经验让人变得聪明，但口述历史恰恰不需要这种聪明，口述历史经历的是一次次未知的笨拙的过程。

如果有志于从事“口述历史”工作，或是“玩儿票”一把，面对口述者永远是一个“心理对抗”的过程，此时经验是可以“赢”的唯一砝码，我以我所遇到的个例，提醒大家一定注意以下3类人：

第一、具有职业特征的人。这类人对自己职业领域的技术了如指掌，采访者若对他们领域完全不懂，他甚至不会跟你说一句话，更不会接受采访了；若只是一知半解地向他询问，他更会兜着圈子让你落入无知的难堪境地。一定要和他们成为朋友，他们才会待你有古文人的风格——千里来访、不吝千金！

第二、具有时代特征的人。这类人对社会气候变幻极其敏感，在他们的世界里，总有一段时期是他们最为怀念的，他们的怀旧情绪弥漫在采访的分分秒秒，他们每一个人都极具代表性。想了解他们并不难，但想辨别他们口述的真伪，这确实让人头疼！他们都曾是某一历史时期的主角，当在采访中他们侃侃而谈时，几次想打断他们，并用自己的知识与他们辩驳，这些都无济于事。这就注定你要在往后的转换文字过程中标明或注释出来，如若不然，历史怕是要被多次篡改了。

第三、具有某种性格特征的人。这类人非常具有个性，或者说很强势！在采访中常常会觉得被采访，而反主为客的时刻，采访者并不觉得突兀，从这一点说，口述历史是采访者和口述者共同创造的历史，确实有些道理。在受访者滔滔不绝时，采访者要么保持清醒，从角色中跳脱出来；要么直接更换采访对象。

能让我回忆起来的经验和口述者的特征，只有上述3点。每次采访后都有想放弃的想法，我深知自己，坚持下去的理由，我会坚持。冗长的口述过程、同样的设问和貌似漫无目的的闲聊，都是将了解推进、向“真实”推进、向勾勒出历史的横截面推进。

匠意墨版、恪守古法、合香弥新、用料天然

时间： 2016年12月16日

2017年2月23日

2017年4月7日

2017年7月4日

地点： 北京市西城区琉璃厂厂甸胡同甲9号果春斋

安徽省宣城市绩溪县半岛灵川山庄南区别墅26幢

访谈人物： “墨模雕刻技艺非物质文化遗产传人”第三代传人冯宜明

访谈录音、笔记： 袁畅

在场者： 蒋长顺　王震

冯宜明父子

冯国华先生

袁畅：您并没有与您父亲住在一起？您自己住在这幢别墅里？

冯宜明：是啊，我父亲住在老城，我自己住在这里。楼上是卧室；楼下是客厅，也是展示室；半地下是我的一间小操作间，还在装修。烧松烟就在院子里，很方便。

袁畅：到了绩溪才知道，松烟的松枝，只有在这样的山水中才能遇见。

冯宜明：我们这里的松枝含油脂很丰富。

袁畅：我看您在朋友圈中发的照片，好像还有几个人在帮您？是您的家人还是请的员工呢？

冯宜明：有一位是请来帮忙的，还有一位比较年轻的，是我儿子冯浩，冯家第四代。

袁畅：第四代开始接班了？

冯宜明：刚刚大学毕业，回来帮我。

袁畅：我看了中央电视台《中国文房四宝》纪录片，第二集讲的是您家？

冯宜明：他们在我这里拍了近半年吧，来的时候是春天。其实，拍摄我们做墨，怎么说也要一年时间，有的季节，山里是进不去的，做墨没那么简单。

袁畅：如果要访谈您父亲，冯国华老先生，您能联系吗？

冯宜明：不太方便，刚刚做完手术，正在恢复期间；而且，到现在我父亲还不能理解我所做的。

袁畅：您现在不是做得不错吗？怎么会不理解呢？

冯宜明：郁文轩这块牌子是我祖父冯郁文创立的。我祖父于1926年离开安徽，进入上海屯镇老胡开文分店当学徒，从学徒到独当一面，用了6年，除了我家的墨模雕刻，我祖父那会儿，实际上会整套制墨的工序。当然，因为我祖父又拜了当时沪上制墨行业的墨模雕刻高手余松山先生为师，学到一流的墨模雕刻技艺，从而掌握了从墨模雕刻到制墨生产的全部要领。1931年，我祖父在苏州创办了郁文氏胡开文笔墨庄。再后来，公私合营了，我父亲担心我，他总觉得有门手艺吃饭就可以了，为什么偏要恢复我家的老字号“郁文轩”呢！

袁畅：常听人说苏工，原来苏工也不一定是苏杭人。

冯宜明：到现在，我家还留着很多我祖父那会儿的墨版，比较有名气的作品有与苏州寒山寺通如法师合作创作的《枫桥夜泊》等。

袁畅：郁文轩这块招牌，相当于是您祖父创立的？

冯宜明：是啊，我祖父就叫冯郁文嘛！我祖父18岁那年，离开了上海到古城苏州去创业。为什么选择苏州呢？第一，苏州的木版雕刻最为有名，在绩溪向南不到20里，就有木版雕刻的，他们家当年就是在苏州刻；第二，我祖父的哥哥冯志泽就在苏州打工。他们创业的地方就在今天的苏州阊门吊桥旁边，据我祖父说，当年的墨庄就是一间不大的、前店后作坊式的小店，刚刚开业那会儿他们给店里取名叫胡开文墨庄。几年后，墨庄的生意逐渐兴隆起来，我祖父特地到上海商标注册局注册了郁文氏墨庄这个招牌。

袁畅：您祖父和他的长兄在苏州创立了郁文氏墨庄，他们一直在苏州经营、生活吗？

冯宜明：我祖父对苏州很有感情，也很有渊源。当年郁文氏墨庄在苏州城里的名气一度做到很大，主要原因是：第一，文房四宝等文化用品品类齐全，据说其产品不仅销售到苏州相邻地区，还远销到日本、东南亚等地；第二，我祖父墨模雕刻的手艺名气很大，许多当时的文化

作品明墨集萃1

作品明墨集萃2

名人都慕名前来定制，专门制作的高品位墨锭也日益增多，作坊雇佣师傅增加到几十人，店面也扩大到四开间。

我祖父爱好广泛、多才多艺，并且交友广泛。他擅长书法，他的书法追求古朴、苍劲，你能从他做的墨模中看出来。比如，他雕刻的《枫桥夜泊》得到当时寒山寺住持通如法师的赞许，二人还常交流切磋书法、绘画技艺。我家还留下了不少我祖父的绘画折扇，上面有兰花、虎、鱼等。据说，我家当年在苏州的门市店堂中的宫灯上的梅兰竹菊都是他亲自绘作的。他还喜爱京剧，经常自拉自唱。那会儿时髦的是骑自行车，据我祖父说他曾购置了多辆各国制造的名车，在苏州市的比赛中还拿过奖。

袁畅：听您这么形容，我感觉您祖父与上海名流有相似之处，对于“民国人物”的回顾，总感觉令人神往，那后来怎么样了？

冯宜明：咱们按照年代讲。后来，就赶上日军占领苏州，我祖父舍不得多年经营的家业，留在苏州守着，一次日军空袭中，受重伤，被救援人员送到了当时的一家美国基督教教会医院，命保住了，但手、脚落下了残疾。当然，店里的生意也是一落千丈，据说当时就剩下十几个人了。再后来就是公私合营，郁文氏墨庄也就没有了。我祖父是在53岁那年回到了故乡——中屯村，祖父回来没过两年就去世了，那年是1973年12月27日，终年60岁。

袁畅：您祖父是郁文氏墨庄的创始人，也就是墨模雕刻第一代了，那么您父亲呢？

冯宜明：我可以帮你约我父亲，但老人家也说不出来什么，他是老一辈的匠人，是个手艺人；我祖父回乡后开始将制墨、墨模雕刻技艺教给他。

袁畅：前前后后一共学了7年？

冯宜明：我父亲吗？当时一直在接一些活儿，给附近的墨厂及一些知道我们的朋友干活。我父亲特别感谢一个人，叫郁昌礼，他当年是上海墨厂厂长。这就说到我祖父去世那年，邓小平复出整顿经济秩序，传统工艺品出口算是遇到了短暂的春天。1974年，郁昌礼亲自到我家来，请我父亲出山。

袁畅：亲自到安徽绩溪吗？

冯宜明：没错！要么我父亲总对我说，没有郁昌礼就没有后来的我。他应当是除了父母之外，令我终生难忘的人。当时因为我祖母卧病在床，我父亲必须在旁边照顾，不可能去上海。郁昌礼照顾我家这种特殊情况，允许我父亲在安徽绩溪家里进行墨版雕刻，作品完成后邮寄至上海墨厂。

袁畅：上海墨厂是国营工厂，这应该算是很大的照顾了。

冯宜明：是啊，我记得那会儿总跑邮局，有时候，郁昌礼也带人来我家。

袁畅：您父亲主要的作品都有什么呢？

冯宜明：那可多了，这么说吧，可以将我父亲的作品简单分为3类：第一类是纪念墨，比如《雨中岚山》《2008上海万国博览会纪念》等；第二类是特制订版，如《中国书画院订版》《西泠印社订版》等；第三类是文人、书画家个人定制，比较有名的有程十发、唐云、李苦禅、李可染、黄胄和汪观清等。其中，我父亲真正第一次落自己人名款识的是在汪观清定制的《十八罗汉》中。

袁畅：您小的时候看到过您父亲做活儿吗？这么问有点简单了，这么说吧，您小的时候对墨模雕刻有兴趣吗？

冯宜明：有啊，家里到处都是墨版和干不完的活儿啊。记得小时候对墨模雕刻道具特别喜欢，还弄坏了我爸爸很多墨版呢。我是长兄，我下面还有一个弟弟，叫冯宜群，我得出来帮我爸养家啊。

袁畅：您是什么时候开始跟父亲学习墨模雕刻的呢？

冯宜明：1988年吧，我初中毕业。接手的第一批活儿就是为上海墨厂赶制的《枫桥夜泊》。

袁畅：对于墨模雕刻这门技艺您能简单描述一下吗？

冯宜明：墨模雕刻的工序分为设稿、拓模、开路、修平、铲平、刮平；刀法分为平刀、线刻、阴阳刻和圆雕。在对材料、工具的了解的基础上，还要了解中国传统的篆刻技法。我很小的时候就读了《现代篆刻选》《西泠印谱》等金石著作，为的是了解传统文化审美内涵和磨砺基本功。

篆刻的金石雕刻与墨模雕刻还有不同，研习篆刻刀法，将金石刀法与墨版雕刻技法融合，并参考金石章法、布局，这样，墨版上的文字才会有古意、新意。比如，我创作的阳刻作品《卦墨》《地藏赞》《知其白守其黑》《北冥冰魄》等。

对于人物的表现又是另外一回事了，这与西洋的雕塑息息相关。我通过广泛阅读意大利、法国的高浮雕作品、图录等，洋为中用，将人物作品中的身形、神态与人物背景刻画出立体、透视的感觉，让人看了有如“跃出墨版”，更具张力！而这一“张力”主要体现在《财神》《玄武》《落纸如烟》等作品中。

袁畅：墨模雕刻这一技艺到了您这一代，您是如何理解的呢？

冯宜明：其实，就是广泛地吸收和借鉴。西方的许多绘画、雕刻手法，我们都应该很好地学习、引进。比如，传统纹样在墨版作品中占据了很大比例，如何在继承传统纹样的基础上，借助西方的表现手法，让墨模中的画面更具层次感，让墨模中的人物更加灵动、鲜活；如何结合、吸收其他艺术门类之长，创造墨模雕刻在图案和造型上的多元化。

袁畅：但是，我看到除了雕刻精美的墨版以外，墨本身也需要自己做吗？

冯宜明：是啊，但自己做墨是从1998年前后开始摸索的。周围都是墨厂，因为在安徽嘛，给别的墨厂加工墨版的时候，也跟他们的人有接触，毕竟是行内人，沟通比较方便。

袁畅：最初为什么要自己摸索做墨呢？

冯宜明：祖父当年创立郁文氏墨庄的时候就是自己做，其实还有一个原因，就是家里留下了一些老的墨块，我发现这些老的墨块与现在的墨块还是有很大区别的，比如放置时间长了，墨块不会翘[①]；比如墨香，现在的墨块少有那种墨香；比如古籍中记载的一些墨品，现在都看不见了。

袁畅：刚刚自己尝试做墨的时候遇到了什么问题呢？比如原材料什么的？

冯宜明：原材料的问题倒还好说，毕竟周围都是一些小墨庄，材料好找，问题是找到了材料，我发现按照古书上的方子，根本做不出那样的墨来。

袁畅：您能举个例子吗？

冯宜明：比如松烟，烧完了松烟我就和胶，原材料都是按照古书或者行内人的介绍，就是做不出来。后来，我把当年烧完的烟放置了一年，进行降燥，发现火气没那么旺了，才把墨做出来，就是这么一遍一遍反复尝试。

袁畅：也就是恢复古法的过程中还有很多不断试错的成本，大约一个墨品需要试制多长时间呢？

冯宜明：松烟是近两年，朱砂前前后后进行了5年以上，苏合就更别说了……

袁畅：有相应的成熟的产品问世吗？

冯宜明：就是你现在看到的这些产品，黄山松烟、苏合油烟、朱砂，等等，你来我这里是4月，基本我手头是没有了，今年能卖的都出了。我就是个工匠，但做墨就用最好的料做最好的墨，松烟就是纯松烟，油烟就是纯油烟。松烟，我是取山上腐朽15年以上的含油脂高的松根，烧出的烟料还要存放3年以上才能用。我做墨的时间平均要花费4年，从熬胶到成品墨，我都亲自做。1998年我研究唐制松烟墨的制法，2006年成型并推出“唐法松烟系列”之《一品玄松》；1999年开始研制并恢复了苏合墨（宋代）的制法；2000年开始，进行朱砂墨及诸矿物彩

① 翘，自然弯曲。

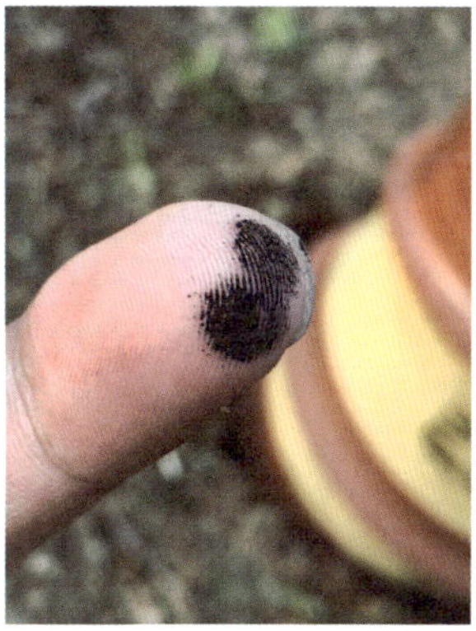

墨的研究，2011年成型并推出《乾隆六色》等作品。

袁畅：做墨是一回事，销售呢？最开始是如何让人家知道您的墨好呢？

冯宜明：最开始我都是送的，后来通过网络销售，我最初就是上书法江湖商城，跟一些网友们探讨，并在上面销售。我制墨的成本很高，墨自然价格不菲，但是当下很少有人用墨了，更别说会用墨了，我就是送，请人家试试我的墨，苏合[①]我也送过。有些人会质疑，我不怕被质疑，我会让他们试，按我说的方法试了，自然心里就有判断了，有的人在试过后一下买了我十几条墨。比如天津一所大学的一位国画老师，现在是我的很忠实的客户和朋友了，我研发了新的墨品都送他一块，请他品墨。

袁畅：送墨送到什么时候呢？也就是说到什么时候才开始好转呢？销售有了起色？

冯宜明：不敢说销售有了起色，从1998—2015年，基本都是半卖半送，赔钱的。

袁畅：那研发的成本回不来啊。

冯宜明：我还给别人定制墨版呢！

袁畅：也就是一边靠雕刻墨版赚钱，一边用赚来的钱研发墨品？

冯宜明：可以这么说。第一款我恢复出来的墨是国华宝墨，以我父亲的名字命名的，我父亲弄了一辈子墨，没有任何一块属于自己的东西，国华宝墨就是这样做出来的。油烟料，一大一小，一两到二两，从选料到制成需要4年。

袁畅：从墨版雕刻到制墨，是什么契机让您想起要自己制墨呢？

冯宜明：我在给各个厂家做技术的时候，我想做出一些可以流传

① 苏合，自古以来称为墨妖，只有赵佶做过，用的都是奇贵的材料，本身的苏合油是一种药材，苏合香是一种特有的气味，清香扑鼻，烧完之后却什么味道都没有，也就是说你拿着墨块什么味道都闻不到，但研墨后，气味又都回来了。目前，郁文轩的苏合墨的市场价格是一万五一两。（冯宜明口述）

冯宜明雕刻墨版及其作品

给自己孩子的墨，我自己也收藏老墨，我看见的墨跟老墨区别很大，这个区别包括墨色、色相、入纸的感觉、香气，等等，跟老墨完全两回事，我就想到底油烟怎么做？然后就开始自己烧烟。

袁畅：烧烟？具体您能讲讲烧烟的工序吗？

冯宜明：咱们就简单说一下吧。首先，你要有个烟房，有点像烧瓷器的窑，里面要存得住热量，不能有空气流动；还需要一个水池，水是可以循环流动的；在水池上摆上灯盏，（灯盏）上面盖上瓷碗；再在水池中蓄满水，让它流动起来；然后添加桐油，放上灯芯，逐一点着，使室内的温度达到60度。这个时候才能开始取烟，每一个取烟的过程需要20分钟，这20分钟中要做的事是挑灯芯、取烟、加桐油，因为太热，人会受不了，就得出来休息20分钟再进去，如此反复，一般一个烟房一个工人，最多控制80盏灯，一天的取烟量是2~4两。

袁畅：这种做油烟墨的方式恐怕现代的人很难受得了吧。

冯宜明：是啊，工人越来越难找，而且不能夏天做，你想啊，夏天做的话谁受得了呢？

袁畅：我是在您琉璃厂的旗舰店的郁文轩墨友会上认识您的，您的墨友会是怎么组建起来的呢？

冯宜明：我前面说了，书法江湖商城的朋友逐渐多了起来，特别是一些艺术类的高校，我经常去做讲座，如杭州的国美以及天津的院校等等，逐渐认识我的人多了。后来，2014年，有了微信这个平台，郁文轩墨友会的成员有3000人，而且流失量很少，比如，我在旗舰店里办墨友会，总有朋友来捧场的。

袁畅：您在琉璃厂的旗舰店是哪年创办的呢？为什么选择琉璃厂呢？

冯宜明：2015年办的。后来，像熊猫文房都有我的墨了，宋庄的朋友也进了我的墨。选择琉璃厂是我的梦想，但旗舰店的模式，我还有自己的想法，也在摸索阶段。

袁畅：您现在是自己做呢？还是跟您父亲合作呢？

冯宜明：1998年，我父亲和我共同创作《明墨集萃》48锭，2008年万国博览会上有展出；2016年参与中央电视台纪录片《中国文房四宝》的拍摄；我和父亲为纪念黄宾虹150周年诞辰创作了"黄宾虹纪念墨"一套。这些年，我自己的创作时期是2001—2016年，作品有《剩山图》《太古遗音》《玄武魂》《宣琴》《生肖墨》《万古松魂》及仿明系列等。

我父亲其实到现在还比较担心我的做法，担心我独立经营郁文轩，毕竟是老一辈的人嘛，觉得还是稳妥些好。

我还记得，有媒体访谈过我父亲，我父亲面对访谈说的最后一句话是：我们是搞手艺的人，手艺干好才是最重要的，要求名就做不好事情。

袁畅：有些担心把郁文轩做大、做强？

冯宜明：也不可能做大、做强。制墨这个行当就是匠人的行当，家庭作坊式的方式比较适宜生存，更能保证质量，环节上你一眼看不到就不行。

袁畅：您不亲自管理琉璃厂店里的经营，也不去参加每年一度的四宝会吗？

冯宜明：琉璃厂是会朋友的地方，我每次来，就约墨友们来我店里品墨，其实也是一种线下体验吧，教大家如何正确地研墨、如何品鉴墨品，在什么样的宣纸上、用什么样的笔、选什么样的墨、画什么样的画。这也需要跟同行们交流，你看我每年来琉璃厂，除了在店里办墨友会，就是去其他地方逛逛，看看同行们有什么创新，也与其他文房比如宣纸、毛笔的匠人们聊一聊。其实，我每年都参加四宝会，也是为了去会朋友。

袁畅：您现在应该是不愁销售了，等于销售是从书法江湖商城推广开始，线下依靠您全国各地的会友和讲座，逐渐积聚人气，当前您认为比较头疼的事情是？

冯宜明：原材料！一提原料我就头疼，我在原料上特别执着，执着真材实料，但你知道墨的原料很多都是难以言表的：江西石门山的蓝铜矿，贵州铜仁的朱砂，中俄边境的鹿胶，青海湖畔的麝香。当然，能和你说的，我都不怕，用这么多年找料、不断试错，其他人很难复制我的路子。我找的朱砂的分量很重，你掂掂。

黄山图朱砂墨

袁畅：看着您这一桌子墨，桌子底下都是墨版，您真应该整理一下郁文轩三代的作品。

冯宜明：已经开始整理了，你看这是墨版的拓片，杭州国美的一位研究生，写的论文针对的就是墨的使用方面的，他叫王震，曾来我家住了一段时间，除了跟我一起烧松烟、做墨以外，就是帮我拓片，我儿子大学毕业后我就给叫回来了，在我身边学做墨，从拓片和看开始。

袁畅：2017年，您有什么收获？

冯宜明：今年，省级非物质文化遗产传承人的申请批下来了；家里新的制墨的车间也装修好了，可以用了；郁文轩的理念在这几年的探索中也形成了"匠意墨版、恪守古法、合香弥新、用料天然"。6月，和研究皮纸的贡斌兄、做笔高手李小平等人去了合肥的中国科技大学办了讲座。之前，还去了杭州国美几趟，感觉杭州的氛围很好，也想在那边开一家旗舰店。今年还是要做墨，多储备一些。

写在后面：

与冯宜明结识是在琉璃厂东街厂甸胡同的郁文轩店，彼时正逢冯宜明举办墨友会，许多网上认识但素未谋面的墨友挤满了不到20平方米的小店，看着冯宜明研墨、看着冯宜明从口袋里拿出"松烟""华滋""朱砂"等等。

谈起冯宜明的墨，大家都不约而同地先说它的香气，那不是常识意义上的墨香，而是一种说不出的、淡淡的香气，辨识度不高，很难形容，但确实存在，冯宜明管它叫和香。在北京访谈冯宜明是很难的，他的墨友太多了，整日奔波于各个墨友会，等他闲下来，想正式访谈的时候，他已经无比疲惫了。

2017年4月初，我去了安徽绩溪，冯宜明的家。一座独栋别墅，一个小院子，门大开着，据冯宜明说，每天都有不同的人、抱着不同的目的来访，有求墨的、有想见识一下的、有来"挑战"的……冯宜明的别墅的一楼，对着门口处是一个茶桌，门厅正中是一张偌大的条案，比普通条案宽很多，条案下都是一块块墨版，条案上则摆着一长排不同品类的砚台。别墅的地下室是冯宜明的工坊，制墨车间就在工坊里。

冯宜明的开场白总是："你懂墨吗？"经常问的来人一愣，了解他的人知道他并无冒犯的意思，只是常人对于墨已经知之甚少了。

一个人包办了配方、研制、成品、墨模雕刻等全部工序，再拿着自家的墨走出家门，奔赴海南、广东、浙江、上海、天津、北京等城市推广，讲座、雅集、墨友会，冯宜明的微信圈子已达几千人。

冯宜明的环境是纯粹的市场经济，"你好我就买"，没有任何现代意义上的广告宣传，就凭"送墨""试墨""用墨"，冯宜明居然可以养家糊口并怡然自得。

郁文轩与其说是冯宜明恢复的，不如说是冯宜明创造的。当年郁文氏的辉煌只留给冯宜明一些断续的、来自长辈的回忆，对"回忆"的传承成就了他的使命。

冯宜明说得最多的是"你要有时间，就在我身边看。"他很少发朋友圈，除了新产品外，发的最多的是他研墨的视频。冯宜明有自己的审美，他除了墨以外，也关注笔、砚、纸，江西的李小平、北京的贡斌都是冯宜明介绍笔者认识并进行口述历史访谈的，事实也证明，冯宜明的推荐是正确的。

一朝相遇　一生难舍

——纪念改革开放四十周年有感

冯国华

墨模雕刻作为一门传统手艺，历经了时代的变迁，从没落行业到国家认定的非物质文化遗产，做了50多年手艺的亲身经历者，无法想象这如今的巨大变化。回想起曾经走过的那段岁月，仍然久久难忘。

我从13岁起，跟随父亲冯郁文学雕墨模，墨模是制墨工具，艺人要将书画家的创作原稿“移植”于墨模上。再经过阳雕、阴刻、圆雕、浮雕等纯熟的刀法，将笔墨神韵在墨模上表现出来，使其不仅具有使用价值，还兼有工艺美术的审美价值。

学成一技之长后，去向就是制墨厂家。由于那个年代是计划经济，大都是原地安排就业，不兴到处打工。就是企业需要的话，要有一定的手续，证明你的身份，才允许干此行工作。在当时的大背景下，还有家庭的种种因素，所在地根本难以开具这样的证明，外出打工就成了合规不合法的事情。只有得到厂家的许可，才能给予临时做做。因此，常常会遇到许多麻烦，结算工资要税务发票，七转八弯要找关系、通路子。有一次在湖北，工商扣留了刻模的工具，没有任何理由说得清楚，那情况好像干了坏事一样。虽然厂家对你雕刻的墨模，刀法之精炼，线条之流畅称赞有加，但自己却为此提心吊胆，不知哪天又会怎样。

长年累月在外奔波，最怕当日不能到达目的地，因没有介绍信不能居住旅社，只好在车站码头将就过夜。遇到例行检查，只能东躲西藏熬到天明。如果运气不好，就自认倒霉了。虽然有了手艺，仍不敢在左邻右舍面前声张，恐怕被抓上什么小辫子，给你上纲上线。有时候在家干活，白天偷偷干，晚上将窗户盖得严严实实，不透出一丝亮光。当一件件精美传神，惟妙惟肖的作品完成后，心中的喜悦之情油然而生，此时付出的所有艰辛都是值得的。自从干了这行手艺后，眼泪和微笑，孤单和寂寞，伴随我成长。使我懂得要有坚定不移的信念，才能走好人生的路。

20世纪70年代初，上海率先开发创新有着现代特色的品种，我有幸参加了刻制的过程。如千山万水一线连(红旗渠)、自力更生(我国第一台万吨水压机)、星星之火（南湖红船）、鲁迅诗（毛主席手书）、一线天桥（成昆铁路通车）、样板戏，等等。1978年改革开放，上海又一次走在了全国同行的前面。解放思想、更新观念，在厂长的策划下，继承创新祖国的优秀文化艺术。此时的我，正逢中年，全身心投入到热爱的事业中，从心底里没有了后顾之忧。夜以续日赶制了关山月新作、陈毅的诗“大雪压青松”、纪念唐代高僧鉴真坐像回国巡展的“山川异月，风月同天”、唐云绘画廖承志手书的“雨中岚山”（1982年被外交部选为国家领导人出访日本的馈赠礼品）、唐诗“枫桥夜泊”、郭沫若手书的“光彩陆离”以及赵朴初对制墨工匠深厚情感的赞词。在以后的日子里，我还整理翻刻了一大批明清年代的仿古墨模，得到有关专家同行的好评。

1980年经上级有关部门批准，将我转为正式职工。国家恢复职称制度后，我被评定为技师、高级技师、评审委员。数百年中古老的墨业，从来没有像这样欣欣向荣过。

与墨模雕刻技艺，一朝相遇，一生难舍。几十年过去了，对它的留恋情怀仍难以割舍。感谢在特殊的岁月里，那些制墨企业的领导，勇于担当，主持公道，承担风险。给予一个普通的手艺人莫大地支持，使我始终充满希望，始终没有放弃手中的刻刀。可以说，如果没有他们，就没有我的今天。

我如今老了，安享幸福晚年。看到我的第二代、第三代延续着这门家族手艺，希望他们好好把握，“青出于蓝而胜于蓝”，珍惜来之不易的今天。

2018年6月2日

设计是大课程，没有毕业的时候

时间：2017年3月25日

2017年4月3日

地点：安徽省黄山市滨江西路19号“好砚”

北京市琉璃厂厂甸胡同甲9号　果春斋

访谈人物：黄山市市级非物质文化遗产歙砚雕刻传承人　何彬

访谈录音、笔记：袁畅

在场者：汪彬　程华丽

袁畅：看到您雕刻的砚台，感觉与传统的样式有很大不同，很多具有少数民族的风情，也有很多就是简单的几个线条。

何彬：我喜欢用作品说话，一目了然，明快、大块面。

禾滨制砚现场图（摄于2015年）

袁畅：大块面是什么意思？

何彬：让人一看就知道是什么，让人眼前为之一亮。有时雕刻的东西不多，只需简单几个线条，就能很好地表现作品。

袁畅：这与您的老师有关吗？还是您自己后来刻意追求的一种风格？

何彬：我的老师是方见尘，你可以写他，毕竟我现在所有的一切都是他给我的，包括我的艺名禾滨，也包括我工作室的名字好砚，都是他给起的。

袁畅：您的本名是？您方便介绍一下自己的简单的情况吗？

何彬：我叫何彬，艺名是禾滨，这是老师给起的，寓意是希望我能茁壮成长。我1982年1月1日出生在安徽省黄山市，老家是江西的，我爷爷辈开始迁移到黄山市，迁移过来之后主要务农。我家有父母亲、姐姐和我四口人。

袁畅：您接受正规教育就是在本地吗？

何彬：是的，我小学在黄山市隆阜小学，现在改为戴震小学。小学离家很近，走路5分钟就能到。小时候，感觉黄山市是一座山城小镇，那时候比较古朴，家乡味比较浓，现代大城市的这类（乡土）元素比较少，不像我的家乡，它很小，高楼大厦少，与现代的大城市区别很大，尤其人与人之间没有隔阂，邻里之间乡土气息很浓厚，我小时候看东西很亲切，不像现在有距离感。

袁畅：这是不是与您小时候所受的教育有关呢？比如小学时期的课堂？

何彬：也有这样的原因。我从小很喜欢语文和美术，小学时候出黑板报都是我来主笔。

方见尘山水画

我第一次出板报的时候，记得是画了两只熊猫和一些竹子。

小时候学校要求写硬笔书法，我就练习钢笔字，用尺子比着写，横平竖直，间距清晰。课余时间很少出去玩，一个人在家里做点儿自己喜欢的小东西，我喜欢静，在那个年代，玩儿的东西都是自己做出来的。

袁畅：静的养成也需要一个过程吧，比如小学到中学？

何彬：其实记不起是不是有这么一个过程了。我小学考中学也还是原地不动，考上了本校的初中部——隆阜中学。到中学慢慢接触到水粉画，那会儿还是喜欢历史、语文，对数学、英语还是没什么兴趣。

袁畅：课余时间您有什么爱好或者趣事？

何彬：课余时间帮家里做些农活儿，夏天要割稻子。夏天热，一般都是半夜三四点去割稻子，那时候月亮特别圆，光线很好。干农活儿一般都在暑假，除了写暑假作业以外就是帮家里干农活儿。

袁畅：您一直是在家乡接受的教育？没有离开过？

何彬：是啊，我们小时候，高考属于千军万马过独木桥。那会儿流行职业教育，我高中选择的是电子电器专业的职业中专。

袁畅：您是1982年生人，上高中应该是1998年，那会儿职业高中、中专是除了大学以外的一大选择。

何彬：是，我们中专学的科目有电脑硬件、电气化等等，那时候业余就是没事儿搞点电器维修什么的，拆过收音机、手机等等。我性格比较静，我父母从不担心我出去乱跑，因此对于我拆东西也没有为难过我。

袁畅：等于到了1998年，您高中阶段为止，您还没有接触到传统手工艺？

何彬：20世纪90年代对于传统工艺，社会上的接受程度不高。1996年，高中毕业后我被分配到浙江，黄山市是个小城市，那时候能去浙江工作，还是比较开心的。在那个阶段，不知道是因为好玩还是什么，感觉就想出去。我就去了浙江杭州的一家灯具厂，主要做电子灯具、霓虹灯什么的，做了两三个月，感觉自己不能适应离开家的生活，就回来了。

袁畅：两三个月您就回家了？回家后做了什么呢？

何彬：可能就是想出去走走、学习学习，也可能是因为年龄还小、不成熟，就回家了。1996年我回到家，我的一个朋友在另外一所美术专业的职业中专，他毕业后在我们本地的一家漆器工艺厂工作，他介绍我进漆器厂做学徒。在这家厂，我开始学习画油画屏风，四屏风，基本都是出口美国的产品，其实等于学习画油画。

袁畅：不是制作屏风？

何彬：跟学习油画一样，油画基本都是外国风景，给你一个样稿，老师在旁边指导，让我照着临摹。当时用的也都是油画颜料，油画板是一块木板，经过几道程序，制成与其近似的东西，我们就在这样的板材上作画。在这个阶段，我开始慢慢接触有关美术的一切。我在这家工厂前后工作了一年半的时间，我感觉我画得最好的是世界名著中的人体，特别是风景背景的人体。

袁畅：这样的工作与您之前接触的专业大相径庭，您等于在工作中边做边学。

何彬：一学起来，就没有放弃，当时可能没有在艺术上有什么想法，就想趁年轻多学点、多接触些东西。1997年下半年，这家厂的经营状况不好，我就回到家，在家里继续临摹各种名画。1998年下半年，我经朋友介绍去了广东中山，在中山的一家灯具厂工作，但不是灯具电器类的工作，而是在台灯等诸多形制的灯具上画画。那时候，谈不上创作，就是为了生活，一个月七八千，我在那里一直干到“非典”。

何彬老师油画灯罩1

何彬老师油画灯罩2

袁畅：“非典”是打断了您在中山的工作？还是就此辞职回家了呢？

何彬：算是辞职了吧。2003年我回到家，休息了一两个月。之后，我爸爸的一个朋友知道我喜欢艺术，也有兴趣学习，就介绍我到国画、制砚的名家方见尘先生那里学习国画。带我去的时候，我在家还创作了一幅国画，人物的、传统题材的侍女人物——黛玉葬花，我就拿着这件习作登门拜访。方见尘老师见到我，感觉我个子不高，比较有灵气，对我拿来的黛玉葬花只是笑了一笑。方老师说："这个孩子可以教，有一点儿基本功。"

袁畅：您就这样拜了方见尘先生为师，学习国画？

何彬：我以为就是学习画画，没想到方老师让我从砚台入手，业余时间学习画画。后来老师解释说，砚台也是要先画出来，先设计出来，与绘画是相通的。在制砚方面，方老师是佼佼者，因为又能画画、又能制砚，并能将两者结合在一起，融入自己风格的，到现在还没有第二人。在我与方老师初见的时候，方老师主要精力集中在画画创作和制砚的设计，已经蜚声海内外，而且具有了一家一派的风格。

袁畅：您还记得方老师给您上的第一节课的情景吗？

何彬：方老师给我上的第一节课就讲，要有3个心，即爱心、有心、用心。爱心比较好理解，讲的是师傅领进门、修行靠个人；有心就是观察，善于观察，发现问题，发现美；用心就是观察、发现之后，要用心钻研。那时候，方老师有一间独立的工作室，我的师兄弟有八九个，制砚的具体步骤、基本功都是师兄教我，方老师讲授的内容主要是理论方面的。

袁畅：与方老师的学习，跟早年间的学徒一样，是吃住在一起？

何彬：是啊。那个年代，制砚是比较辛苦的，不像现在有可能借助机械化，那个年代纯粹靠手工。我就住在方老师家，几个师兄弟也和我一样住在那里，学习氛围很浓。每天都在学习，而且人一多、学习态度也不一样，每天都是你追我赶。我每天早上8点到方老师工作室，开始学习做砚台；中午11点休息，大家一起吃饭，方老师就在餐桌上讲绘画、构思的心得、要义，等等，下午2点继续开始工作，一直持续到下午5点。之后便是课余时间，陪老师打打篮球，放松一下。晚上的气氛就比较活跃，老师一般搞点酒，开始即兴作画，我们几个师兄弟就在旁边看着。

袁畅：感觉方老师对自己的学生很好，这种言传身教的方式也很有古人风格，方老师的性格是什么样的呢？

何彬：方老师性格比较豪放，对学生也比较宽松。我们师生交流，特别是观看老师作画的时候，都比较放松，偶尔老师状态好的时候，特别是老师觉得自己的作品很得意的时候，还送给每个学生一幅。

袁畅：再回到做砚台这件事上，您刚刚开始接触砚台，或者说学做砚台，是从哪个方面入手的？

何彬：我第一次接触砚台的学习是做传统素砚，比如，抄手砚什么的。素砚最注重外形和尺寸的比例，就跟一件艺术品一样，都有相应的尺度来衡量。第一眼看上去不对，那就是比例问题。那时候是大师兄带着我，一起做一方抄手砚，这方砚台做了一周，尽管做了一周，还是没做好，师兄就帮我修改，前前后后这一方抄手砚做了一个月，才算勉强合格。之后，反反复复就练习这一种形制，线条、外形等等。学徒，就是看你的耐性，最初的几个月就是在消除你的烦躁，说得直白点儿就是去火，做手艺的话，就是看你能不能静下来，集中精力、认认真真做一件事情。

袁畅：在学习制作砚台的过程中，也就是还没有出师的时候，您感觉哪道工序最难学习？

何彬：在学徒过程中，最让我难忘的就是设计这一环节，因为设计是比较困难的，经常是太用心，想把它设计好，但是过一段时间再翻过去看，就觉得当初的设计拘谨、放不开，就像绘画一样。到现在，也还是如此！因此设计是大课程，没有毕业的时候。

袁畅： 您在方老师这里学徒期间有收入吗？

何彬： 刚开始学徒的头半年，没有工资。半年后，有一些生活费，大约200~400元。一年半到两年后，能出一些成品了，就开始有工资了，工资大约有1000元。2007年、2008年，我的工资达到顶峰，在我的师兄弟中也是算高的了，有10000元左右。

袁畅： 您等于在方老师这里先做学徒再进行独立创作，一共学习、创作了多长时间呢？

何彬： 我是跟方老师时间比较长的，一般在方老师这里学习制砚的学生的学习时间是4年左右，我在方老师家里住了10年，也可能是因为我不仅跟老师学习制砚，还跟方老师学习绘画，尤其是国画。

袁畅： 10年后，您选择了出师？为什么没在方老师这里继续做下去呢？

何彬： 出师前一年，我成家了。我妻子也是我们本地人，她不是我本行的人。出师是因为结婚后，想自己出来闯闯、想出来走走，想过得更好一点儿。

袁畅： 出师之后的创作能被市场接受吗？

何彬： 2009—2015年是砚台这个行业最鼎盛的时期，我出师的时候正赶上这个时期。这个阶段，文房、字画、文玩在这一时期都很流行，收藏热嘛。我做出来的东西，大家还是比较能接受的，我的东西看上去比较新颖。在那个阶段，首先，喜欢人物的客户还是需求量大；其次，传统总是传统，根据我自身的经历，创新

禾滨师徒（摄于2005年）

祝福

就意味着“中西结合、雅俗共赏”，我将大部分多余的线条剔除，比如说，人物的身体太过于细节就小家子气了，去繁为简。

选料就是另外一回事了，选料要根据多年经验的积累，同时，根据自己创作方向来寻找适合的形状和纹理，一般都是师兄带我去婺源买料，婺源那边每家每户都是砚农，要一家一家串门去选料。我对料子的要求是第一是要干净，但对料子是老坑还是新坑不太看重，做传统的话就是追求老坑，特别是素砚。我比较注重干净和石质细腻度，外形追求自然、古朴，越是自然越是喜欢。

袁畅：您是开了一家门店呢？还是在家接受一些客户的定制呢？

何彬：我出师后，一些以前的客户、认识我的人就直接来找我做。我主要是在家接活儿，大部分都是自己自由创作、来料创作。当然也有苦恼的时候，就是客户为你指定了题材和内容，我自己就不想做，感觉束缚，但为了生活，必须得做！但我始终觉得干这行就是得自己想做什么就做什么，太刻意的话就呆板了。

袁畅：我感觉您受方老师影响很大，即便是为了客户需求也不轻

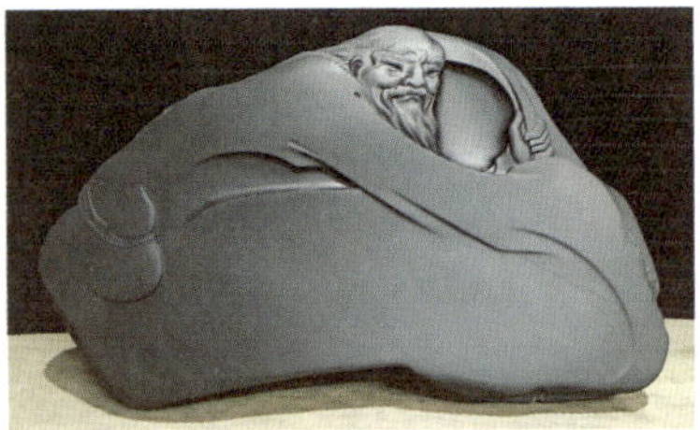
渔翁

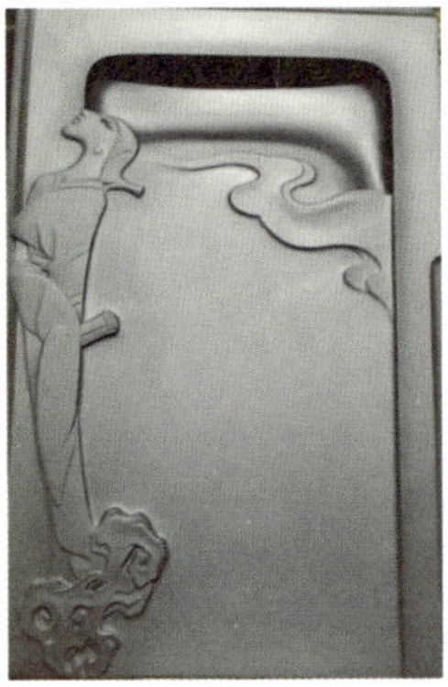
长相思

易放弃自己在设计上的想法，您就一直这样在家接活儿？

何彬：在家接活儿的状态持续了4年。2014年开始，我对作品开始有了自己的想法，与刚出师的时候不一样了。刚出师的时候，自己在创作的时候还带有师傅的影子，或者师兄弟的影子，那么到了2014年，我开始追求自己的风格了，追求在每件作品上融入自己的影子。比如，从心底怎么样把一个人物创作出来、通过点线面的综合处理，如何提高他的表现力等。

袁畅：还是一个对设计、对作品的追求的问题，可能是阶段性的，也可能是对自己的一个突破。

何彬：应该是对自己的一个突破吧。这就说到2015年了，到了我比较大的一个人生转折点。2015年开始，我在黄山市的老街附近找了一家店面，经营资金全部是我自己的积蓄，这家店叫好砚，好的谐音是号，这是我老师起的名字。开店后，我接触的人就更广泛了，喜欢我这种风格的人越来越多。开店的同时，我也将作品放到了网上，起初是微博，就是单纯的作品展示和交流；然后就是微信推广，微信平台是完全自己摸索的，我的产量不大，对自己的作品要求比较高，自己比较满意的作品才在微信平台上发出来。目前，只要我把作品发出来，很快就能被客户定下来。按照销售渠道来讲，店里销售和网上销售是一半一半，店里主要是游客和同行，网上的客户则来自山南海北。

袁畅：黄山老街是个旅游景区，游客和懂砚的混杂在一起，大家对您的作品评价不一，开店后您就忙起来了吧？

何彬：我还是比较喜欢静，正是这样的心态让我能把更多的精力投入到设计上，也让我经常收获意外之喜。老街每周四会有个老市场，说是跳蚤市场也好，说是文玩市场也行，作品有砖雕、木雕和老石片等等，最近，我发现了一家人正在卖几方20世纪80年代的砚台，我们这样做砚台的人看到好料子就走不动路了，我买了一块就问他还有没有，他说家里还有，我就跟他到家里，把他的砚台全买下来了，这家的子女不懂这些“石头”的价值。这些20世纪80年代的作品，我一般不会动，拿来做展示，与现代的作品做一对比，都是好的料子、好的做工。

袁畅：好的料子和好的做工才是好的作品，您是这么定位作品的吗？

何彬：作品这东西，不是未来市场需要所能决定的，对作品的要求，自己要定出一个格局，我定位于高端市场，产品的产量、质量、艺术欣赏角度有一个严格的把关和尺度。再者，就是在继承传统上，传统的砚台不花哨，我也在秉承传统的风格，简洁、明了、不拖泥带水，点到为止，古为今用。当然古代东西要学，但要结合现代的应用性，不能学古做古，一定要结合现代。

写在后面：

何彬谈起歙砚来很少涉及选料，甚至看我对砚材表现出的极度关注很不屑，在他看来，新坑也有发墨上好的料子，而对老坑的迷信，让砚雕或藏砚走入了一个误区。

对何彬进行口述历史访谈共有3次，第一次微信语音访谈，第二次面谈，第三次是将整理好的稿子发给他后，他向我提出几处修改建议。何彬的学徒经历尤为珍贵，现代的学徒式传承有着现代的社会、经济背景，但言传身教则是古今一同，这让人对艺匠的诞生有着传统意义上的认识，也让呼吁创新者开始思考常识性的、人的成长历程。

初次看到何彬的砚雕作品，总感觉有西画的影子，了解到他曾画过油画，方才明白渊源，但何彬本人并不承认，他一直强调他作品中的线条简练、流畅。

何彬并非从小学艺，教育背景也与艺术无关，几度离开家乡打工，最后选择回乡，转行砚雕并学艺10年。生性喜静与静下来后的何彬，应该是这个时代艺匠的模样。

做口碑、诚信经营就可以啦

时间：2017年3月22日

2017年4月9日

地点：北京朝阳区富力广场四层

广东省肇庆市端州区端州一路中国砚村A131郭氏贡砚

访谈人物：“郭氏贡砚”传承人　郭汉文

访谈录音、笔记：袁畅

见证者：靳飞　王鹏

袁畅：请您简单介绍一下您的个人基本情况。

郭汉文：我叫郭汉文，1969年1月18日出生于广东肇庆白石村。我有一个哥哥、一个姐姐、一个弟弟，我排老三。我爸爸从事端砚（雕刻），在白石端砚厂（当时的厂名，现已不在）做工，一做做了10多年，现在过世了；我妈妈务农，现在80多岁了。

袁畅：您还记得小时候的生活吗？或者从记事起，令您印象深刻的事情是什么？

郭汉文：我们农村其实没什么事情，小时候就是帮家里做一些家务，农忙的时候就去自己家的农田里帮忙。

袁畅：听上去并没有接触到制砚这个行当啊？

郭汉文：对于砚台的认识那时候就有啦，那时没有电动工具，帮爸爸和伯父拉风箱、磨工具，以前都是老一套的，自己做工具，那时候用的铁，为了让铁的硬度高一点，就帮着拉风箱。1978年，差不多刚刚改革开放的时候，没那么多人知道这个东西，他们做的砚台卖得很便宜，很多人都是拿着砚台换东西，换吃的东西多一点。有一个专门产砚石的地方叫鼎湖，那时候资源没有现在这么稀缺，做砚台的材料都是去砚村买，甚至自己上山挖一些石头，都是宋坑、梅花坑的东西多。当时，比较讲究（对于砚台的款式），我们家又是传统的做砚台的，就以传统砚台款式，主要是仿古、实用性的为主，基本有砚堂的那种。

袁畅：您的小学教育是在哪里完成的？小学时期有什么令您难忘的人和事？

郭汉文：1976年，我在本地王岗[①]小学上学，学校的课程基本上与现在差别不大，印象最深的是王岗小学有教毛笔字的课程，一直要学到四年级。那时候都是墨汁，自己对这些东西没什么认识，老爸做好的砚台都放起来，不敢拿到学校来。关于小时候难忘的事，就是当时我们在农村里，家里周围鱼塘很多，回家就是跟小伙伴一起去鱼塘游泳，父母对我学习要求比较严格，但自己对学习认识不是很深。我们那时候小学是五年制。

袁畅：小学的印象不深刻，那么到了中学呢？小学升初中需要考试吗？

郭汉文：需要考试的。我考上了肇庆市第四中学，离我们家大概有3公里左右，称为“郊区中学”，因为都是农村、王岗附近的小孩子来这里读书。到了初中就开始喜欢读书了，老师经常说，读好书以后能懂得把事情办好。

袁畅：中学时有什么令您难忘的事情或者难忘的朋友？

郭汉文：那时候，我特别喜欢化学、历史。《故事会》是我特别喜欢看的书。比较要好的同学是同村的，一起考上四中的孩子，毕竟是

---

① 王岗为被访谈者口误，应为黄岗，即现在的黄岗镇，古称黄冈村。今位于广东省肇庆市端州区东郊，距端州区3.4公里。

同一个村子的，互相了解些。初中令我印象最深刻的老师，是个大约40岁的男老师，是教政治的，对我们要求很严格。

袁畅：您同村同学的家长们，与您家一样，从事砚雕工作的多不多？

郭汉文：20世纪80年代初期，我们村里面真正做砚台的人不多，做砚台挣不到钱。我们初中班里的同学的爸爸基本都是工人，家庭环境比我好得多。

袁畅：您家庭成员中都是从事什么工作呢？

郭汉文：我妈身体还不错，我爸比老妈大十二三岁，那时候就是60多岁了，也没什么工作好做。我哥哥跟几个人合伙开了一个端砚厂，我老爸也能帮哥哥做一些活。端砚厂距离我的初中学校很近，大概500米，叫河旁端砚厂，河旁[①]是一个村子的名字。

袁畅：当时，您家附近的砚厂多不多呢？

郭汉文：当时，开端砚厂的没几家，因为很难能拿到工商执照。河旁端砚厂除了我哥哥、伯父、堂哥外，还有几个其他工人，一共有20多人，那时算不错啦。

袁畅：您家的这个砚厂的砚台主要销往什么地方？或者主要面对什么样的消费者呢？您上学之余在这家砚厂打零工吗？

郭汉文：那时候，认识一个香港做文房用品店的老板，姓李的先生，主要是为他做砚台，当时也有交易会了，端溪名砚厂、王岗镇端砚厂等几家国营、集体和个人的有牌照的厂子不到10家，生意很好。我哥哥的厂子是广东省工艺品进出口公司定点厂家之一，产品还出口到日本。我一直在读书，同时帮助妈妈料理家务。

袁畅：您是什么时候开始从事砚雕这个行当的？

郭汉文：1984年底，初中刚刚毕业，我就进入哥哥的厂子，开始从学徒干起，我入门的老师是我哥、堂哥等亲戚。

---

① 河旁也位于广东省肇庆市端州区黄岗镇。

郭汉文在砚台厂工作照（摄于20世纪80年代）

袁畅：初中毕业，也就是刚满16岁，您进入哥哥经营的厂子里学砚雕，还记得刚刚进厂，学到的第一件事是什么吗？

郭汉文：我记得进厂的第一件事是看，选料、围料、切割料子，砚雕最基本的雕刻的几种工序——都要认识、了解。

袁畅：除了认识和了解基本工序、步骤，第一次上手做工是做的什么？

郭汉文：几天后，让我做最基本的功夫，把不平整的原石，就是砚料，用锤子搓平，我们广东话是最基本搞平。因为，我们最初要知道怎么拿工具，这是最基本的常识。之后，我开始学开砚池，做光身①。就是这样，我哥哥那时对我说，水平线搞不好、比例搞不好、线条搞不好，会雕刻也没有用！（那时候锻炼的基本功）对我现在创作砚台有很大的帮助。这样，我把各种工具的用法都掌握好以后，大约用了一个来月时间。

袁畅：先熟识步骤，再学会掌握工具，接下来学习什么呢？

郭汉文：就是跟我哥哥开始学习雕刻啦。也就是在1985年9月左右，我开始一边学雕刻一边学习每种石材的特性。比如麻子坑什么颜

① 光身，没有任何雕刻纹样的砚板。

色，有什么特点，梅花坑什么颜色，麻子坑有天青冻、虫蛀，老坑有金银线、冰纹，等等。

袁畅： 您还记得您的第一方作品是雕刻的什么纹样吗？

郭汉文： 我们那时候，雕刻龙比较受欢迎，我的第一个作品是云龙，还有就是松树、梅雀，因为这些比较受日本人欢迎。那时候，刚刚学的活儿，是我哥哥一边指点我一边雕刻的，用的是废料雕刻的，我记得很清楚，是一方云龙砚。云龙这个纹样很锻炼基本功，要学做砚台就要先把基本功做好，再学其他题材。

袁畅： 这方云龙砚，一共花费了您多长时间完成的？

郭汉文： 用了4个多月时间。这样算吧，从进厂到自己掌握基本题材的雕刻，一共用了半年时间。我算快的啦，因为那时候家庭成员中我的哥哥、堂哥、叔父等在家里也在做砚台，除了工作以外，回家还是可以看到制砚的过程，耳濡目染，学习就快了。

袁畅： 在自己家经营的砚厂，您的作品能卖到多少钱一方？收入在当时来讲怎么样？

郭汉文： 那时候不是一方一方地卖，也没有自己创作的作品，都是按照客人的要求制作，每个品种一个批量，统一的订单，统一的样品，都是这样。20世纪80年代，我的工资是每个月二三十元钱。出徒后，就按件领取报酬，做多少算多少。

袁畅： 这样批量定制的状态持续了很久吗？一直没有自己发挥的机会？

郭汉文： 一直持续到1996年左右，我开始负责厂里的设计，这时候就轻松多了。

袁畅： 您在哥哥的厂里做了多久？

郭汉文： 我在我哥哥的厂里一直做了10多年，我哥哥一直不想我离开厂子，但是看到我哥哥两个小孩长大了，也懂得了怎么管理厂子，也会做砚台，我不能总在我哥哥家里做事啊！当时就想自己慢慢搞，搞一个我自己的砚厂，就这样，我就从我哥哥的砚厂里出来了。

袁畅：那是哪一年？离开您哥哥的砚厂，您怎么靠砚雕谋生呢？

郭汉文：2003年，我离开我哥哥的厂子，自己在家里做砚台，当时是东西好、雕工好就容易卖，主要是放在我哥哥的店里卖。其实，我一直在家里做砚台，做好了砚台就放在家里，我哥哥和我的一些熟人经常带客人来我家选砚台，久而久之，大家就都知道我这里卖我自己做的砚台。

袁畅：您在家里做砚台等于自产自销，这样的状态有大客户登门吗？

郭汉文：那时候，香港石斋文房用品公司的王老板主要在我这里订砚台，他主要以随型砚为主，讲究天然，以纯天然的、有大自然风格的作品为主。王老板对端砚比较懂，他自己亲自来我家选砚台。2003—2010年，王老板一直是我最大的客户，加上我的价格合理，我和妻子一起都会做砚台，但量不大，做出来的作品基本都是王老板采购。

袁畅：您自己在家做砚台是用什么名号呢？沿用您哥哥的厂子的品牌？

郭汉文：我哥哥一直用河旁端砚厂；我堂哥用贡砚世家，我另一个堂哥用贡砚传人，我就问我哥哥，我起一个什么堂号比较好呢？我哥哥就说叫贡砚堂，我一直到2014年才开始用贡砚堂这个牌子，还请了一位书法家为我题写了堂号。

袁畅：除了为琉璃厂几个商家供货外，您还在什么渠道销售呢？

郭汉文：我特别感谢微信这个平台，它应该对每一个行业的推广都有帮助。从2014年开始我在微信上运作我的作品，当时是一位朋友劝我说，你应该试试这个平台。

袁畅：从2014年开始您接触的微信平台，并在上面开始销售推广您的砚雕作品？

郭汉文：其实很早我在百度贴吧里放了我的作品，但是百度贴吧并不能作为销售的渠道，只是砚友互相交流的平台。很多人都是通过百度贴吧向我提问，问我这方砚台是出自哪个坑洞？有什么石品？再后来，就有人通过百度贴吧跟我熟悉起来并加了我的微信，我很多微信上的朋友都是来自于百度贴吧。

袁畅：您还记得第一次通过微信平台购买您作品的客户吗？

郭汉文：当然记得。那是一位保定的体育老师，他加了我的微信，买了一方方形实用砚，2000多元钱。这位老师到现在还是我很好的朋友和客户，他后来陆续买了我10多方砚台。

袁畅：这次您是来参加北京四宝会的，像四宝会这样传统的展览、展销会对您的作品和品牌推广帮助大吗？

郭汉文：我哥哥是四宝会的理事，我在厂里的时候一直来北京展销，我去了很多年，认识了很多人，还是可以接到订单的，大批量的普通的货都是来自四宝会的订单。

袁畅：除了百度贴吧、微信平台、四宝会等推广和销售方式外，您还利用了什么方式来推广？

郭汉文：2016年，我还在淘宝网开了店，但销售情况没有微信好。到现在为止，除了订单产品外，我自己创作的作品基本上都是经过微信销售的，60%~70%以上都是，就是做口碑。

袁畅：您觉得口碑是什么造就的呢？

郭汉文：第一就是传承啦，端州史里有记载：自古贡砚出郭家；我爷爷等祖辈留下来的一些拓片，这些都是我家作为贡砚传承的证明，而且我们家的砚台有着我们家特有的风格——我们祖辈是做仿古式的，仿古砚台很讲究线条，我们郭家特有的传统制砚的方法就是注重线条和比例；第二是我们在作品的销售对象上有我们的认识：现在大环境下，我接触的买砚台的，主要是用砚台的人比较多，都是文人墨客，都知道砚台什么是好的。我们就必须在选料、雕工上讲究，实用性和下发[1]好不好就很重要了。下发好，这些文人墨客用起来就很有灵感了，有一位北京的客人说，用了你的老坑砚，我的灵感就多了。其实，砚台的款式

① 下发：砚台与墨经过研磨所产生的墨汁。

和实用性结合起来就可以了。最后，就是我自己的一个防伪标志，就是我的砚台作品从来不在砚堂、砚池的部分上蜡，这是我对我打磨这项基本功的一个自信，砚台要实用，有一个最关键的工序就是打磨，打磨不好会毁了砚台。我家里的砚台都是我亲手打磨的，外面很多砚台是经过打磨、上蜡之后的，最重要的是不去掉上蜡这道工序，我的砚台出品的时候都是褪掉了研磨的地方，也就是砚堂的、砚池的蜡，这样，即便不懂砚台的人也能看出石品和打磨工艺，还有砚台是否存在毛病都能看出来的。

袁畅：您对市场的判断造就了对作品的要求，您认为您的砚雕事业发展的前景如何？

郭汉文：首先，现在我们市政府对端砚有所认识，要做我们肇庆一个牌子，对端砚的推广力度不断加大，这10来年对端砚的发展，政府做了大量的工作；其次我自己家，其实糊口是没问题啦，我们一般不请多余的工人，我和妻子再加上我的两个小孩都是帮我做砚，主要以家庭成员为主经营我的砚台生意；最后，我看好目前已经做好的一个客户圈子，因为自己做的作品比较适合在这个圈子里推广，大家都知道郭氏贡砚，价位合理、真材实料，做口碑、诚信经营就可以啦。

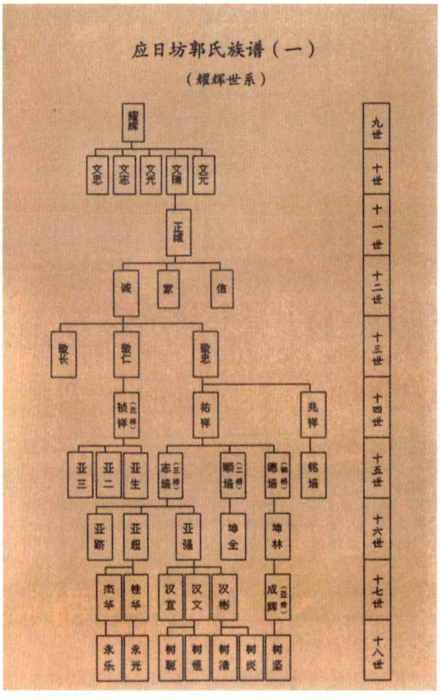

郭氏家谱

写在后面：

郭汉文接人待物给人感觉是小心翼翼的，回答问题的时候语速很慢，一字一顿的，粤式普通话，诚诚恳恳。对郭汉文的口述

历史访谈历时4次，面对面谈话两次，微信语音沟通两次。郭汉文也提到书法江湖商城这个网站，一下子引起了我的注意，我发现很多匠人都是在书法江湖商城上崭露头角的；郭汉文也提到了百度贴吧，从制墨的冯宜明和郭汉文的口述来看，他们的很多砚友都是来自这里。

郭汉文出身于砚雕世家，郭氏家谱中有明确记载，郭氏家谱亦载入陈羽所著的《端砚民俗考》中。从郭汉文的口述中，改革开放初期，端砚业在国营、家族工厂的发展生态是我国传统文化产业复兴的萌芽期。如今，郭汉文早已“独立门户”，每逢北京文房四宝博览会之际，他依然和本家兄弟一起赴京参展、洽谈业务；郭氏的品牌效应、家族经营的半疏离状态、以个人作品为生存之道，不知道肇庆乃至全国有多少传统文化从业匠人是沿袭着这样的经营模式？

郭汉文的砚雕作品基本都是传统纹样，砚堂、砚池占整体作品布局的面积比较大，以实用为主。他本人在描述自己作品的时候，对砚料、石品的客观评述占据了绝大篇幅，并配以不加修饰的湿水照片、自然照片；在雕刻图案繁复的作品中，还要加配制作流程照片，很适合初藏砚台者了解端砚砚雕的制作过程和赏玩常识。郭汉文对自己打磨砚堂一步最为自信，因此，成品在砚堂部分从不上蜡，买家拿到作品后可以直接试墨，这一自信也感染了其他人，眼下许多砚雕从业者也纷纷效法郭氏贡砚。

郭汉文亲自操刀的作品十分有限，他的妻子、孩子都在自家的工坊中帮忙做事。今年，郭汉文在端州一路的中国砚村中开了一家门脸儿，郭氏贡砚的牌匾终于走到了现实。从他在朋友圈中发来的照片看，郭汉文又去了深圳、长沙、兰州，除了一个个博览会以外，他最为关注的，是各地的风土和山水。最近，他跟我说，他又得了一块上好的坑仔岩料子，他要做一块儿椭圆形的砚台，就在砚的右上角，他打算留下一块儿砚石本身的石皮子，就在这块儿皮子上刻一朵祥云。

天然和古意中寻找美的创新

时间： 2017年3月22日
2017年4月9日
2017年5月23日
地点： 上海市杨浦区五角铲创智天地
北京市前门饭店
访谈人物： 半水山房文人雅物设计师　金青华
访谈录音、笔记： 袁畅
在场者： 程华丽　舒梓峰

袁畅： 我看见您有一个叫素和雅集的微信群，人数众多，可是您并不在这个群里进行您的设计作品的销售，而是为书画、书法爱好者提供了一个平台。您的朋友圈里，是您所有设计作品的照片或者是图片都是描写局部和细节的，这让我很诧异。

金青华： 我本人是学园林设计的，一直心气儿很高，不知道你们北方人是不是这样形容一个有些野心的人，我一直在寻找高手，不光是为了较量，

金清华近照（摄于2016年）

也是为了请教，这个素和雅集其实就是一个交流的平台，从这个平台上去交一些朋友。至于局部，我觉得网络、微信平台上，我的产品或者说作品都是靠好料来说话的，但顾客看不到、摸不着，我展现局部的目的就是传达一种我们想表达的东西，就是这样精细的工艺和设计，必须也只能在好料的基础上实现，不然没这个必要，你说是吧？

袁畅：方便透露您的个人信息吗？但如牵涉个人信息，您可以选择不予回答。

金青华：这没什么。我叫金青华，1988年11月出生于福建莆田。我们也算一个比较大的家族，我兄弟姐妹有3人，本家6人，现在还和叔叔们住在一起，基本没有分家，我个人也因此比较强调家族观念，我认为大家还是住在一起，这样感情才会深。

袁畅：您能形容一下小时候家里的状况吗？

金青华：莆田是沿海地区，比较贫困，家里小孩子又多，父亲在外做生意，就是过年回来几次，我是跟我奶奶一起生活。那时看到邻家的孩子背着画夹子出去画画，我特别羡慕，正是因为那会的"羡慕"，让我开始对画画产生兴趣。我爷爷很会写字，差一分没有考上大学，在我家属于文化水平比较高的，也很受人尊敬。小的时候过年，我们家都自己写春联，爷爷写，我们小朋友在旁边看，觉得特别神气，也很受感染，后来就开始跟着爷爷学写大字。我现在对写毛笔字也很有感情，感觉很神圣。

袁畅：您跟您爷爷学习书法？您说说您在小时候接受教育的情形。

金青华：我小学上的我们村的小学，叫联星小学，学生基本都是当地人，留守儿童居多，父母都在外面打拼、做生意，我们基本都是跟着爷爷奶奶长大的。爷爷奶奶在家务农，但不让我们干农活儿，怕耽误学习，所以我们家到目前为止，都是考大学考出来的，这样的家庭算比较少了。小学离家很近，我比较喜欢语文课、美术课，记得有一次我校要参加一个比赛，按年龄段参赛，我们班挑写字、画画比较好的，利用周末给我们加练，那会儿正赶上我生日，老师听说后还送了我一支毛笔。我还当过大队长，这样的鼓励让我越来越有信心，也就特别积极，包办了班里、年级的黑板报。

袁畅：您在家乡的时候，除了念书还有什么爱好？

金青华：我有一个表哥，我和我表哥、表弟一起长大，他们初中毕业就出来做生意了。我初中时候比较叛逆，打游戏、翘课，初中是住校，离家比较远，我奶奶管不了，有时候还不在学校住，去同学家玩。

袁畅：在学校期间，我指的是上大学之前，谁对您的影响最大？

金青华：那得说我的高中老师龚老师了。我到现在还记得，她叫龚兰华，是教历史的，是我们班的班主任，在当时很多人不愿意教我们班。她特别善心，我一个同学告诉我，凭画画可以考上大学，旁边有一个培训班，有免费的试听课程。于是我就去了，培训班的费用不低，我又不敢跟家里讲，龚老师就给了我500元钱，支持了我半年的学习。这个培训班早上画静物（三角形、圆柱形）、石膏（马赛、大卫），当时老师告诉我们说，要想考中国美院，人像要画得好，石膏必须过关，对造型的能力要求很强。

袁畅：这个培训班看来对您的帮助很大，特别是在艺术专业课程指导上。

金青华：的确是，这个培训班在高考之前有一个半年的集训，集训是在福州，福建师范大学的专业老师来给我们指导。我们当时住在旁边一个技术学院的宿舍，4个人一个房间，房间面积很小。高考是艺术分，过年后就开始考，在福州，省统考，文化课参加全国统考。2007年的高考，我和我的同学们都想考美院级别的，这样感觉才没有遗憾。但是因为我的文化课基础差，落榜了，我选择了复读。2008年，再次参加高考，艺术课的分数考得比较理想，考上了云南大学旅游文化学院环境艺术设计专业。

袁畅：考上大学了，这个转变对您来说，从当时的您的状态看，是不是在家里，甚至是在家族里都是一件值得骄傲的事情？

金青华：家里还是蛮平静的，我记得大学开学要报到的时候，自己独自一人坐着火车，从厦门到云南。那时候也不知道云南具体在什么地方，也不知道学校环境怎么样，就一个人踏上了求学的道路，有点像哈利波特去魔法学校一样的感觉。骨子里自己还是比较想靠着自己的能力去面对，所以其他人都是父母带着过去的，我自己反倒很兴奋，有种一个人去闯荡江湖的感觉。

袁畅：大学的学习，尤其是在艺术方面的锻炼对您后来在择业上有很大的影响？

金青华：在云南丽江读大学期间，安静、缓慢的城市生活节奏与中国传统文化氛围浓郁的熏陶下，开始反思自己以往的日子，重新认真学习文化知识，接触到很多有思想与精湛工艺的手艺人，专业课成绩在系里面也是排名前三名，最后在毕业时自己的很多作品被学校收藏。

特别是系主任特地给了我们一个独立的画室作为我们平时练习之用，也经常在学校的图书馆里面看书，那时候才感觉到学艺术是多么好的事情，能够深入了解中国文化，包括其间拜著名当代画龙大师关耀久先生为师，言传身教学习中国画的知识与笔墨、为人等方面。到现在，我家里还收藏着恩师给我的手书——自强不息。

袁畅：您大学毕业，面临求职和升学，您是如何应对的呢？

金青华：2012年，我大学毕业的时候，排全系前三名。我在大二的时候就与云南本地的设计公司做一些项目。大三的时候，去了厦门，一家公司一家公司地拜访，我跟他们说我不要工资，这样有一些设计单位开始跟我联系。我认为成功需要主动出击，大三了，比较着急，我开始在厦门设计院实习，毕业后我也就顺理成章地来到厦门的实习单位正式工作，从事景观设计。

袁畅：在厦门的工作对您在事业上的追求是否有促进？换句话说，厦门这份工作您是否觉得满意呢？

金青华：实际上，我在厦门的设计公司只工作了一年，因为厦门的生活比较安逸，而且设计单位在国内算不上顶尖的。2013年，我想挑战更高的岗位，想得到在具有更高设计水平的单位的学习机会，于是就想去一线城市，我就选择了上海。

袁畅：您去上海后，多久找到的住处？多久找到的工作？

金青华：在上海，找工作、找房子没花多久，3天吧，东联[①]（上海世博园的设计单位）是我们业界比较出名的设计单位，待遇与厦门差不多，但东联能给我的机遇和挑战更为出众。我所在的办公环境设计感十足，感觉除了生存以外还能找到归宿感。

袁畅：您在东联从事什么方面的工作呢？

金青华：我被分配到旅游规划院新农村的旅游规划和景观规划一体化的设计团队。比如，湖北十堰，我们为它做旅游规划，从整体风貌、景点分布、游览的路线以及各个辖属城镇的产品特色差异化等等。当时，我在团队中做旅游策划、产品文化的挖掘等等，比如，把一些特色产品提取出来，进行包装和文化导入这样一个过程。

袁畅：新农村的规划和设计与您现在从事的文房具的设计很难看出关联性啊？

金青华：我记得我们业界有一个设计院，叫中国现代建筑设计院。这个设计院有一位前辈来我们这里做了一个报告，他介绍说除了园林建筑他还在玩一些生活设计，比如盘子、碗什么的。这位前辈现为上海素和创意设计有限公司创始人。

袁畅：这个前辈给了您创业的灵感？

金青华：也不尽然，这与我从厦门到上海，从事多年的设计工作相关。那几年一直醉心于设计，希望能成为自己梦想中的设计师，多年之后，能在高楼林立的城市丛林中找到自己设计的作品。设计师的职业生涯中，每天早上9点开始工作，一般都是晚上9点以后才回去。每个项目甲方给的时间都很少，又得要有创意与新意，几乎每天脑子都在高速运转中，为了对项目品质的追求，所以经常加班到很晚才回去。从业的这些年中，基本没有准时下班过的。休闲放松的方式就是看看佛学的

① 上海东联设计集团。

书，利用晚上下班回去的一点点时间，写写毛笔字或者画点国画，写字的时候一般都会点个沉香，让整个空间充满沉香的气息。然后，用砚台研磨，随着墨在砚台上面一圈圈地划着，心也跟着一点点地沉静下来，如此让自己暂时忘记压力与事物，沉浸在书香的天地中。

袁畅：是工作的重压状态的释放还是什么别的原因，让您开始独立设计一些文房具？

金青华：我们在做设计的这几年，我一直想要设计一个很好的作品，很希望别人在这个城市里能找到我的作品，想要有这样的成就感。甲方要求的时间少，但质量要求很高，身为设计师根本没有时间做自己想要做的事情，有一次我回老家，吃饭的时候看到饭桌，很沧桑的感觉，想到爷爷陪伴我小时候的这样的一个状态。我感觉这张桌子承载着很多属于个体、属于家庭的感情的东西，我想设计这样的作品；而且，我家这边有很多做红木的厂家，看到手边这些材料，我感觉我有义务通过这些材料做一些我想要的东西。莆田——中国古典家具之都、中国木雕之乡。我深入调查后发现，材料很好但工艺粗糙，我们当地人不把这些木材当作艺术品而是当作商品，只关注是否迎合市场、是否好卖，感觉很浪费。我们以设计师的眼光，外加能工巧匠的手艺，一定能创作出更好的产品。

袁畅：家乡与离开家后的事业奔波给了您灵感？

金青华：我伫立桌前，仿佛时光倒流，穿梭到那个做麦芽糖、抓萤火虫，在金龟子身上系绳子飞舞的儿童时代，好像家人都在，爷爷不曾离去，坐于门口，笑盈盈地看着我们奔跑嬉闹，满目慈爱。由此萌生了想做些可以传家的器物，让传承成为一种文化、一种潮流，同时以文人设计师的眼光去发现传统器物之美。每一块木头都经历了岁月的千锤百炼洗礼而成，它们都有自己的灵性。我们以虔诚之心造物，让器物呈现天然之美。

袁畅：您是从哪一年开始创业的？

金青华：我是2016年元旦开始创业的。从在书法江湖商城发帖子开始，我在帖子上讲述自己设计的作品的材料选取、设计理念、销售品类。首先，我们除了有好的包装还加上了设计理念的阐述，并提出可以终生退货这样的保证，这样吸引了一批粉丝；其次，我用宣纸写一些文字，比如我销售佛珠，配一些外在形式上的宣纸药方似的文字，让客户觉得是文人在做这件事。

袁畅：创业一年了，您觉得目前哪一种网络平台让您觉得更为适合销售和推广？

金青华：现在平台主要是微信、微店和淘宝，出货量比较大的是微信。微信更为直接，熟客比较多，关注产品背后作者状态的客户，就成为微信上的朋友了，他们对我们的为人和产品的品质都非常信任。

袁畅：到目前为止，您从设计到生产环节的步骤是怎么样一个程序呢？或者说，从设计到交到客户手里，要经过哪几步？

金青华：第一步，出设计稿；第二步，寻料；第三步，开第一个样品模（成品）；第四步，进行对样品模的改进过程（细节提升），用时最长，一般要半年左右；第五步，最终进入成品制作阶段。

袁畅：设计是以自己的思路或者说创意为准呢，还是以客户的需求或者市场现有产品为准？

金青华：其实，设计思路也就是想法、主意，我们还是有自己的准绳的。设计思路方面，我们归纳出以下3点：第一，选用珍贵的拆房老料制作仿古老物件；第二，木器设计遵从宋明端正典雅的美学，让岁月赋予器物包浆质感，更有厚重感；第三，手作长伴身边雅物，睹物思人，制作当代可传世的雅物，让传承成为一种潮流，让器物充满生命。

这样的设计思路就要求我们要有自我的产品体系，因此我就将我们的产品分为三大体系，我也为每一个体系起了一个独有的概念性的名称：第一，文人雅玩——琢古仿古，恢复传统工艺，等比例制作文人器物，继承传统，文人器具同时结合当代生活方式的不同改进提升；第二，案上烟云——文房器具上宋明极简线条设计、榫卯结构运用制作，突出器物素雅之美。同时针对精品墨砚，按古人款式制作专门的盒子进

从设计到样品模制作的过程

行保护；第三，稀料收藏——收藏老物件，研究老物件的精气神，对传世作品进行恢复。

袁畅： 举个例子说明您在设计和产品体系上的创意。

金青华： 比如，我们设计的临帖架。在临帖的时候，我们发现临帖者的最佳视野俯角是以人眼向前平视90度为标准向下倾斜15~40度为人的最佳视野俯角；人们以这个角度写字、看书、工作时，可以使眼睛保持最轻松、最舒服的状态，而且这个角度可以大大延长人的用眼时间而不会感觉到疲劳，并能提高阅读的效率。

袁畅： 有关这个产品投入使用后的反馈如何？是不是在设计上能与现有市场上的产品区别开来呢？

金青华： 我们自己有时候也会觉得差一口气，这口气就是很多因素造成的，所以需要时间磨合，工人也需要时间改进。日本很多设计都很实用，不浮夸。我一个朋友买过很多茶则与茶勺，但我家的用着最舒服，有这句话就足够了！市场不缺设计，缺的是把细节做到位，更好地改进设计，而往往这种又是最难的。

袁畅：您在定位上经常提到文人这样的词汇，您是如何理解这个词的呢？

金青华：王国维论我国工艺，所谓古雅之道，得雅正之象、匠人之心为根本，造物心怀敬畏，以虔诚之心手作，文人设计指导，方可得文心画意。文人长物是一种文化记忆的唤醒，我们的定位为匠心仙做，愿能在繁杂忙碌的尘嚣中为大家带去一缕诗意文心，不负一寸红木、不负一线苦心匠工、不负你我的信任。这样的理解作用到了我们对团队本身的自身要求上，我要求我的团队成员每人必须要学书法或国画、茶道等传统内容，提升文化修养，定期和工作室的师傅们开研讨会，以投影仪汇报交流的方式，针对市场回馈的意见进行整理与改进，避免在下次发生同类的问题。除此之外还会对工人进行传统文化美学的培训，比如对故宫收藏的器物进行分析与讲解，了解产品背后的故事，这样他们就知道产品应该是怎样做了，提升他们的文化知识与责任感，如此才能保证品质的稳定与人文气息的沉淀。

袁畅：您是否能给我讲述或者描述一个完整的案例，比如，从设计开始，一直到投入使用；再到二次修改、尝试，最后定稿的这么一个过程。

金青华：我就举个例子吧，我们二次酝酿的一件名叫古琴茶盘的产品。我们做古琴茶盘的初衷就是个人非常热爱古琴，喜欢古琴文化，在中国古代社会漫长的历史阶段中，琴棋书画历来被视为文人雅士修身养性的必由之径。古琴因其清、和、淡、雅的音乐品格寄寓了文人风雅的傲骨和超凡脱俗的处世心态，吹箫抚琴、吟诗作画、登高远游、对酒当歌成为文人士大夫生活的生动写照。所以就想到若是把古琴作为茶盘，圣人之器融合进日常的茶道里面，岂不是相得益彰嘛！然后就开始设计图纸了，画了很多稿，古琴很难设计出更好的韵味出来，既要保留它的款式，又不能太俗气，得兼顾茶盘的功能，单单设计稿子就设计了

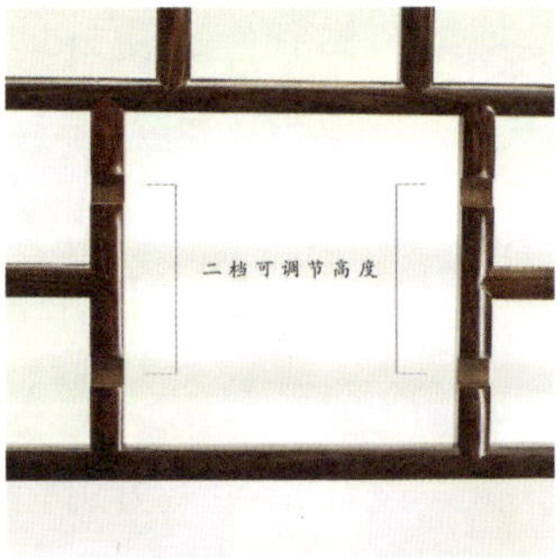

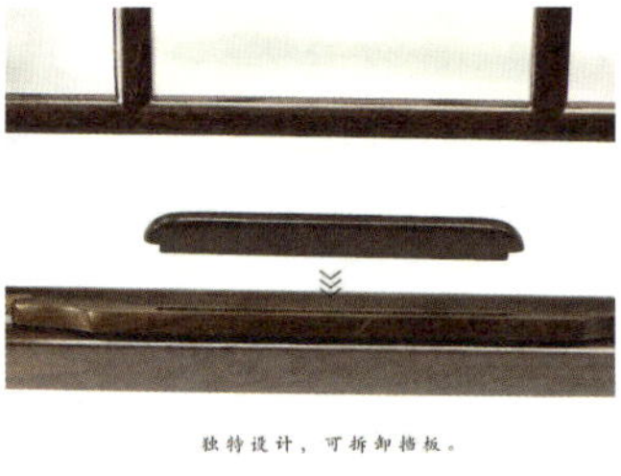

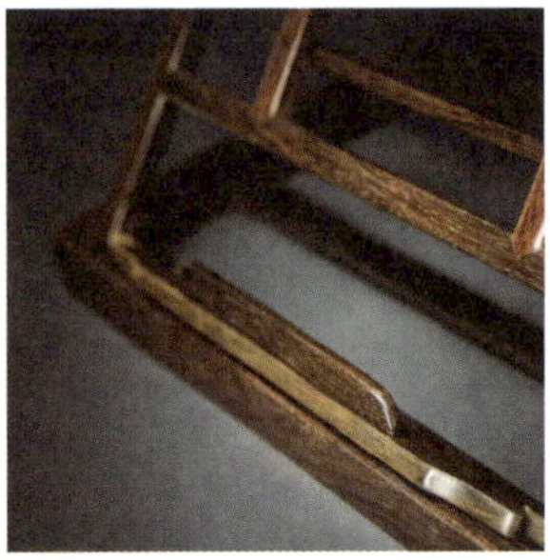

设计书架细节和成品

十几稿，后面才慢慢找到心中想要的款式。

写在后面：

金青华是口述历史访谈者中有着系统的艺术教育背景的匠人之一。他对文房的爱好始于设计界一位前辈的经历，加之其生长在古典家具之乡的福建莆田，因此，在“匠意”之外，他又多了几分“文艺”。

他的作品涉及文人书案上的方方面面，如卷书底座、竹节臂搁、茶盘、墨床、镇尺等；与硬木有关，与书房有关，与传统有关，与设计有关。在他的产品介绍中，有许多与材料相关的术语，拆房老料、清刀等术语与工匠术语不同，大多是收藏者在描述藏品材质和制作工艺时的常用语，可以想象，金青华对每件作品的打造都有着收藏级的目标和期盼。

金青华对文房工匠圈的高手是熟悉的，这块端砚的制作者是谁？砚盒制作出自谁手？您要买墨找谁？墨模雕刻由谁操刀？他在微信群中既营销着自家的作品，又为新手开蒙、为藏家指南——他有着与其年龄极不相称的经验。

对金青华的访谈进行了许多次，我最初提出邀请时，他要求我提交一份提纲，并根据提纲写一份东西供我参考。当一篇名为“金青华自述”的稿子传给我的时候，近一万字的文章中，金青华说得最多的是如何揣摩古人的生活方式，是从哪里继承传统样式，是对材料辨析的多年经验，实在、解渴、毫无保留，通过这篇自述，我很快了解了有关文房的基本常识，从而将访谈要点转入到对金青华的个人经历上来，着实节省了时间。

我在跟他对谈的时候，经常提及日本的相关设计，金青华也很关注日本的作品，尤其谈到日本作品与我国作品的区别时，他说：“有时候，我们觉得就是差一口气。”我们工匠作品的细致、细腻是无与伦比的，那么，金青华所说的“一口气”究竟是什么？这差的“一口气”并非对细节的处理，笔者认为，是文人气、雅气和趣味气息。前几年，有一本《细节决定成败》的书人气大旺，但对于把握细节的人的研究则并未得到关注；而为人所用的文房、匠人创作的作品则绝不是细节完美就能令人叫绝的，它必须有一口气，无论是材料、器型、技法以及线条，它散发出来的气韵、气质才是作品最为引人入胜的，而匠人如何赋予作品气韵呢？这恐怕要从匠人自身说起了。

中医药香与中医

时间：2017年3月27日

2017年6月21日

2017年7月18日

地点：北京市西城区琉璃厂厂甸胡同甲9号　果春斋

北京市西城区北安里三号

北京市东城区沙子口东里

访谈人物：中医药香匠人　李凌涛

访谈录音、笔记：袁畅

在场者：王鹏钧　马婷婷

袁畅：一进您这屋子就闻到一股中药味儿。

李凌涛：满地都是药材，这几年（价格）涨得太快，我趁着现在囤了一些。

袁畅：平时您做药香也是在这儿吗？

李凌涛：对啊，这不有个小院子嘛，晾、晒都方便，我们这一片儿住着不少同仁堂的老人儿，这儿原来是同仁堂药厂的宿舍区。

袁畅：我看您这药柜子就有俩，都装满了药材吗？是老物件儿吗？

李凌涛：一个算是有一点儿老吧，老榆木的；我身后这个不是老的，是按照一个老物件儿的照片，原封不动找人定做的。

袁畅：咱们从头开始，请您简单介绍一下自己的基本情况和家庭情况，方便吗？

李凌涛：没问题。我叫李凌涛，1976年3月19日出生在东北，学龄前回到北京。家里四口人，父母、弟弟和我。我爷爷是地方支援中央那会儿过来的，动手能力特别强，一直在我家附近帮助邻居、朋友修理电器。我姥姥的原籍是河北安国，大家都知道，安国是药材集散地，自然各地都来安国采购，我也不知道我姥姥是不是受过这方面的教育，我指的是正规教育那种，反正我小的时候（20世纪80年代初期），有个头疼脑热，都是我姥姥为我治。比如刮痧、针灸、拔罐、按摩等，那会儿没觉得特别神奇，因为从小住的边儿上有不少小的中医诊所，我姥姥拿不准的时候，就带我去旁边的老中医那儿。对了，我家现在住的这地方，叫沙子口，算是永定门外，你知道我的邻居是谁吗？是膏药于，膏药指的是益母草膏。公私合营以后，于家把益母草膏的秘方无偿献给了国家，现在同仁堂生产的益母草膏就是当年于家的基础方，但改没改良咱不知道。

袁畅：您小的时候跟着姥姥长大？对于中医，也是受您姥姥熏陶？

李凌涛：算是吧。我小的时候，跟着姥姥进了中医诊所，我就感觉特别神奇，手底下垫的脉诊、墙上挂的针灸经络图、铝饭盒儿里放着的针灸针，还有柜子上面放着的瓶瓶罐罐，那会儿不知道里面放的是什么，就觉得能倒出各种东西，很神奇。不知道为什么，感觉进了中医诊所，闻到了药味儿，一下就像病好了一半儿似的，很好闻，也很爱闻。

袁畅：您住着平房，但家里不闹蚊子是不是跟中药有关系？

李凌涛：每年入夏，院子里有好多蚊子，那会儿都住平房，大家都出来乘凉，院子里凉快但蚊子闹人啊。我就记得我姥姥拿着一个野蒿子编成的大辫子，像现在卖蒜编的蒜辫子似的，挂在屋门口或者葡萄架下，点着了，熏蚊子，这可能是我对中医药香最初的认识吧。

袁畅：是不是咱们说的偏方儿啊？您外婆给您治过病？

李凌涛：我记得有一次，我身体受凉了，胳膊疼，脖子不能动，跟落枕似的。我姥姥就给我先拔罐子，在后背上拔罐，然后就拿出一根纸卷似的东西在火上点燃，在我后背熏烤似的巡游，后背顿时感觉暖洋洋的。当时不知道那叫艾条，就觉得气味儿很奇怪，有点儿像夏天熏蚊子的蒿子，我就问我姥姥这是什么东西？老太太告诉我，这个纸卷里面包着药材，也有蒿子的叶子，那时候，就觉得点燃了的东西、可以治病熏蚊子的东西，都叫香。

袁畅：咱们都是北京人，还是同岁，我能记起的我小的时候的事儿得追溯到上小学了。您家住在陶然亭附近，您小学时的事儿还有印象吗？

李凌涛：我的小学是在桃杨路小学上的。1984年我上小学的时候，家长挣得都不多，没什么零花钱。那会儿，经常看着比自己大的青年，在街边弹吉他，跳迪斯科、霹雳舞、交谊舞，那是文化开放的初期，许多舶来的文化开始出现在北京街头，体现在人们的着装上。我是小孩儿，一天到晚穿着蓝白条的运动服，脚上是片儿鞋，就是内联升、步瀛斋生产的那种手工布鞋。那时候，家长都在国营单位工作，讲究一个稳定。那会儿我家在南城，是北京老字号的发源地啊，家长能给孩子最好的穿戴就是老字号的产品，像现在的耐克、阿迪达斯一样。

袁畅：我看您的药香包装上都是小楷书法写的香品的名称和功效，是您自己写的吗？您从小就练字？

李凌涛：是我写的，我还是我们单位书法竞赛的评委呢！这可能就是从小练字的结果。刚上小学的时候，印象最深的就是每天早起练红模子，就是书法练字的描红，照着红字儿描。我家是我妈管事儿，那会儿我妈在北京中式家具厂（现在叫龙顺城硬木家具厂）工作，对字的要求或者说对中国传统文化的理解跟普通家庭不一样了，可以这么说吧，有着不同寻常的热情，我妈就让我和我弟弟必须每天练字。我妈为了我练字，还给我请过一位在以前私塾教过书的先生——付从礼，我是跟着付老师学一篇、讲一次，也不固定一周几次，写完了就去找老师。付老师教了我《多宝塔》《曹全碑》，一楷一隶，有了比较的意识，对楷书和隶书的字体也就有了更深地认识。小学时都有课外兴趣小组，因为我在班里写字比较突出，就把我分进了书法课外小组。

袁畅：您小时候的学习生活是什么状况？您小时候比较喜欢的科目是什么呢？

李凌涛：我的性格比较内向，家里管得又严，上学以后特别听老师的话，按现在话说，我属于比较乖的那种学生。我在小学期间，特别喜欢历史课，历史老师姓郜，对我也特别特殊，哪儿特殊呢？她把我介绍给北京市崇文区少年宫，现在崇文区都没了，都属于东城区了。在少年宫等于书法要从头学起，郑彦伟老师教我。关于郑老师，有一件特别有意思的事儿，有一天下午，我去少年宫上课，有一把笤帚横在教室门口前面，我抬腿就迈进屋了，我的那些师兄弟们也都视若无睹。直到上课，我记得特别清楚，郑老师那天穿了一件蓝大褂、一双凉鞋，他进门儿前扶起笤帚，走进教室对大家说，一看你们就是在家不干活儿，没有一个人把笤帚扶起来！到今天，我还能记起郑老师那天的语气，他的座右铭是："一屋不扫何以扫天下。"郑老师是一位特别全面的老师，除了书法，还给我讲金石篆刻、手工字画装裱、刻匾，等等，那会儿对国学或者传统文化没有很强的意识，感觉就是课外手工一样，锻炼自己动手能力和理解能力。

袁畅：您中学也是在家附近吗？中学时代有什么令您难忘的人或事儿呢？

李凌涛：我初中属于就近分配进了北京市第九十中学，在家门口，也就是沙子口，初中其实没什么可说的，就是初三毕业要考高中，一方面是小时候姥姥的耳濡目染；另一方面也是为了减轻家里负担，而且自己也喜欢，就报考了北京中医药学校。那会儿不像现在，大学教育都普及了，那会儿考大学跟走独木桥似的，我们这代人很多都选择了职高、中专和技校，因为包分配呀！中医药对我来说，既能满足自己爱好，又能在未来有份稳定的工作，是不二之选。少年宫的书法课程一直也没有间断，我算是学到了中专毕业，或者说到参加工作才停止到少年宫学习。

袁畅：您还记得中专时期的课程吗？

李凌涛：中专开设的课程有中医、中药、方剂、炮制、植物鉴定、药用植物、有机化学、无机化学、分析化学、拉丁语、医学英语，等等，我感觉那时的学习特别丰富。学校就在广安门医院对面儿，现在挪到了菜户营了。中专时特别爱上炮制课，各种药物从生药材，或者说原药材加工成各种临床所需要的饮片；调剂课就更有意思啦，制作各种丸、散、膏、丹，感觉特别神奇。

袁畅：中专开始接受系统的中医药方面的专业训练，除了上课，学校有相关的实践活动吗？

李凌涛：中专二年级时，我们学校组织去安国参观饮片市场，安国的市场是上午开市，中午就闭市了，下午自由活动。我知道安国是我姥姥家呀，就特别亲切，下午拽着几个同学就去各个药材店瞎逛。那天，进了哪家店、具体店名记不得了，就是陈郁的药香和大大小小的瓶罐，觉得那里可能有我姥姥的足迹，就感觉自己像个来采购的老中医似的，一脸自信。第二天回到家，就跟我姥姥聊起了她的家乡安国，没料到她并没有特别惊讶和好奇，还给我拿出了两个药方。老药方有几个特色，第一，古籍似的写法，竖排、从右到左；第二，都是古代的度量衡，比如说按几分、几钱走；第三，书写流畅、笔触老到，这可能是我经常研习书法的缘故，我比较注意药方上的书体和章法，每一张我见过的老药方，都是非常漂亮的书法小品。我常常联想，那时候的老中医得有多渊博的国学基础和传统文化底蕴啊。我姥姥拿出的药方其实不能算药方，是一种药香，这样的药香有什么功能？能治病吗？我特别不解，她告诉我，中医可不仅仅是治病，而治病也不仅仅是通过吃药这一个途径。药香就像我们吃的醋，你可以不选择蘸醋吃饺子，但醋有解食、消毒的功效。这可能在当时促进了我对中医的理解。但是当初根本没想过做中医药香，就是喜欢中医，喜欢中医大夫的样子，觉得大夫特别受人尊敬，又能治病，肯定每个中医大夫心里都特别有成就感。我也想当大夫，对药香配方根本没在意，甚至觉得一点儿用也没有。

袁畅：您是哪一年毕业的？那会儿应该学校包分配吧？您被分配到了哪儿？

李凌涛：1995年，我毕业后被分配到北京一家三甲医院实习，留在了这家医院，一直工作到今天。我实习的内容主要是中草药、中成药的调剂。我所在的科室是中药房，那会儿中西药还没合并呢。实习的时候有代教老师，就是教你医院基本常识、药方条规等等。过去没有保洁员，每天都是工作完自己打扫药房，每天特别忙，但特别开心，既可以做自己喜欢的事，又有刚刚参加工作的新鲜感。当时中药房还有很多老师傅，比如操作台随时保持洁净，调配完一个患者的药要马上进行清理。我们的顺序是这样：调配完药送到负责核对的老师；进行核对、包装；再由窗口的老师进行核对和发放。一般都需要两次核对才敢给患者。

袁畅：毕业后就直接分配到了医院，您先进入的科室就是中药房吗？

李凌涛：那时是在中药房实习，实习过后，我就去了煎药室。煎药室负责的都是住院患者的汤药。煎药室当时用的“火眼儿”都是最老式的，火苗不易控制、火力也不够，不像现在，都是电气化，有自动煎药机和自动灌装机。当时也没有专业的维修工人，一旦煤气、管道、火眼儿等出现问题，都需要自己维修。工作对人真是一种锻炼，你既要懂煎药，这个煎药的学问可大着呢！你还要懂自己手头儿用的机器设备的维修，还要尽量节省材料。比如，一次煎24位患者的药，各有各的剂量，每种药还都有自己的煎服方法：先煎①、后下②、包煎③等；每副汤药需要煎两次，而且住院患者往往不止24位，你想想，这对人的锻炼

① 先煎，将该药物先煎10~30分钟，然后再入群药。

② 后下，在群药将要煎好以前5分钟，再放入该药品。

③ 包煎，用布袋包好该药，放入锅内同煎。中西药合并于2011年（受访者所在医院）。

有多大？每天下午1点是患者服药时间，所有的药剂都要在下午1点前完成，还要进行病房药物登记，再自己送到病房，这样的锻炼对人的流程，或者说过程的自我把控意识要求很高，规定的时间点内如何将流程和质量做好，是我最大的收获。

这期间，我练就了稳、准、狠的绝技，说绝技可能有点夸张，就是这个意思。稳是在没有统一规制的煎药工具的情况下，保证操作的稳定性，防止浪费和污染药物；准是拣取的服用剂量准确，这样既保证药物的有效成分的最大煎出，又保证患者的服用效果；狠是对自己要狠，煎药这个工作，烫伤是经常的，那时候工具原始，不能嫌这嫌那的，必须要有一定的奉献精神，那会儿没有空调，煎药室冬天还好，夏天不能用电扇直接吹火，煎药室的温度得有快50度了！

袁畅：从中药房到了煎药室，等于材料和制作都有了认识，之后呢？

李凌涛：1998年，我又调入门诊，门诊主要负责草药调配。门诊的工作也是跟煎药室差不多，更全面地锻炼人，比如，定期更换斗谱，就是药斗子上面的药名；还有审方，审方需要配伍禁忌，包括十八反（十八种中药物的冲撞）、十九畏口诀、妊娠禁忌等，虽说是常识，但每天接触过程中，对个人的谨慎度和耐心是一种极大的考验。在门诊的时候，我最大的收获是，能为一些老中医专家调剂，有机会聆听他们的从医趣事，并从中学到很多知识。比如说，裴学义[①]老先生，我有幸做过几次裴老的药方调配，那会儿裴学义已经是老专家了，门诊量不多，能见到他的药方使我感觉如获至宝。裴老是用药非常精准，多是顽固型的疾病，据患者反应，换几次药方即可痊愈。再有就是王鹏飞[②]的闺女——王志君，她的方子开出来就是小处方，为什么这么说呢？小处方的特色是用药精准、药味少、药量小、起效快。比如，腹泻或者便秘，

① 裴学义，北京儿童医院著名专家。

② 王鹏飞，北京儿童医院著名专家。

王大夫一般开六七味药就够了，至多六副药就是基本治愈。很遗憾，王志君与其父一样，是家传中医，没有学历，或者学历不高，无法在医院续聘，不然，我能有更多的机会接触，并聆听他们的教诲。

袁畅：能与这些老前辈接触，并能感受他们的言传身教真是一大幸事，可是您怎么就开始对中医药香感兴趣了呢？

李凌涛：这得从“非典”说起。2003年，最初大家不知道“非典”的来源，众说纷纭，当然，预防和治疗方法也在民间各执一词，其实国家已经公布了“协定处方”——多位专家协同制定经由国家认可发布的“处方”，供大家预防使用，当时我在制剂室每天都为全院职工煎制这类处方药。古时候，有“武侯行军散”“避瘟散”等药物，我老家有随身携带的药囊，药囊结合药剂。中药认为，传染病是一种疫疠之气，那么预防的功能，也就大同小异，都是口鼻传播、症状相似、传染性强等，我就按照古方修改了一下，并且制成药囊，送给我身边的朋友。我知道，这些朋友们接受了我的药囊，他们并不关心效果，药囊就像一个护身符，给大家带来一种安全感。后来，很多朋友还主动管我索要这种药囊，他们普遍认为，这个药囊的香气特别舒服。这就让我回想起我姥姥曾经给我做的药香，既可以点燃，又要持续一段时间，散发香气且能具有一定的效果。

袁畅：药香究竟有没有效果呢？

李凌涛：药香有没有效果真的不好说。我在制作的时候，首先是按照中医思维，是基于中国传统文化的一种视角，比如，咱们将一年分为二十四个节气，每个节气有它的不同的阴阳属性和寒热变化，由此衍生出四季以及不同的节气，以此为基础结合人体在不同节气的变化进行调制；再就是临床，根据不同人的身体状况，为其量身定制，比如，亚健康状态下的人，表现为睡眠不足，那么，药香成分中有一些安神理气、缓解压力、放松精神的药物，当然，还要考虑香型，檀香、沉香等，中医药香自然不能脱离这些香气太远，而让人们似曾相识又能乐于接受，就成了研制、调制中的重中之重。

袁畅：这个研制过程，我觉得既无先例也无古法，或者说古法并不能全面提供制作的全过程。

李凌涛：这就需要反复地试验。我先说制作程序，我将制香程序分为制定处方、选料、净制（去除杂质）、粉碎、和料、定型、晾晒、贮存8个步骤。我是沿袭了中药制作方法，但制香过程中还是遇到了工具不便等困难，比如，晾晒工具、粉碎工具等，我就自己寻找，多用家用机器替代。除了制作上的困难外，就是调配上的困难，比例、禁忌等，比如，制好的香不易燃烧、药物自然腐败易长毛等。

袁畅：您现在的作品有哪些呢？

李凌涛：我平均一种品类的香要做6次试验，经过反复20多次，才能将一种香的雏形定下来。试验的关键还有一步就是根据不同的药物选择不同的香型，复合型的香比较麻烦就在于此，不是单一的香气，而是分为主次，也就是你想展现什么样的香气。另一种考量就是香的用途，我常常想，香应该是文人起居的用品，那么文人的香气就不能是药味儿，或者说不是单纯的药味儿，有恬淡的味道，有略带松间清风的味道，有海水咸涩中温湿的味道等。香型也就是不同的香气，成了我追求的目标。

袁畅：到现在为止，您对中医药香的概念或者说功效是如何定位的呢？

李凌涛：我曾经接受过一次《中国日报》的访谈，大约是三四年前吧，到现在为止，我还是那样认为，就是我想通过自己的力量，为中国传统文化的复兴做点儿实事儿。但我发现，尽管日本还保留着完整的香道文化，实际上，在我国，香道文化早已失传。那究竟什么是香道呢？这是一直困扰我的一个有关宿命的问题。在遍访了很多中医老先生之后，我才明白，香道或者说中医药香，是将中医药学升华到中国传统文化哲学的境界，在治与不治之际，在腠理与肤表之中，为自然、为人之生命，做一从生活方式到内心梳理的积淀。

袁畅：这就上升到对传统文化的理解了，并不是所有人都能接受的。

李凌涛：没错。因此，我将我的中医药香归结为器、蕴两个字。先说蕴，中医药讲究理、法、方、药，中医理论的博大、自然天地四时变化、医者由此遣方。用药水火既济。如茶、食，是日常平常事，如果大家注意，自然无病；除此，还有我们现代都市人的内心，也就是心理的梳理，这也是中医的哲学但不为大家所知的一大方面。药香在日常茶饭时并不必需，但反求诸己、交游乃至平衡（内心），药香或曰香道不啻是大家雅谐共玩的一个良伴。

袁畅：您一直想将中医药香申请为非物质文化遗产，您觉得有可能未来中医药香被列入非物质文化遗产名录吗?

李凌涛：对于非遗，我知道现在有很多正在申请和已经申请下来的非遗项目，我也一直在努力让更多人了解中医药香，我总觉得香道、中医药香应该在我们这一代恢复起来。非遗是促进传统文化和保护濒危传统文化的一种手段，而不是文化生活的一部分，文化应该为生活而服务，我们富起来了但却以牺牲身体健康、牺牲下一代的自然环境为代价，这并不是会过生活的一种表现。

写在后面：

不知道是从事中医药行业，还是自幼酷爱书法的原因，李凌涛对中国传统文化有着异乎寻常的爱好。一进他家，便是扑鼻而来的中药气味儿；街坊四邻不少是同仁堂药厂的职工和亲属；永外沙子口的“安乐林”是他书法作品闲章的款名。

与李凌涛相识是在一场并不严肃的“雅集”上，大家品茗聊天，主人拿出一个牙膏盒大小的牛皮纸盒子，打开盒子取出一个纸卷，展开纸卷有五根歪歪曲曲的棕黄色的小棍子，点燃其中一根，袅袅中一股说不出是甜香，拟是檀香，又或是松香的味道，淡淡远远地传过来，没有丝毫的对当下氛围的侵扰感，但绝不能忽视它的存在。我便向主人问起这香的来历，便结识了这香的制作者李凌涛，随即问了他少问题。最终，他给了我两盒宫香草。当我提起琉璃厂，提出对他进行访谈的时候，他并没有答应。他说他也是琉璃厂的一名游客，琉璃厂没有一家铺子卖过他的香，因为产量有限，他的香大多送给朋友们“玩”了。

李凌涛不是琉璃厂的匠人。在我国香或曰香道早已失传，尽管日本保留着并坚持着香道，但李凌涛认为，那不是我国正宗的香道，舶回来并加以改之无甚意义；而中医药香恰恰是弥合这一缝隙的利器，既弘扬了传统中医药文化，又将香道从古籍中恢复出来，岂不两妙!琉璃厂中，有的是非物质文化遗产传承人和非物质文化遗产项目实施者，而传统文化的恢复、复兴以及类非物质文化遗产、准非物质文化遗产的践行者如何生存、生活？最终能否如愿以偿？是当下无人顾及的角落。

李凌涛制香过程一览

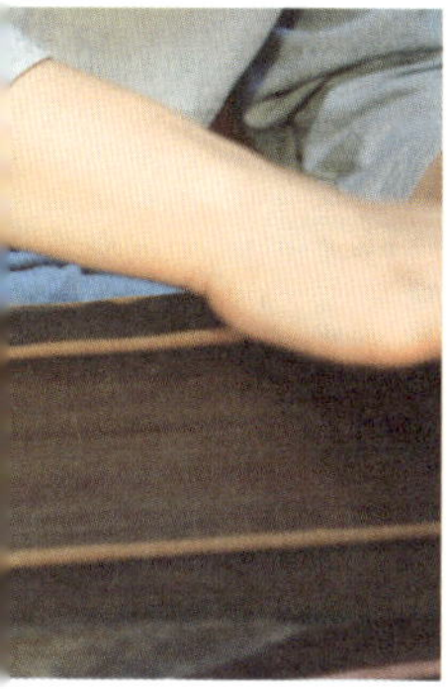

造纸很像是人的生命过程，只不过相较于纸，我们的生命短很多而已

时间：2017年6月12日

2017年8月14日

地点：百子湾文创产业园德承贡纸坊

访谈人物：古法造纸复原者　贡斌

访谈录音、笔记：袁畅

在场者：李敬　李春源

袁畅：请您介绍一下您个人的一些基本情况，包括家庭以及对您影响比较大的人或事。

贡斌：我叫贡斌，1974年8月出生于北京的同仁医院。我父亲是化工二厂的，我母亲是玻璃研究所的。我们家以前住德胜门内，后来搬到了菜市口永庆胡同19号；再到后来，我十几岁的时候，搬到了垂杨柳。

贡斌近照（摄于2014年）

袁畅：您家一直在垂杨柳，属于东城区还是朝阳区呢？您小学是在哪里上的呢？

贡斌：应该是东城区吧。小学在西砖胡同小学，我对琉璃厂没什么印象，但对厂甸印象深刻。每年厂甸都有庙会，我姥姥家就在大栅栏的石头胡同。我们家院子对面是给京剧做道具的，那会儿都是脸谱，我看见他们家做脸谱都是用纸一层层糊。

袁畅：您还记得小学时候的课程以及课余生活吗？中学上的是哪所学校？

贡斌：因为跳舞，我小学是特长生。我们经常去市属少年宫排练，还去美国演出，初中我考到了140中学，秋瑾就在那个学校，学校现在改名儿了，不叫140中学了。

我那会儿数学特好，主要是老师对我特别好，升初中考了100分，语文倒考了80多分。到了140中学，我开始喜欢上养鱼了，还卖过鱼。我小时候就喜欢玩儿，养鱼、拍洋画儿，一度把我妈妈气得把我的洋画儿都撕了。舞蹈不跳了，因为韧带拉伤，上初中以后，坚持过一段时间，后来就彻底不练了。

袁畅：后来高中上的哪所学校？高中毕业后是参加工作了呢还是上了大学？

贡斌：高中我上了139中学，在陶然亭那边儿，商业职业中专，有珠算、会计什么的，高中毕业去了白广路商场实习。那会儿，北京刚刚有自选服装的商场模式，我去的第一个月，就在我所负责的区域丢了两件衣服，我的工资只够赔其中一件的，可把我吓坏了，之后我就找了个凳子，站得高，盯着，但这也不是办法啊！就这样我就辞职了。

那段时间，我找了几份工作都不理想，机缘巧合，朋友约我去月坛一间迪斯科舞厅跳舞，他们发现我有舞蹈功底，就让我在舞厅领舞，一天15元，一个月450元，这时候就是1992年了。

袁畅：您一直做领舞？

贡斌：1993年，我成了正儿八经的文艺个体户，在北京很多文艺单位都表演过，也在很多地方进行编舞和舞蹈指导。我每年都会去一次广州，跟陈爱莲艺术团交流，也去学一些香港等新潮的文艺形式，取经回来跟北方的一些艺术家交流。这种状态一直持续了6年。进入2000年，我帮一位艺人做了一张唱片，这张唱片是全球第一张唱片附送盲文歌词，也就是因为这张唱片，我获得了“CCTV MTV最佳创意奖”。

袁畅：伴舞、经纪、做唱片，您一直在从事文艺相关的工作，怎么突然转向做纸了呢？

贡斌：2006年，我在贵州做了一项公益项目叫彩虹计划，后来还成立了一个线上的梦想博物馆，搜集了很多孩子的梦想。做这项公益活动的时候，我就在想，不能仅仅在线上帮助孩子们，最好还能有个线上线下结合起来的模式。

当时就想到将城市和农村的孩子们联系起来，在城市寻找能够帮助（农村）孩子实现梦想的人。仔细阅读孩子的梦想，与孩子们接触的过程中我发现，其实我与孩子们没有什么区别，或者说与山区、农村的孩子们没什么区别，都是向往纯真和宁静，都对未知的事物充满好奇。这时，我去了贵州一个湘纸村，看到了竹纸的制作过程，当时我就产生了一个想法——教这些孩子做手工！

袁畅：以一种什么方式教孩子做手工呢？教什么样的手工呢？

贡斌：这个梦想落地就是后来我想做纸的渊源。2009年开始，我就开始大量搜集做纸的资料，拜访做纸的名家。

袁畅：北京做纸的名家都有谁呢？

贡斌：我指的做纸不一定是亲手制作，而是真正对古纸有研究的专家。比如我找到了故宫倦勤斋修复师、国家非物质文化遗产桑皮纸传承人王柏林师傅，跟他学习纯皮纸的制作。

还有就是王菊华老师，她是《中国古代造纸工程技术史》的作者，这本书就像一幅地图，给了我很多线索。我就拿着这本书按图索骥，找到了很多老师傅。

当时我有一个底纸材料的纤维图谱不太确定，就去找中国纸张研究院检测底纸，在这期间认识了王菊华老师。我给她看了我做的纸，她说："我很久没见过有人做纯皮纸能做得这么好。"她是古代造纸技术研究方面的专家，尤其是材料纤维的分析方面，她也是造纸纤维微分析仪的主要研发者。大约在2011年底，我和她一起做硬黄纸的复原实验，用传统的方法进行底纸复原，中国历朝历代公认的最好的纸叫作澄心堂，是南唐后主李煜做的纸。这个纸当然是找不到了，因为也没有卖过，澄心堂纸是我们的最高目标，但到达最高目标肯定有一个过程。

再有就是不能不提到台湾的陈大川先生，我认识他的时候，老先生已经94岁了。我去拜访他，老先生给了我很多启示。台湾的王国财先生，将一辈子做的纸的200多种纤维试片都送给了我；王诗文先生是20世纪50年代主抓中国手工纸的专家，也授予了我很多知识；另外，在文物修复方面，陆宗润、岑德林、国图的杜伟生诸位老师都给了我很大的帮助。在王菊华老师和王柏林师傅的指导下，经过一年的时间，完成了德承贡纸坊的建设。纸坊定位主要以研究为主，进行文物修复和纸的复原。从文物修复开始，我发现这个视角很好，因为运用到科学研究方式，比如显微镜的运用、材料分析等等，非遗研修班上课，做到正心、正念、正道，这3个"正"其实就是一个"真"。真正地还原古纸，真正地去做事。

袁畅：以修复、复原为出发点进行研究，您能再具体解释一下吗？

贡斌：开始系统地学习造纸后，因为市场上根本找不到古法制作的纸。我就去故宫、国图、国博等查资料，找寻有关古纸的

琉璃厂旧时南纸店

相关文献和数据，边实验边做纸。但主要还是依靠老先生的支持，指导和监督，而且每做完一批纸，我都会送去中国纸张研究院做检测。2012年，因为市场上纯皮料的纸紧缺，文化遗产研究院纸张实验室的王珊老师就通过奶奶找到我们定制了楮皮纸、三亚皮纸和白麻纸，从此就与博物馆等修复系统建立了联系。这中间又有了一个机缘，2014年，在我的一个朋友李敬女士的帮助下，我们按传统方法分级蒸煮制造纸料，这批纸料做好了之后，正好是2015年中下旬，国家图书馆收藏了唐代雕版印刷的经卷，需要修复，这批纸料就派上了用场。所以我想，你只要做好你应该做的事，机会和需要就会来找你。

袁畅：分级蒸煮是一种方法还是一种纸料的名称？

贡斌：算是一种古法。2014—2015年，我们按照传统分级蒸煮的方法，用一年的时间制作纸料，通过石灰、草木灰等分级蒸煮，15吨原料先变成800多斤，最后做成300多斤的纸料。接到给国图做修复纸的任务后，先要依据古籍纸张的大小做纸帘，从编竹帘开始，到上大漆、做帘架等材料、工具，都准备完毕之后，再开始抄纸等工序。

袁畅：您不断提到古法，为什么您要坚持用古法造纸？

贡斌：造纸其实是造一个文明的载体，薄薄厚厚的一张纸，可以

贡斌与老师傅们合影

和所有的材料来匹配，可以和所有的环境匹配。因为“不显为德”，正因为它的“不显”，所以能够衬托许多美好的事物，这本身就是一种胸怀。

从蔡伦发明纸到2017年，这个世界上发生的一切好的、坏的事，都记录在纸这种材料上，平等无差。能够遵从古法造出如此有包容性的文明载体，本身就是很荣幸的事情。纸是最真，也是最长久、稳定的象征，只要功夫做到家，纸寿千年，自然而然！那么如何做到？材料必须纯，纯是基础，不纯的就不稳定，所以工艺的基础都是“提纯”。

袁畅：您说的是一种类似哲学的视角了，提纯体现在工艺流程上是什么呢？

贡斌：说来就有些复杂了。从剥树皮、出青开始，晒干、初选、浸泡、蒸煮、中选、腌料、洗涤、踏揉、洗涤、精选、舂烂、压平、踏料、入筐下槽、耘槽、抄纸、湿压、牵纸、晾晒、收边、整理等20多道大的工序，造纸也讲究时节，根据时令的不同，从立春开始做到入冬，一做就是一整年。一张纸从料到成纸，就像一个孩子脱离母体变成独立生命的过程，需要缓慢的时间，充分甚至过分地锤炼提纯，冰火几重天，所有的方法都是为了让它变得纯粹，和纤维没关的东西都被剔除掉，这样才能进入最后制成纸的槽子。但即使到了这个流程，还得遇到懂的人，一个好的抄纸师傅，才能把纸从槽里抄好，有时候师傅发挥也不稳定，比如说，没抄好，这张纸就破了。成型之后，纸要顶得住千斤顶的压力压榨，之后再经过晾干、暴晒、浸泡、上火墙把水分蒸发出来，最后才能成为一张纸。

做一张纸，最关键的是不要有企图心，要认为自己在与自然的对话中是没有价值的。有了企图心其他东西就会对你有企图心。比如一张遵循古法造出的纸，如果是纯纤维的，与不纯的或者非纯纤维的相比，遭受虫蚀和老鼠的侵蚀的概率就会小一些。其实造纸很像是人的生命过程，只不过相较于纸，生命短很多而已。

袁畅：古法是一种心态、情怀，还是技艺上对传统的保守？

贡斌：从造纸的材料本身来讲，有长纤维和短纤维之分；从呈现出的效果看，有涂布法和非涂布法之分，这个体系就像阴阳、天地，就只有两种，说起来简单，但两种之间产生的变化是无穷的。

从元代以后，大家都是使用非涂布法造纸，但实际上涂布法更高级，工艺也更为复杂。元代，中华文明经历了一个断层，许多以此为生的工匠没了，工艺也就都失传了。我们曾经尝试往元代以前去寻找，但很难！然而复原古法，造出来的纸类似于唐、宋、元的纸张，其实还是有迹可循的，我们可以用现代检测方法检测到当时纸张的材料、韧度、拉力之类的技术参数，通过这些枯燥的数值，推断出物种的进化；从这些数值中，我们也可以推断出纸在历朝历代演变的原点和衔接处，从而找到复原“古法”造纸的路径。但是正如我前面所说，这是需要时间和精力的。

袁畅：我感觉您是在追寻一种原生态的造纸技艺，这种原生态是因循古人的做法，甚至寻找到古人当年可以找到的材料，您称之为物种，但现代技术下，有没有可能做出古法标准意义上的古纸呢？

贡斌：可能因为我这个人比较较劲、拧巴，所以我对造纸要求很高。我们现在对于手工业的审美标准太低，对于呈现一样东西的标准也太低。很多国人认为日本京都做得不错，奈良的也好，只是因为没有别

古时候制纸匠人

的可以比，才说好。手工艺一词由3个字组成：手即做，是人与材料的关系；工是指工序；艺则是一种境界。这是一个高度逐渐上升的过程。现在大部分的审美基本都停留在手做的粗糙之美的阶段，极少有人能认识到工序的标准和要求，能达到游于艺的境界更是凤毛麟角。所以我们回看当下会发现：审美标准的低造成了大家对一个人、一件物、一片土地的认知有较大的偏差。

袁畅：德承贡纸坊从创立到现在的运营资金是如何筹措的呢？经营效益如何？

贡斌：最初的投入都是我多年的积蓄，为此，我还抵押了我的房子。起步阶段，研发的试错阶段只能单纯地投入，但通过近些年的努力，也慢慢好转起来。整体而言，收支平衡吧，但还没有达到盈利的地步。虽然给国图、北大、国博等单位提供了古籍修复的纸张，但是因为这些古籍大部分是元以前的，采用的多是纯料的桑皮、楮皮，破损率不高，所以修复起来，纸的用量并不是很大，因此这部分收入是有限的。

贡斌工作室手工制纸现场

袁畅：您对这个行业的未来是如何定位的呢？如果发展得不能尽如人意，您又作何打算呢？

贡斌：我们向国家学习，也做了3个五年计划：第一个五年计划是对材料本身的了解，随着理解加深，进行手工纸的推广和原材料的基地建设；第二个五年计划是建立一个民间研究纸张的组织，机器制造之间有一个空隙，我们想弥补，一些老专家学者也有志于做一个传统纸研究中心，再往后会有一个基金会，和研究中心并行，最后的目标是做一个非区域性的纸张博物馆，从另一个角度讲就是一个纸张的圣地，从方法到成果都由它展示；第三个五年计划就是更多地推广，比如专业院校的加入。目前，学习材料只有西方材料学没有中国的，必须有一个研究中心才能支持院校。你的标准不如日韩高，人家凭什么以你的标准为标准？这些都是需要慢慢来做的事情。

袁畅：整体上讲，您的3个五年计划是具有阶段性，或者说循序渐进的，但从您目前的很多工作上看，您在研发古法的同时，在推广上是不遗余力、不计报酬的。

贡斌：对待一张纸就像生命的过程，每个生命体本身需要再生、涅槃，循环往复。我们造纸所选择的材料，都是比人更早地来到这个地球上的，所以它们本身就是这个地球上生命循环周期的过程。对我们来说，造纸就是向地球上的另一个生命学习的过程，相互给予、相互成就。

写在后面：

贡斌身形极瘦，常穿一身汉服，是所有访谈者中最具匠人气质的一位半路匠人。我是通过冯宜明得以结识贡斌的。当时，他们正打造一个名为五合的顶级文房工匠组合（李小平的笔、冯宜明的墨、贡斌的纸、鲍林青的歙砚雕刻）以及四位一体的作品，是为五合。贡斌常常拿着冯宜明的墨来试纸，在德承贡纸坊的一面墙上，贴满了试过的纸。

德承贡纸坊坐落在北京百子湾一处文化创意产业区内，据贡斌说，他是最早入驻这家园区的企业。纸坊有一道大木门，门槛很高，进门处供着纸业祖师爷蔡伦的牌位，转过去，便是宽敞的大厅。厅内青砖铺地，大块的青砖很像通往十三陵的神道，古朴神秘。厅内摆着一个个仿古小桌，说是小桌，就像普通课桌一般，只是低矮了许多；小桌后摆一个藤编蒲团，有学生参观时，供学生们练字、写字、试纸用。从大厅向后院走，有一条玻璃甬道通往后坊，玻璃甬道底下有白鹅卵石铺就的漫道，间隔处有流水潺潺，想是主人将烟雨江南的巷子一景搬入了北国京郊。后坊中间有一个偌大的水池，水池旁有正宗的原住民在淘纸，最为惊人的是贡斌将原产地捣臼原封不动地挪进了工坊，大得惊人的木桩、斑驳敦实的石臼，贡斌说，就是地方小，没办法自己种植原材料了。

贡斌想恢复的，是写出《兰亭集序》的纸，是画出《千里江山图》的纸，是能修补《永乐大典》的纸，为了这些，他赴中国科技大学做材料分析，通过倒推的办法，希冀用科技分析手段来辨别材料，再按图索骥，恢复古纸的传统技法。和李小平致力于恢复唐笔、冯宜明苦搜古方墨法一般，贡斌的梦想与琉璃厂诸工匠相比，又是另一个路子。

我生性散淡

时间： 2017年5月16日

2017年6月29日

2017年7月30日

地点： 琉璃厂厂甸胡同甲9号果春斋

北京市西城区北安里3号

微信语音采访

采访人物： 淳安堂　李小平

采访录音、笔记： 舒梓峰

在场者： 袁畅　程华丽

舒梓峰： 李小平老师，请您介绍一下您的个人情况。

李小平： 梓峰好！我大致讲一下个人的一些经历。我是1973年出生在浙江的淳安县[①]，因为是新安江水库移民，在1975年的时候，父母就把

李小平的创作场景

① 淳安县，隶属于浙江省杭州市，位于中国浙江省西部，东与建德、桐庐接壤，南连衢州、常山，西与徽州休宁县、歙县毗连，北接临安。淳安县建置于东汉建安十三年（208年），为划歙州（歙县）东乡、南乡而设，时称始新县和新定县。1958年10月，撤销遂安县，并入淳安县。1963年，淳安县划属杭州市。

我带到江西来谋生。小的时候记忆不多了，那会才3岁。我的父母比较勤劳，我深受影响，放牛、砍柴、采莲蓬等等，这些农活干得比较多。我们家就我一个独生子，小时候就喜欢弄个刀啊，削一削、剁一剁啊什么的，动手能力比较强。

舒梓峰：您小的时候与文房四宝接触的不多？小学时的学习、生活还有印象吗？

李小平：印象中比较深的跟毛笔相关的就是我读小学五年级的时候，上大字描红[①]课。笔头掉下来了，实在没办法，就从自己头发上剪一束下来绑一绑，用绳子绑好了，塞进笔管，算是修好了一支毛笔。但头发做成的毛笔确实没法用，依稀还记得去找冬茅（矮蒲苇），春天时候新生出来的冬茅那个头很像笔头的样子，截下来一段，然后用纸包起来，再用管套起来，装作毛笔的样子蘸水写。

舒梓峰：真正接触，或者是有了第一支毛笔是在您多大的时候？

李小平：初中的时候，比较喜欢刻点橡皮图章之类的，也接触一些毛笔。记得在1987年左右，花了1.5元钱买了一支狼毫笔，很心疼，那个时候一个月生活费才200元钱，但是当时觉得这是非常值得夸耀的一件事。现在想起来，它其实不是狼毫的笔，是一支马毛做的毛笔，做得还很精致，我对那支笔的印象还比较深刻。

真正意义上接触毛笔实际上是在1988年。我父亲的一个朋友在进贤县文港镇周坊村[②]，我父亲那个时候还年轻，我就跟我父母一块儿下

---

① 描红，是我国传统的习字法，是指在印有红色字或空心红字的纸上摹写，是初学写字的最好训练方法之一。

② 周坊村，隶属于江西省南昌市进贤县文港镇，位于南昌市东南部，原属江西省临川地区平湖公社（辖周坊大队、上屋大队、新坪大队）、前途公社，后归辖于进贤县前途公社、前途镇，后撤销并入现在的文港镇。现存明清时期古建筑30多栋，有周氏家族的公祠、家庙，有达官显贵的官邸、别墅，有商贾店铺、毛笔生产作坊。目前，保存较好的还有100多间，达1.2万多平方米。

来。周坊村是清代早期制笔名家周虎臣①的故里，目前国内做毛笔比较高端的产品大多是出自周坊村，是一个独姓周的大村子，大概有两三千人，自古以来以制作毛笔为生的。

舒梓峰：您对周坊村的记忆，最初的印象是什么样的呢？

李小平：我先回答你第一个问题，我到周坊村后对周坊最初的认识。我是1988年到进贤县周坊村的，其实我刚去的时候就对他们印象很深，一个特别大的村子，前后大概有一公里长。我那个时候还小，只有十五六岁。

周坊村古建筑特别多，到后来才知道，有很多名人题的匾额，比如曾熙题的“汝南世家”“太极呈图”“爱莲遗范”等。来源是周敦颐的《爱莲说》。后来听村子里人说，周敦颐是他们的祖先。

我对周坊村最初的印象就是它挺神秘的，也很古老，隐约感觉到文化气息很浓厚，这是天天住在村子的人感受不到的。我作为一个外来者，对这方面还是挺感兴趣的，觉得这个地方挺有意思，还有很多不同的匾额，到处看一看，然后不懂的啊，拿新华字典、成语字典查一查。这就是我对周坊村最初的一个印象。

初期的时候我们家住的房子属于仓库或者厨房之类的，比较破落一点。但是这个村能引起我的兴趣的东西非常多，比如毛笔的制作、刻字等工艺，因为我从小爱好手工艺制作，能力相对较好一点，比较喜欢自己捣鼓这些。

舒梓峰：教您做笔的师傅，您现在还记得吗？他的为人是什么样的？

李小平：这第二个问题呢，其实就是讲我这个师承的问题。其实

---

① 周虎臣，出生于明代万历辛卯年（1591年）六月初五，江西临川周坊村（今进贤县文港镇周坊村）人。周虎臣自小随父母在家制笔，深得毛笔制作之要领。堂兄周献臣（据周氏后人周轩峰先生提供宗谱资料周献臣并非周虎臣堂兄）用笔由他专供，堂兄后中进士，先后任太康知县，南京刑部主事。因与著名戏曲家汤显祖同乡又同为官而相熟，经堂兄介绍，周虎臣也特为汤显祖制笔专用，汤显祖十分钟爱周虎臣的制笔，为感谢周氏兄弟，特为《周氏宗谱》开篇题序，留下了“科甲第”等诸多墨迹，这在现存《周氏宗谱》里得到了印证。

我是拜了师傅的，不属于正式的拜师，是我父母的朋友。他叫周有根，他们家是世代祖传做毛笔的，两口子人非常好，而且非常能干，非常勤快。

周有根师傅现在已经快70岁了，他做笔非常用心，自己在家里做好毛笔到外面去推销。1989年春节，他还带我到长沙，带我去了解怎么卖毛笔，这个印象蛮深。第一次坐火车，到了长沙的湘绣博物馆[①]，也到了马王堆汉墓[②]、辛追墓以及郴州师范学院，这是我对传统文化的第一次接触。

周坊村里好多老推销员，他们自己出门卖毛笔。以前周边有很多集体的毛笔厂，比如周坊毛笔厂、前途毛笔厂、楼前毛笔厂、上屋毛笔厂等。那个时候毛笔笔杆上需要手工刻字，所以要请刻字师傅上门。刻字的师傅来了，我就在刻字师傅身边，留意他们怎么刻，然后询问刻一个字多少钱，一天能刻多少字，这样就能把他大致的收入给算出来，这个我觉得我也比较用心。

舒梓峰：您的师傅教您的第一节课的内容是什么呢？

李小平：我刚开始就住在周有根师傅家里，后来住在外面。记得教我做毛笔的第一节课印象比较深，他没有按传统的教法直接一来就让我上手。这个在一般的学徒当中是非常少见的，我第一次做毛笔就是独立制作的，但是难度非常大。还好，我手还比较巧，勉强完成，而且做得还比较复杂，不是普通的毛笔。

我记得很清楚，做了150多支，卖0.15元钱一支。这个笔不是普通毛笔的样式，现在我知道是清宫遗留的毛笔样式，叫大霜毫，其实就是在正常的毛笔外面披一层短毫，彩色的毛笔，这是当时市面上比较流

---

① 长沙湖南湘绣博物馆，是一座向世人展示湘绣历史与技艺的专业性博物馆。展馆共810平方米，馆藏1200余件，由“湘绣的历史渊源”“湘绣的崛起”“当代湘绣撷英”3个主题展厅构成。

② 马王堆汉墓，是西汉初期长沙国丞相利苍及其家属的墓葬，位于中国中南部湖南省的长沙市。

行的款式吧。后来通过学习，知道清宫里边用的一些比较高级的装饰性毛笔。

做毛笔的初期，我个人的兴趣还是蛮高的，觉得这是一个非常有趣的事，好奇心驱使我学了大概两三个月，确实太辛苦。因为家里经济基础很差，虽然做笔能卖钱，但是一两百支笔头只能卖几十块钱，所以说没有坚持下来。但是，对毛笔工序的最初认识还是有的。

后来了解到刻字其实没什么成本，一把刻刀就够了。我对刻字比较感兴趣，因为初中的时候就写钢笔字、刻个橡皮图章之类的，有时候能得到老师嘉许。当时，他们刻字一天能挣十几块钱，已经算非常高的工资了。所以后来毛笔就不做了，我就自学刻字。

前后刻了两三年，业余时间做毛笔也保持着，大部分对毛笔的想象和制作，也是利用晚上完成的，我觉得很感谢我的第一个老师。但是弃学毛笔这件事，我当时没觉得有什么不妥，算比较机敏的吧，终究是没有把毛笔给放弃了。这是我初期做毛笔的一个基本状况。

舒梓峰：大家都说徽笔，我也采访过戴月轩的做笔的师傅，他来自山东莱州，这就有意思了，安徽、山东都在做毛笔，江西或者具体说，江西文港怎么也成了毛笔的制作之乡了？

李小平：江西的毛笔，其实历史很悠久，文献记载，唐代是有笔市的。据说这个手艺最早是西汉郭解①、朱兴传来，虽然没有明确的史料去验证这个说法，秦汉时期战乱笔工逃往南方也说得过去。但是为什么江西毛笔历史这么久，但知名度历史上并不高呢？

因为江西的毛笔以水笔为主，也就是日常实用性毛笔，它满足的是中下层人民对文化的需求，没有普遍上升到文人士大夫的层面。举两个例子，可以说明江西的笔很早就有规模了。

唐代段成式写有《寄余知古秀才散卓笔十管，软健笔十管书》

---

① 郭解（音xiě），字翁伯，汉族，河内轵（今济源东南）人，汉善相人许负的外孙。其父亲因为行侠，汉武帝时被诛，西汉时期游侠，作为《史记·游侠列传》中的主要人物而著名。郭解生平事迹主要来自《史记》，故本文以《史记》记载总结所得。

（《全唐文》［清］董诰·卷七百八十七）说："限书一万字，应贵鹿毛。价抵四十枝，讵兼人发。前件笔出自新淦，散卓尤精，能用青毫[①]之长，似学铁头之短。"段成式曾为官吉州，文中新淦即现时江西省新干县。

另外，民国时期由于教育的普及，毛笔行业是最兴盛的，江西人在外省开设非常多的笔店，除了我们熟知的上海周虎臣、武汉邹紫光阁外，还有很多笔店，但是公私合营后基本看不见了。中国毛笔博物馆邹农耕老师手上关于晚清民国毛笔历史的资料更为翔实，有很多的毛笔实物、仿帖、票据可以验证这个事。所以并不是江西毛笔不闻名，而是每个时代对毛笔的需求不一样，江西一直做实用性毛笔比较多。现在普通人对毛笔的认识更多是文化意义上的，和实际情况是两码事，所以江西成为最大的毛笔产区，是有历史渊源的。

舒梓峰：您在学徒的时候有什么令您难忘的人和事吗？出师之后是自己单干还是在师傅这里开始做工？

李小平：我个人没有太长的做学徒的经历。说是学了一两个月就

李小平的制作场景

① 青毫，指毛笔笔头。毛笔笔头濡墨成黑色，故称。明陈汝元所著《金莲记·外谪》曾记录："万缕香烟浮碧鼎，半行珠玉染青毫。"

改行刻字，但是业余时间呢，一直在琢磨毛笔。因为，毛笔对我来说是个很神秘的东西，或者说个人挺想去验证它。前面说过那位周有根老师，他带我去过湖南，后来在郴州师范学院和一个老师在讨论毛笔的时候就碰到一个问题。

这位书法老师说："你看这支笔，一沾墨肚子太大，是不是里面加的麻太多了，和上次的毛笔不一样。"周师傅解释了很长时间。回旅馆后，我就问他："毛笔为什么不能做得跟上次一模一样。"他说手工生产本来就有很大的误差，而且毛笔是一桌一桌做的，就是一批次量比较大，基本上是没有这种可能性做得一模一样。

我就好奇地问："为什么不能一支一支地做，每支都做好，再拿出去销售不就没问题了吗？"周师傅很生气，说毛笔没听说过一支一支做的，只有一桌一桌做。我当时心里面也挺不服气的，因为年少无知，觉得等我有能力，就要一支一支地把毛笔做好。

所以就谈不上出师这个概念，不做毛笔，主业来刻字了。业余时间还在做毛笔，那么其实就回到了一支一支做的状态。因为我不是以毛笔为生的，只说有兴趣把它弄好，为了争这口气。那时候做笔，晚上去朋友家，隔壁邻居家讨一点好毛料，一支支地把它做好。这种状态，一直持续了大概有三四年。

舒梓峰：那个时期，您和您夫人一起做毛笔，两个人所制作的毛笔的品类有区别还是工序上有区别？销售的情况如何？

李小平：我跟我妻子一起，基本上是我来主持最重要的工序，比如说毛笔的设计、选料、配方等，我妻子做一些配合性工作，还是以我为主导的。多年以后，很多人都以为我不会做毛笔，这个需要纠正一下，其实我一开始很有主动性的，我是一直在做毛笔。

做毛笔初期，实际上想法很简单，就是做个好笔头，然后拿到街上去。文港历来就有笔市，20世纪90年代初就已经小有规模了，只是没有形成像现在这样有效的竞争，大多数还是以一个买方市场为主，议价权在买方手上。

我们做的毛笔外观很漂亮，材料也很好，各种制作细节都很讲究，非常平整，缺点是成本太高了。我记得在1992年的时候，做了些毛笔去市场卖，大半年也没人要，偶尔会少买一些当样品。比如一个笔头在市场卖3元的话，我大概要卖10元，因为我的成本要比他们高可能两三倍。那时只是想卖点笔头，靠勤快努力养活自己家人。

舒梓峰：20世纪90年代，您以制作毛笔为生的话，是不是生活有些困难呢？

李小平：这段时间持续了大半年，也没有什么好转的迹象。后来问了很多朋友，他们说把笔杆配好，就能当成品卖。这段时间也持续了大半年，成效也不是特别好。

后来实在是觉得没什么指望了，就想到出门推销去。20世纪90年代初期，还有推销员的说法，大部分毛笔都是靠推销员往城市里各个单位，去找关系，或者去联络一下，看人家有没有这种需求。但这种模式呢，实际上是以家庭为单位，或者说以本地亲戚朋友相互带人为主的，没有人会带我出门推销，出门对我来说是很大的障碍。

到1993年，因为孩子出生了，也不得不逼着往外走了。我首先想到的是我自己的老家——浙江。浙江杭州也没去过，但我有一个表弟在杭州上大学，我想不如去找找他，最起码这个住宿方面不需要什么开支，可以在大学里面混着。表弟下半年开学的时候，我借了500元路费就出门了，那500元还是高利贷，什么三分的利息这个概念，记得不是特别清楚。初期寄宿在杭州商学院，大概在文一路和教工路附近。

回忆起这段时间确实挺美好的，因为那个时候很单纯，包括大学的生活。我在学校住了一个月。对大学的了解，由那个时候开始，大学生也跟我年纪差不多，大小相差一两岁。大学的生活非常平静，也有生机勃勃的一面。我个人对推销的概念，一直没有弄懂过。有些大学生介绍我们到浙江农学院或者农业大学，找写字的朋友买些笔，我就半送半卖了。

舒梓峰：您说过您后来去了杭州，那么当时的杭州之行给您带来什么样的收获？当时的杭州地区有关文房四宝的市场又是一个什么面貌？有什么特点？

李小平：有一个学生自己喜欢写字，对我说文一路上有个毛笔店，他说这个老板看起来挺懂行的，可以去那边试试看。文一路在杭州师范学院对面，有个店叫新兴斋笔庄，老板叫张新根[①]。去了以后，他看看毛笔，试用了一番，问了问价格，又问我有多少毛笔，他全部都买下来。然后还说你们一年能做多少笔，做多少他就要多少。

所以一讲推销这事，我挺幸运的，出门就碰上这么一位老师，把所有的毛笔都买下来。我记得很清楚，当时装了两包笔是那种塑料的带拉链的包，两包大概卖了四五千元，对我来说，得了笔巨款，非常兴奋。待了一个多月，第一次有了进入市场的机会。所以一直非常感激新兴斋笔庄的张新根老师，后来我从1993年开始一直延续到大概1997年。这段时间，基本上都是给他一个人做贴牌。做好了就送过去，一年能去十来趟，带现金回家。说起来挺好玩的，那时候最大的愿望是哪天带一万元整数回家，因为没见过一万元。

和新兴斋笔庄合作，黄金时期是在1995年、1996年、1997年，一年能挣几万了。另一个很重要的事，从杭州了解到了湖笔，当时杭州市场是以湖笔为主，江西笔基本上不了台面。新兴斋笔庄以我的笔作为一个卖点，在专业领域，比如卖给中国美院那些艺术家们，做到了一个形象和价格都很高的势头。个人觉得这是江西毛笔和湖笔的第一次在高平台上比较。

这之前，湖笔的整个市场，是非常稳健的或者非常强势的，尤其在杭州，江西毛笔很难进入。当时批发市场还不兴盛，都是在一些地摊，或者小的学校里面卖。所以说在这个阶段，我所有的精力都投入到研究毛笔当中，怎么把毛笔做得更好，不断地去调试它。

① 张新根，1985年毕业于东方美术电视函授学院。现为中国艺术画廊成员，苏、鲁、豫、皖书画摄影艺术家协会副会长。

你现在看我的毛笔，风格是既不像湖笔也不像江西笔，它是两者之间的结合，当然这是指笔性和外观上。选料方面向湖笔学习，选得很精细，样式上我取舍了一下，比江西笔饱满了一点；性能上来说，我们的笔弹性要比湖笔稍微好一些。既有弹性，也有材料的保证，这两者一结合，会有一个很突出的卖点，比较符合江浙地区的人的书写习惯。

舒梓峰：那么在杭州之行之后，您对您的毛笔市场有什么样的规划吗？

李小平：这段学习经历，到1997年就基本上差不多就结束了，逐渐萌生了自创品牌的想法。初期想了一个名字，也没想注册，没有商标概念，好像叫丹青奴。后来是以淳安堂为正式名称，也想不出什么满意的词，干脆就以老家命名吧，淳安堂笔庄就是这么来的。有了品牌后，就需要我去外地推销，不能在杭州，因为给新兴斋做了贴牌，我总不能去人家大本营抢生意。所以我就去了广州，到广州美院去卖毛笔了。

聊起这些，其实蛮有感触的，一边说，一边脑子里像电影回放似的。想着自己年轻时候的经历，很庆幸走了一条比较稳健的路子，一路上得到了很多朋友的帮助。

在广州美院也有两三年的时间，这个过程，其实也是一个很幸福的状态。一直跟广州美院的教授、研究生，了解艺术家们的生活状态、艺术观念，还有日常生活。比较爱护的，比如曾经的岭南画派纪念馆长陈金章[①]老师，二十几年了还在念叨我。还见过很多当时的大画家们，

① 陈金章，1956年毕业于中南美术专科学校任教于广州美术学院。历任中国画系主任、教授、硕士生导师，岭南画派纪念馆馆长，广东省美术家协会理事，中国美术家协会会员。享国务院特殊津贴。

关山月[①]、杨之光[②]、林墉[③]、林丰俗[④]、方楚雄[⑤]等。

淳安堂这个品牌，没做过什么推销。就两口子做笔，大部分给新兴斋贴牌，有一点富裕了，就是在广东跑一跑。

到了2002年左右的时候，我家就雇了两三个人在家里帮忙做毛笔，有一定产量了，需要考虑品牌怎样去整合，怎么样去营销，以什么样的方式面向全国市场。这时毛笔市场已经开始规模性地兴盛起来，各地有了批发市场，也已经有专业文房四宝店，私人的更多一些。以前传统的国营渠道慢慢衰落。当时有很多四川夹江地区的人出来跑采购业务，逐渐代理商多起来了。

2003年最有意义的是书法江湖商城出现了，邹农耕老师把商城推荐给我。书法江湖商城这种形式，是我们中国整个文房四宝行业的网络启蒙。

舒梓峰：看来您对书法江湖商城网站非常重视，那么您和这个网站有何渊源呢？

李小平：我在书法江湖商城初期的时候就加入了，见证了它所有

---

① 关山月，原名关泽霈。著名国画家、教育家。岭南画派代表人物。历任广州美术学院教授兼院长、广东艺术学校校长、广东画院院长等职。中国美术家协会副主席、常务理事，广东省文联副主席，广东省美术家协会副主席。

② 杨之光，又名焘甫。1949年入广州艺专及南中美院，1950年入苏州美专上海分校中国画科学习，1950年夏考入北京中央美术学院绘画系。历任广州美术学院教授、系主任、副院长。曾任广州画院国画系主任、教授、副院长，美协广东分会理事，广州美术学院教授，岭南美术专修学院院长等职。代表作有《毛泽东主办广东农民运动讲习所》《浴日图》《矿山新兵》《激扬文字》等。著有《中国画人物画法》《杨之光画集》《杨之光书法集》《杨之光诗选》等。2013年1月获第二届“中国美术奖·终身成就奖”。

③ 林墉，1966年毕业于广州美术学院中国画系。历任中国美术家协会副主席、广东画院院长、美协广东分会主席、中国画研究院院务委员、广东省文联副主席、全国人大主席成员团成员。享受国务院特殊津贴专家，国家一级美术师。擅人物、花鸟画，风格潇洒、清新、明丽，兼擅文论及插图。

④ 林丰俗，1964年毕业于广州美术学院中国画系。现为广州美术学院教授、硕士生导师、广东省文史研究馆馆员。

⑤ 方楚雄，现为广州美术学院中国画系教授、硕士研究生导师、中国美术家协会会员、广东美术家协会常务理事、广东中国画艺委员会委员、暨南大学兼职教授。

的发展过程，从两位数注册会员到人员逐步增加，达到繁荣期，然后竞争激烈，又慢慢到衰落的这么一个状态。

很有幸认识了很多不同年龄层，对文房热爱的朋友。我们也从毛笔制作者，或者说毛笔销售，上升到对文房四宝有一定认识的行家，或者类似于资深人士的角色的转换。

我在这个网站大概投入了四五年的精力，每晚都“泡”在里面，很卖力地去建设网站。比如讲解毛笔知识、维护论坛规则，还送一些奖品吸引人气，等等，或者参与他们的活动。

记得在2006年，网站组织了第一届网络业余刻砚比赛，吸引了有动手能力的人都去学刻砚台了，这些都是业余票友，专业的不能参与。我参加了三届，每一届都是二等奖。这个活动燃起一大批网友对文房四宝的热爱。比如我们会探讨砚台的坑口、探讨古代毛笔是怎么一回事、讨论墨条[①]的真伪、纸张的优劣，等等。如果没有书法江湖的话，可能我会很懵懂的或者说无知的朝生意这方面去发展的，不会涉及毛笔研究和传统文化，对文房四宝系统性的认知很难建立。

书法江湖商城对我的影响很大，现在现实当中最要好的朋友都是在网站里面认识的，或许现实中的朋友有时还不如他们交心，不那么相互理解。或者说我们可以探讨除了器物以外的其他东西，交流思想或者说会聊聊人生观、价值（观），聊聊未来。或许还保留着理想的状态下的时候，聊过这个东西才能再聊。

舒梓峰：除了刻砚的比赛，您能仔细讲讲您还参与了哪些网站里的活动吗？

李小平：这个我记得在2006年左右，有一个叫“乐天山房主人”的网友发了篇帖《雀头笔与王羲之》，里面说起雀头笔。其实我也隐隐约约有这么一个念头，但是从来没有具体认真地讨论过，主要是没有研究能力。我当时在书法江湖上主持毛笔的基本理论的建设，或者说解读、

① 墨条，文房四宝之一的墨。是研墨时在墨台上用的那个长条，墨水就是从墨条中来的。

回答网友关于毛笔的疑问。这个命题，自然就落在我身上了。

因为这个话题大家比较关注，陆续有网友提供了更多细节信息，比如日本做天平笔的世家，叫藤野云平家族；比如类似雀头笔的唐代鸡距笔[①]收藏在日本的东大寺正仓院里。还有人发了唐代毛笔的图片，一共有17枝唐代缠纸笔。第一次看到这个唐代毛笔实物图片，觉得很震撼。这时我就说要把雀头笔仿制出来供网友验证、试用，觉得是己任，这算做了个很大的决定。

唐代缠纸笔的研究很难展开，因为我们在明代以后这个基本上没有实物了。文献记载很少，只知道白居易的《鸡距笔赋》，具体的物理构造，或者用什么技术方式来制作，都是毫无方向。也没办法去日本看实物，正仓院的毛笔很少拿出来展览，能看见书屋也不能上手研究，所以缠纸笔到底是什么状况。当时没有人能够说得清楚。在后续的时间里，一直尝试去做，但无从入手。后来把重点慢慢转移到历代毛笔的物理结构上，用手工画了很多图纸，最后用鼠标在电脑上画了个“历代毛笔物理结构演进图”，很粗陋，勉强填了两个颜色，把古代毛笔的物理结构对应期做了个大致梳理。这张图后来就传到网站上，这引起了很多网友的热议，关注度很高。其中有网友发了日本做毛笔的视频链接，里面有日本藤野云平家族做缠纸笔的简单演示，这对我有相当大的帮助，技术上逐渐有了参考方向。

这个过程想起来也感慨，前前后后摸索了大概两三年也不得其法，很多问题需要解决，在物理构造上，并不特别理想。2012年左右，南京艺术学院的朱友舟[②]教授，需要写一篇中国古代毛笔研究的论文，来找我了，因为我做过这方面简单的论述和理论模型的构建。他带来了

---

① 鸡距笔，短锋，形如鸡距之笔，故名。笔管与笔帽选用湘妃竹，笔头呈笋尖式，用鹿毫为柱心，麻纸裹柱根，兔毫为外披。因其形制似鸡爪后面突出的距，故称鸡距笔。并以形容其笔锋短小犀利，唐诗人白居易《鸡距笔赋》曰：“足之健兮有鸡足，毛之劲兮有兔毛。”鸡距笔劲健硬挺，“不名鸡距，无以表入木之功”“以中山兔毫作之尤妙”。

② 朱友舟，南京艺术学院美术学院教授，硕士研究生导师，美术学博士，中国书协会员，书法系副主任，江苏省青蓝工程学科带头人，美国加州大学访问学者。

大量的中国毛笔历史资料，关于毛笔相关的一些文献和零零星星的一些资料。

这些资料对我来说，是第一次全面接触我们中国古代毛笔资料的一些比较系统化的区域。虽然他这个是杂乱无章的，有一些可能也是文人好事，有一些也可能是诗文里面的一两句。但对我来说这是一个比较大的冲击，还需要去重新梳理。或者说有框架了以后，把一个个细节对应应该在哪个毛笔的框架里面，确实是一个很庞大的工作。

但非常好的是，我们对毛笔的整个发展规律，起码在物理结构上的状态是有了一个比较明确的概念。关于论文做了很多实验，大体框架我出了不少力，最后论文在荣宝斋出版了，当然现在看有很多不足的地方。

实验后期，我继续做着相关研究，唐代鸡距笔很快复制出来了。但是觉得还不是特别完善，因为用来缠毛笔的纸很难解决，还有包括唐代笔杆设计，随附工艺的解决，都需要进一步地提升。我想把标准复原到比较接近的状态，包括它的真实数据。

李小平作品一览

舒梓峰： 制作唐代缠纸笔有什么需要特别注意的吗？缠纸笔有什

么特点？

李小平：唐代缠纸笔的制作，现在归纳起来有几点需要特别注意的，第一个是缠纸笔的物理构造问题，因为日本收藏的这17支毛笔，并不是每个都一样的，大小也相差很大，需要去梳理一个比较有代表性的样式出来，便于后期的制作和推广；第二个问题是缠纸笔材料标准和技术标准，如果仅仅是缠一张纸在笔上，当作唐代笔是不妥的；第三个是普及性的问题或者说实用性问题，需要考虑建立工艺标准及唐代笔与我们这个时代的关系。我觉得这三个问题是非常重要的。

就我个人的经验，第一个关于笔样选择的问题。17支毛笔哪个最适合现代人书写。17支唐代笔中最粗的有2.2厘米多，最细的1.2厘米，我选择了大概1.3厘米~1.5厘米左右的样式，这是当代勉强能够接受的直径。如果复制一个2厘米的，确实没人能用，如果复制个最细的，唐代的风格可能不明显。

关于材料问题，纸张的选择花费很长时间，当代纸张的生产工艺和唐代已经千差万别了，纸张的韧性和唐代已无法相提并论，万幸后期找到立志复原古代纸张的贡斌老师，完美解决了缠纸问题。

还有技术标准，要考虑南北方的差异，笔管选择20世纪70年代遗留的原料防止开裂。笔管需要做防水处理，减小竹管蘸水后膨胀值，笔头设计成可替换式。古代毛笔写坏了把笔头拔下来，能再换一个笔头继续使用。这个也是古代有笔冢一说的来由。这些一系列标准建立以后，实际上的造价是非常高的，流通性并不强。

我选择了继续提高缠纸笔的工艺属性，比如后期纯手工刻字，以体现文化属性，定位超脱了使用层面，重点突出审美形式。唐代缠纸笔简单的几个特点，第一能蓄比较多的墨，可以保持连续书写30个字；第二它的性状非常稳定，容易掌握，类似写硬笔状态，不需要熟悉过程；第三时代特征明显，墨迹效果完全接近唐人，比如抄经风格无须刻意使用技巧，自然轻松可得。

唐代缠纸笔的出现，我想它并不是偶然的。在印刷术还没出现之前，大量的经文需要翻译、需要抄写的话，怎么样便捷有效地去达到这个目的，缠纸笔是一个很便利的工具。

通过研究唐代缠纸笔，认识到制笔技艺只是个基础，更多需要文化认知，唐代的文化背景、唐代的审美风格以及毛笔与书法的关系都要有所了解。这引发了我对古代毛笔研究浓厚的兴趣，缠纸笔的研究需要进入一个更细化的阶段。应该说唐代缠纸笔的复原算是成功的，2013年向商标局申请了专利。缠纸笔面市以后，引起了整个行业的关注，市面上缠纸笔随处可见，当然水平相差较大，也有假缠纸笔，算是给行业做个贡献吧。

关于古代毛笔的研究，很多资料都与日本相关，因为日本在很早就注重资料的收集和研究。大概有五六年的时间，我对日本毛笔行业比较关注，通过网络渠道购买了大量文房类的器物，也买了很多日本人研究毛笔的书籍。

其中一卷是河米庵先生著《米庵藏笔谱》，里面它详细罗列了清代中早期180支中国毛笔，他们把中国产的毛笔称作唐笔，毛笔图案是1∶1手绘的，讲了各管毛笔的由来，使用的感受和效果，也做了较多的评语。这对我来说是很宝贵的一个资料。另外还有一个资料，是细井广泽先生写的《思贻斋管城二谱》，里面讲了他几十年对毛笔的研究，涉及了大量技术层面上的东西。这两本书对于我而言像是练武的得到一本九阴真经，既能够从中学到技术，也开阔了眼界，又有精神慰藉。

舒梓峰：我觉得您对于毛笔行业的研究属于前列，将来需要有人传承下去，那么您考虑过行业传承的问题吗？如何吸引年轻人加入这个行业？

李小平：2014年左右，我已经意识到毛笔行业传承有问题，就带了两三个徒弟，传统的师徒模式，但成效不大，现在想起来当时条件还是很有限。2016年我建立了毛笔作坊和毛笔工作室，扩大了规模，有20个人左右，把毛笔的生产工艺呈现出来，让游客可以参观，可以学习，相对来说是一种开放的姿态，意图让更多人了解毛笔。

随着传承工作的深入，毛笔工作室现在大概带有七八个学生，都是20多岁的学生，有专科的也有本科的，有本地的也有外地的。他们来的目的、视角都不一样，水平参差较大，教学模式有待继续改善。

传统毛笔师徒制，学的是技术、图的是生存，做笔的不需要有文化懂书法，与书写实践脱离很久了。书写实践可以最终处理做笔的匠人和现在市场的关系，我觉得这是一个方向。

考虑学生的接受度还是以绘画形式来接触书写，我专门请了一个国画老师，让学生白天学技术，晚上学文化。李鹏飞老师曾在中国美术学院进修过两年，比较了解传统（国学）体系。

一个星期上三节课，让学生们去学习中国传统绘画的东西，什么是线条质量、什么叫笔墨技巧，虽然不见什么成绩，孩子们总算接触到传统文化了。

因为我自己经常参与书画活动，也参与教学工作，对笔墨的认识、对线条的认识、对这种中国绘画审美的情趣的认识，会有一些触动和思考。后来觉得学习氛围不够好，又装修了个书画工作室，现在一个书法工作室大约200多平方米，里面有多媒体教室、图书馆、茶席等，意图是建立个平台，可以教学或者学术交流，或者说是毛笔文化传播的窗口，参与的人多了，现在挺热闹的，政府也给了很大的扶持。

毛笔匠人和书写者之间的关系是需要落实的，毛笔、书画工作室就有这么一个意图，现在也在有效地开展工作。比如说面向社会的，整个行业的一些书法班，或者说一些业务培训，或者说请一些书画家能够给我们讲解传统文化，普及应用技巧。于是有了传统文化传播的角度。

我们设计了一个类似于读书会功能，把我收藏的一些艺术类的图书，包括一些以前年轻的时候读过的杂志上文章，如《读者》《三联生活周刊》《南风窗》等，陈列在里面。实际上想让我们这个小镇，让文化更显性更普及，或者说让平时不关注文化的人偶尔来看一看，我觉得是一个挺好、挺舒心的事情。

随着逐渐深入，还有很多的雅集、交流，或者教学的工作逐渐多起来。比如说在之前做过的南风雅集，就把笔、墨、纸、砚、石、印泥，还有这个实践书写结合在一起，开一个朋友见面会，聊天，或者做一个讲座，做了一些探索。后期我们还邀请了几个你都熟悉的专家，贡斌、冯宜明、鲍林青还有欧键汶，我也在参与这些活动。同时，我也做了一些讲学的工作，比如说中国科技大学，他们有一个国家级非遗项目。全国的造纸行业非遗项目给涵盖了进去，还有这个做文房四宝相关的交叉知识。这些都是我们传统手工艺向外走出去的一步，这也必须要走的。

关于未来打算，没有太多思考，希望通过交流、学习、实践能看到我们这个行业与这个时代能做什么，我觉得会逐渐地清晰起来。

舒梓峰：谈及时代，从营销模式上似乎不可避免地会谈及电商平台，您的作品销售的模式是什么？您对于不同于传统的经营模式有什么看法？

李小平：我们会用文创的角度去切入，需要前期的大规模投资，以工业的这种模式，或者说管理、营销的这种概念去做，这个对我们来说是一个很大的突破。现在创建新的公司，新的品牌去面对消费者。因为我们不想影响原有的传统销售模式，它也是我们一路成长过程中的一个战友，他们的利益还需要维护，他们还需要生存。我觉得不能撇开他们。但是一定要在网络时代，来做一些力所能及的东西，为传统文化去做过一些工作，是我们的价值所在。

现在公司核心品牌进电商的市场，电商的渠道做营销、普及。我觉得这是一个新的战场，我们可能需要重新去学习。这段时间已经在各处跑。其实以综合行业的优势去面对这个时代会更好一些。因为我们做这么多年的传统手工艺，它的模式完全大同小异，从根本上去改变这个行业状态，这样才有助于我的学生或者年轻人愿意加入这个行业。

李小平工作照（摄于2016年）

我个人对文创的一些意图就隐含在里面。在新的模式下，怎么以一种新的利益分配的方式，让年轻人参与进来。因为传统经营模式效益太低，管理也没办法管理。那么，预期短时间实现不了，其实很难吸引年轻人来加入这个行业。其实一个行业的兴盛与否，是看人才的建设的好坏。我们这个行业非常烦琐，没有年轻人的加入，可能是难以维继的，它只会让品质越来越下降。

所以最终解决这种模式的（方法），应该是我们努力去适应这个时代，而不是等别人联系你，或者等别人来扶植你。我觉得这都不是一个好的行业的一种行为。需要去重新理解这个时代，积极主动地出击，这个时代没办法改变，我们只能改变自己，我觉得是一个比较好的方式。

写在后面：

这段时期对于李小平的访谈是艰难的，他实在太忙了，先是联合冯宜明、贡斌等去中国科技大学参加第三届“非遗进科大”活动；接着南下深圳参加“文人日常”系列展览并进行主题演讲；随后，必须返回家乡带领徒弟们备战“振兴杯”毛笔制作职业技能大赛。间隙中，经常有慕名来访的、要求采访的以及同行好友上门，李小平在电话里的声音永远是急促并充满歉意的。

初次听说李小平，是从红星宣纸厂的胡玉洁、一得阁的马婷婷以及戴月轩的滕占敏口中听到的，这么多出身琉璃厂的“老人”都在谈论一个人，这个人的水平应该不凡。至冯宜明领我去探访贡斌时，在贡斌的德承贡纸坊的大厅内见到了李小平本人，他正忙着四下观看贡斌纸坊的陈设，几句问候后，李小平便不见踪影了。

由于时间关系，我的学生舒梓峰被我拉来参与此次口述历史的采集工作，主要负责联络李小平及其弟子，对李小平的口述历史访谈以及注释部分的标注，并对稿件进行最后审核、整理等。前前后后，舒梓峰忙了近一个月，特别在此向舒梓峰致以诚挚的感谢。

李小平从来没有隶属于哪一所单位，从学徒到家庭加工作坊，一直到开办了自己的工坊。而对于自己的工坊，他也设计出集学徒、培训、展示等于一体的模式，与众不同。很显然，李小平是一个爱动脑子的人，在自己生产自己销售的过程中，少有对毛笔制作技艺的解释，更多的是对诸朝代毛笔文化渊源的讲述，这一点，让他成为南北雅集、文房展示活动的座上宾。对他个人而言，李小平的知名度与淳安堂的品牌建设由此获益良多。

李小平非常重视传承，尤其是传承人的培养，他为学生请来顶尖的书法家，从用笔开始，让学生们进入中国传统文化氛围；他非常担心人才断档，有别于传统学徒制的师徒关系，他与弟子更像是朋友，也更愿意是朋友。

第三章

按图索骥与他人之石

小时候，常常看到父亲的书架上关于有老北京的书籍；长大后，负笈东瀛，也在神田旧书市上搜寻过一些晚清、民国和解放初期描绘、描述老北京的书籍。关于老北京的资料中有两条必不可少的街区，一条是前门大栅栏，另一条就是琉璃厂。有确凿资料考据，琉璃厂成名于旧书市，这与现今的琉璃厂大不相同，尽管，至今东琉璃厂路口的中国书店里仍有旧书的影子。

如果你决定对一主题进行口述历史式的表述，那么，你肯定认为你正在记录着一段历史。无论你从口述者口中得到多么不可思议的历史、无论你和口述者一起矫正着曾经发生过的大事件中的小插曲、无论你从多数人的口中得到重复的、规律性的历史证据，你纠结在真实与虚构的矛盾中也不能改变，经验或经历是每个人的历史。

对一条街区、对一群人作口述历史，需要线索，这个线索是围绕主题来设定的。而现在的琉璃厂其实并没有太多的主题了，与你擦肩而过的，大多是外埠来京的游客。这并不是说，琉璃厂中的老字号；琉璃厂中的匠人们都成了“风景”，本地人中也不乏识货的行家，但真的较真儿起来，如今的琉璃厂与天津古文化街、广州的荔湾古玩市场、上海老城隍庙等并无太大区别。说起来真是让人沮丧，琉璃厂内走马灯似的换了一拨儿又一拨儿商家，就在本书交稿之日，有许多书中的商铺已不在琉璃厂了。幸好此时，互联网发挥了巨大的作用，从线上的口碑传出的名声，由不得你不深信！江西文港的李小平，今日的名气已不在戴月轩之下；而古法研墨的墨块儿，在琉璃厂见得到踪影见不到极品，为此，我去了江西、安徽、广东……在同一时代，与琉璃厂的精神一同生长的，是远在远方的匠人们。

你去到那里，说明来意，他们准会把你让进屋里，琳琅满目的工具和他们的学徒时期，使你根本不相信有那么一段时间，我们曾断裂在自己的历史传统里。他们大多听说过琉璃厂，这让你的开场白不至于那么尴尬；他们也曾把自己未曾镌铭的作品放在那里——琉璃厂的一隅。在某些时候，琉璃厂变成了一个符号，一个他们经历中的历史符号，与他们的作品一样，只是一段过往、一段逸闻而已。对我来说，这就是线索，就像树的年轮，一层层散开、一圈圈扩张。

对口述历史的历史而言，有着自我的内在逻辑，琉璃厂的众人们，一定知道发生了什么。此时的琉璃厂毕竟不同往昔了，街面儿上的人、每日的生意以及身上的“手艺”。我该不该把他们全部记录下来？不止一次，谈及手艺，匠人们也开始把“生意”放在嘴边了，这真让我欣慰——他们开始有了“自我”意识，无论有没有“传承”；无论他们来自哪个“单位”。

从这一刻开始，我忠实地记录。叫作“口述历史”吧——我这么对自己说。

砚载千秋

时间：2017年5月31日

地点：北京市东城区方庄冷砚斋

访谈人物：《地方砚》作者　关键

访谈录音、笔记：袁畅

在场者：程华丽　子义

袁畅：如果用一句话或者一个词语形容您对砚的感受，您觉得会是什么呢？

关键：砚载千秋，砚这东西很奇怪，它代表着历史又传承着历史，比如《史记》《资治通鉴》。传世书法、画作靠什么？靠笔墨纸砚传承下来的，要么说砚载千秋啊，就是这样。

袁畅：我看您桌上这个表格，是您为了写《地方砚》所进行的资料汇总分析吗？您是如何将研究的目标定在地方砚这一选题上了呢？

关键：有一种紧迫感吧。其实包括一些所谓的名砚也有危险，就是资源枯竭，石头是不可再生资源，端砚、歙砚从发现到现在四五百年，什么石头禁得住这么挖啊！就说洮砚最为著名的喇嘛岩，我从图片上人与山的比例看，也就景山那么大，就算都挖了，能出多少石头？再者，真正到产砚台的地方去看，如果去矿脉，储量不是特别丰富，有的地方只有3厘米左右，开采也不易。

这个表格是我下一本书《中国名砚谱新编》的资料汇总表。我上一本书，就是《地方砚》，现在看起来不完整，受历史局限很多，资料挖掘也难。现在条件好了，包括我之前的著作，不明确和过于简单的地方太多、比较单薄，只是知道有这种东西而已，但这本应该是能够流传后世的学术著作，而且不仅仅作为学术著作，它还有个教科书、普及的作用。现在了解砚台、知道砚台的人越来越少了，中国传承几千年的文化濒临萎缩甚至消亡，需要重新普及砚的知识，让更多的人了解砚、喜欢砚、使用砚、收藏砚，当然不能人人都成为专家，让一部分人能够了解就很好了，用砚台砚出来的墨是任何墨汁都比不了的。

关键老先生谈自己第一方藏砚

除此之外，我还接了一本书，是中华炎黄文化研究会下属中国砚文化联合会主持编纂的《砚典》之中的一个分典叫《砚种典》，在60多册分册当中，砚种部分占了近1/3。

袁畅：您除了研究砚台还收藏很多名砚？

关键：首先要澄清一个概念，何为名砚？咱们的概念就是从使用角度讲。判断一个砚台的好坏，过去的时候就是使用、实用的角度讲。四大名砚，不是商家自夸，也不是媒体炒作；不是官府的钦点，也不是市井的讹传，它们是千百万人实践的效果。

中国为什么历史上出现了那么多砚台，最主要的一点它是必要的书写工具；因就地取材，受地理限制，历史上曾经出现过300多种砚台。随着社会发展、信息发展，端砚、歙砚、洮砚等被大家接受。还在生产的砚台，也就是还有人做的砚台种类只有近百种，最为紧迫的是我知道一种砚台，江苏的赭石砚，一位70多岁的老人还在做，吴昌硕曾经用过，研磨出来的墨可以作赭色。砚台地处偏僻、开采难是一方面，市场需求少也是事实。

袁畅：您简单地介绍下自己和您的家庭。

关键：我叫关键，1947年3月19日出生于北京，当时我住在西城区。我祖父生了5个儿子，我父亲这辈就我、我姐姐、我弟弟，我在中间儿。我祖父是老师，业余时间画画，在那时候，还是有一定水平的。我父亲是工程师，是学化工的。

袁畅：这个一定水平是指?

关键：这么说吧，当时我祖父在教课之余，经常拿着自己的画作到琉璃厂去卖，贴补家用，证明当时祖父画得还不错，能卖出去啊！我的三叔，虽然不算书法家，但字已经写得不错了。

袁畅：他们对您有什么影响?

关键：就是一种家庭熏陶吧。我记得我小学五六年级的时候，我祖父给我一块砚台，说拿这个画画吧。那是一块青石砚，最普通的、老百姓使得起的，我印象很深。

袁畅：您小的时候对琉璃厂有什么印象吗?

关键：1950年，我全家去了山东，我父亲当时在山东工业厅化工研究所做工程师，我母亲没有工作。1959年我父亲去世后，我们就回了北京，投靠我叔叔、祖父。我初中在三十二中上的，在和平门和宣武门之间，离琉璃厂非常近，我经常一个人去那儿穷逛。

琉璃厂有北京老式的青砖黑瓦的造型，是文化用品的集散地，东西街跟现在一样，房子可能更破旧一些，原来很简陋，店铺除了文房四宝，还有古籍、字画、文玩。那时候我喜欢画中国画，我去琉璃厂就是去看画。20世纪60年代比较单调，砚台就是端砚，便宜点儿的学生砚就是“螺纹砚”，最低档的了，只能算是文化用品，谈不上工艺品，更甭说艺术品了！

袁畅：请您简单讲讲您的教育背景经历。

关键：我家经济条件不好，我初中毕业后，考入北京市工艺美术

关键老先生赠书题词

学校。这个中专是半工半读的，我们每一届都是五六十人，报考的有上千人，有些上不了高中、大学的学生，就报考中专，那会儿半工半读很受欢迎。20世纪60年代初，墨汁不是很普遍，我们老师教育我们就是研磨，不能使墨汁，你写字还好点儿，画画必须研磨。

1962年进入中专，那会比20世纪50年代好一点儿，物品多了，我上学那会儿有同学使的是端砚，上课的时候好奇，到同学那儿试试，一试确实好使，又快又好。那会才知道，砚台也有好坏，不都一样。1967年、1968年工作了，接触地方砚多了。我是在工厂当工人，赶上“文化大革命”，不能正常分配了，毕业后我身边的同学干什么的都有。我是被分配在了北京市绘图仪器厂，离家近。我当了11年的铣工，开了11年的铣床，业余时间画画，那时没有双休日，收入也少。我刚工作的时候工资37元，比学徒工强，弟弟插队了，我母亲没有收入，就靠我跟我姐，你想30多块钱，生活都够呛。

袁畅：开铣床的工作离您所学的专业很远啊？

关键：1979年，我已经从原单位调出来，到了北京革制品厂，负责产品包装宣传，这就回到我的老本行了，我在中专学的就是包装装潢专业，到了这个单位时间可就自由多了，有更多时间来留给自己的爱好了。那时，山东在北京北海的团城办了一个鲁砚展，石可①策划的这个展览，我看了，真是震撼！才知道砚台有这么多颜色，有这么多形制，当时就有那么一个想法，就觉得这样的砚台我能一样弄一块儿多好！

那天的展览，看到石头上有红丝、冰纹。再往后，北京有一个鉴赏家佟博年②，在皇史宬开了一个名砚斋，现在看也就是七八十平方米，我经常去那儿，休息的时候就那儿逛逛。

袁畅：您收藏的第一方砚台是哪一年入手的、什么砚种的砚台呢？

关键：我的第一方砚台是1981年入手的，我在名砚斋买的山东江书璞老师的徐工砚，我记得那会儿花了80元钱，特别喜欢，这方砚台我盯了得有两个月，去了好几次，人家佟老师看我执着、又常来成了朋友了，就没好意思要太多钱，等于没挣我什么钱。

袁畅：除了皇史宬的名砚斋，您没去琉璃厂逛逛？

关键：那段时间，我去琉璃厂净逛书店了。看见有关砚台的书就买，书那会儿便宜，比较简朴，不像现在这么精美。我买的最早那本关于砚台的书叫《鲁砚》，石可写的，太老了，现在没了。有的书也买不起，我就在书店抄，一般就是抄写大的画册的（有关砚台的）说明文字。

袁畅：20世纪60年代到80年代，您算经常光顾琉璃厂的老人了，琉璃厂里有认识的朋友吗？

关键：不仅有朋友，还是能帮我收东西的好朋友。1982年，我总去琉璃厂，结识了荣宝斋负责文房四宝的售货员马建仁，他告诉我荣宝斋仓库进水了，纸笔墨都够呛，砚盒泡了，砚台没事儿。我马上就去看了，他说好的都让人挑走了，您看看剩下的吧。我挑了一块比较大的绿端，当时花了28元钱，这算是我第一块在琉璃厂买的砚台。

---

① 石可，当代鲁砚的奠基人，鲁砚重新挖掘和恢复者。

② 佟博年，比较资深的鉴赏家，藏砚不多，但眼力独到。

大约在1984年，我在琉璃厂买了我的第二方端砚，一方梅花坑的端砚，在琉璃厂东街海王村的“安徽四宝堂”买的，当时是花了200元钱。估计在琉璃厂，卖端砚的有十四五家，卖歙砚的最多两家，其他的砚台几乎见不到，歙砚是荣宝斋和华夏书画社，就是（琉璃厂西街路口）把角儿上那个。

关键先生的得意藏品

袁畅：您的收藏是从20世纪80年代开始的？

关键：有徐公砚、端砚，后来陆续收了易水砚等等，到了20世纪90年代，我手头就有十几种砚台了。那时也大概知道了有关砚台的基础知识，但我想我不能光知道砚台叫什么名字？我也得了解石材，我也得知道制式，这就开始了比较系统的研究。

袁畅：以端砚为例，您是怎么入手研究的呢？

关键：比如端砚都有些什么石品？除了看书，也得去请教雕砚者、藏家等；还要跟砚友交流，后来展览多了，文房四宝展现在已经是第三十九届了，只要有展览，我就去，而且我真问。比如，有一次看到了台湾的螺溪砚，我就站在那儿跟台湾客商问；再比如今年四宝会（文房四宝展），广西新推出了一个叫龙胜紫砚，我从来没听说过，它是一个新开发的品种还是从来就有？我不知道，所以就得老老实实地跟人请教，了解它的石质、石品，以及它的雕刻师傅是什么派别？它刻的题材主要是什么？储量怎么样？这都是学习、充实的机会。

还有一种紫金砚，冒出了4个产地，而且都有一定的证据，这就需要跟人探讨，经过调查、看书、请教制作者，包括一些大师，比如，我请教了刘克唐[①]，然后我发现至少有两种必须淘汰；再有一个根据就是北京首博的文物——紫金砚，米元章题的砚铭上记载了，大致意思是：紫金石与端石很接近，再经过与众多专家论证，最后得出这是一种冰纹石。

袁畅：您所说的砚石的产地，您会亲自下去看吗？

关键：有时候你就得下去看、比较，我去山东最多，如徐公、红丝（砚的产地）等地。

袁畅：您收藏的砚台中最得意的作品是哪一方？

关键：应该是吴荣开的作品。这里有个小故事，当年吴荣开要出一本书，叫《砚雕》。吴荣开是砚雕大师，手上功夫特棒，肚子里知识也多，但文笔不行，就像今天咱们这样，他说我一点一点给他记下来，他说刻山水怎么样？我就帮他润色，最后弄了一本书。他为了表示感谢，他说我知道你喜欢我的砚台，我就送你一方。我收藏的很多砚台，都是这样“帮忙”作为回礼，人家送我的。

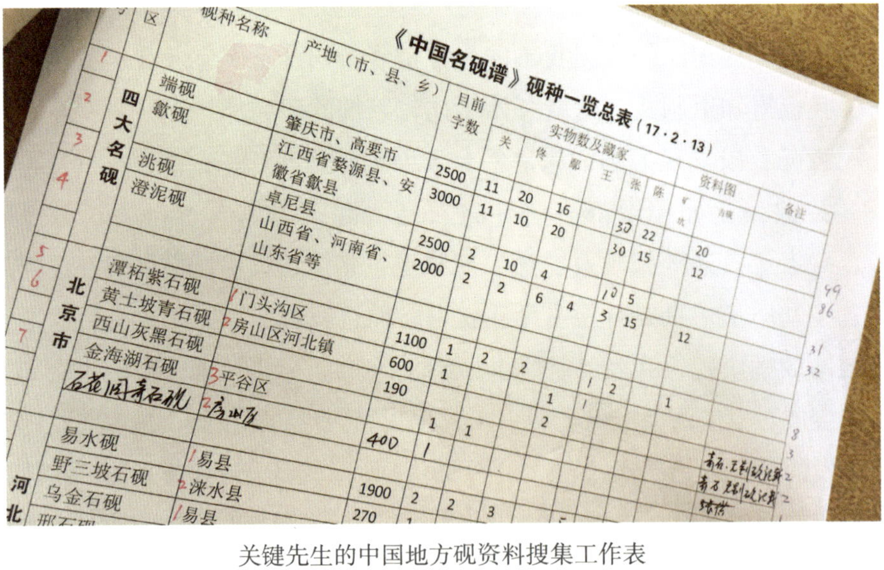

关键先生的中国地方砚资料搜集工作表

① 刘克唐：中国工艺美术大师。

袁畅：您认为什么才算是一方好的、值得收藏的砚台呢？或者说，好砚台要具备什么样的条件呢？

关键：石材中有火成岩、水成岩、变质岩。只有水成岩、变质岩才能制砚。但水成岩和变质岩中，摩氏硬度两度左右，砚台在3.5~4最好，端砚是3.5，歙砚是4；粗细中比较太粗、太细都不好。粗细适中，分子的颗粒度有要求；润和燥，水被砚台吸进去就是太燥了，什么叫好砚台：下墨快、发墨好，墨研出来的颗粒和胶、水的结合，有油的感觉，如果汤汤水水的不好；保水分，明天还可以继续使用；不损耗，不损耗其他文房用品。

袁畅：对于砚台收藏和研究，您觉得有什么感悟或者诀窍？

关键：我总结了5力：一是眼力。这东西对不对？好不好？您得知道石材、坑种；雕刻的水平，也就是基本的审美；二是魄力。得抓紧拿，标着价格呢！陈国源拿了一方西湖春晓砚，特级麻子坑①，20世纪90年代初卖到6万元；三是毅力。您有的时候要经常找，下功夫找，去产地也不一定能找得到，但必须有恒心、有毅力；四是财力。这是最重要的，您若收一块真正的名砚，那就是收藏家；若收了一堆业余水平的，也只能当个票友；五是体力，特别大的砚台您搬不动，您要去搜寻，必须有体力。

写在后面：

京城不乏收藏大家、名家，特别是这个时代。电视台有一些收藏鉴宝类的活动，懂与不懂都不重要，在收藏领域，感觉我们的时代从未因为什么而断裂过，各路“宝物”就这么蜂拥冒了出来，每天都有。

关老住在方庄，20世纪90年代初的两居室，不到60平方米，名叫冷砚斋，至于为什么取字“冷”，关键并未言明。看到他，你会模糊了这个时代，他仿佛一直未变，从20世纪70年代起就是如此，白衬衫、毛

① 特级麻子坑，次于老坑的地方是麻子坑虫蛀非常多，而且水坑的麻子，有天青。

背心、灯芯绒藏蓝色裤子、一副厚厚如瓶底的眼镜，典型中学教师的样貌。老式的“一头沉”写字台，塑料台座的台灯下铺着几张纸，上面是一个表格，科目写着砚种、地区、石品特征、发现年代等，间或有蓝色圆珠笔修改的痕迹，若跟你说，关老是一位砚收藏名家，你绝对不信。

关老爷子的记忆奇好，从他第一方收藏的砚台说起，一直说到他刚刚去过的北京四宝会，脉络清晰、有理有据。恐怕说得最多的是因自己囊中羞涩当年无奈放过的砚台，令他至今耿耿于怀。关老爷子曾经在琉璃厂尝试过“下海”，租了一个柜台，入不敷收，最后草草收场，继续靠为别人画画儿、搞设计图挣钱养家、收砚台了。

编书是关老眼下最为紧要的活计了，据他说，有个书商找上门来，请他编纂“中国名砚”丛书。关老为其组了写作班子，并亲自担纲其中《地方砚》一册的编著。书出版了，销得不错，书商又找上门来，关老继续编写。

对关老的访谈，其珍贵处在于他对改革开放初期京城藏家与琉璃厂的回忆，尽管谈的不多，但足以证明初期复兴、乍暖还寒的时代印迹。关老是京城文房纪事的见证者，许多玩家、藏家、匠人都被他视为老师，而最像此中学人的，恰恰是今天的关老自己。

说实在话，关老的藏品价值并非高昂，除四大名砚外，其他的地方砚往往实惠又实在，毕竟是要为人所用的，他的收藏之道也正在于此。我在本书中收录关老的访谈不仅是对他指路的感激，更在于记录下这个时代，有一位懂行的收藏家，收入不高、藏砚不少、无谓名砚、断断续续，只愿一生收尽天下砚种。

关键自序

——那些寻砚的日子

俗话说“武人宝剑，文人宝砚”，说明了砚的重要性和与人的关系。我出生在一个知识分子的家庭，受擅长绘画的祖父和精于书法的三叔影响，从小就喜欢舞文弄墨。上中专学的是工艺美术，毕业后又长期从事专业工作，算是半个文化人吧。由此与砚结缘似乎也是顺理成章的事。

记得上小学的时候，祖父给我一方旧砚，让我研墨供绘画书法之用，石质就是一般的青石，雕刻也极其简单，值不了几个钱；但就是这样一方砚，不仅为我学习书法、绘画提供了充足的墨汁，也使我开始对砚、对砚的石质、雕刻、功能产生了兴趣，逐步知道了“四大名砚”，明白了什么叫砚池、什么叫砚堂，1962年进入工艺美术学校后，因基础课中有书法和国画课，我和砚的接触就更加密切了，这让我进一步了解了何为砚石的湿润、“粗糙”，何为下墨、发墨，何为保湿、益毫。

从20世纪80年代开始，改革开放使得市场上砚的品种丰富了，各种砚台的展览多了，特别是一年一度的文房四宝展和1978年的鲁砚展，使我眼界大开。中国砚台历史之久、品种之多、纹色之美、雕刻之精，令我震撼！这使我产生了一个想法，那就是要尽自己的一切努力，把我国产的所有砚台品种都收集齐、研究透。也就是从那时起，我一有时间就逛北京的文化用品商店，工艺美术商店，希望能寻到更多品种的砚。1994年，砚台鉴赏家佟博年先生在皇史宬开了一家专营砚台的“名砚斋”，砚台的品种多，档次也比较高，我便成了那里的常客。在那里，我不仅找到多种我没收集到的砚台，更从佟博年先生那里学到了很多关于地方砚的相关知识。其后，由于种种原因，名砚斋停业了，但我寻砚的脚步却一直没有停下来。

不过寻砚之路坎坷崎岖。著名藏砚家陈国源先生说过，藏砚要有眼力、魄力、毅力、财力和体力，对我来说，除去有点儿毅力和体力外，其余三力都无从谈起，特别是财力，这是藏砚的物质基础和保证，但也恰是我最致命的软肋，集砚的最大障碍。

自己就是一个靠工资养家糊口的工薪人员，且不说端、歙等名砚和名家所雕之砚，就是一般的地方砚，对我来说也不是轻易可以拿得动的。所谓魄力更无从谈起。好在改革开放后，不限制第二职业了，我就在一个个搞装饰、装修的朋友那里打打零工，业余时间给他们写写美术字、画画图案、搞搞设计等获得一些报酬。即便这样，也常常要几个月才能买下一方最便宜的砚台。因此，也错失了很多心仪的砚台，而买到手的砚台大多谈不上档次和品位，只能算是个品种而已。近些年，虽然自己的收入提高了，但砚的价格提得更高，好的砚仍然买不起，所以有些砚不得不靠我给制砚者、售砚者帮各种忙去换取；有的是和砚友互通有无；有的干脆就是靠人家“施舍”。

如果说四大名砚一类的砚好找一些，很多地方砚种产出少、影响小，有不少从没有进过北京，更有极少数砚种已近绝产，这使得收集起来更为困难，是集砚的又一障碍。由于经济条件和工作所限，很多砚不可能去产地找，有的即使去了产地也未必能找到，而当时的交通、通信、信息、网络都还没有现在这样发达，购砚不知找谁，找到也只能通过书信和对方联系；再不就委托因公或因私路过产地的人代买，但这种看不见实物的买卖无异于“隔山买老牛”，故寻购一方砚往往要花上几个月乃至半年、一年的时间，还不能保证尽如人意，有的甚至与自己的要求大相径庭。这中间有的可以修改、重刻；有的材质有伤，雕刻过度则根本没法再修改和加工，只能成为弃之可惜、食之无味的鸡肋。

在我集砚当中的第三个障碍，就是自己的知识不足、眼力不够，而且需要长时间的多学、多问、多看，逐步积累和提高。但20世纪七八十年代，有关砚台知识的书很少，可以见到的砚种也不多，想求教于专家、学者也不容易。为此，我经常光顾书店，凡有关砚台的书能买就买；有些没有销售的书，能借就借；书的主人不愿借的，我就复印，以从理论知识上提高自己。再则，凡是有关砚台的展览、展销甚至私人藏砚，我都尽量参观，有的还要上手，增加感性认识。至于专家、学者，甚至普通的制砚人、售砚人，只要有机会见面，就虚心向他们求教，提升自己的鉴别能力。但即便这样，在寻求砚台的过程中有时往往也分不清真假优劣、上当打眼、交了学费。

回顾自己从20世纪80年代初开始集砚，到今天30多年过去，收集的砚台已近80种，遍及全国23个省、市、自治区。2010年还出版了一本书《中国地方砚》①，也算是小有成就吧。但其中的艰辛困苦只有自己知道：打眼的自责、上当的懊悔、错失良机的惋惜、囊中羞涩的窘迫、纠结踌躇的无奈……可谓五味杂陈，但也有收获的喜悦和成功的自豪。自己也在这中间陶冶了情操、增长了知识、提高了修养、充实了生活、找到了乐趣并结识了一批砚界的专家、学者、大师和砚友，而这些绝不是可以用这些砚的价值来衡量的。因此，我无怨无悔。

资料显示：在全国尚有产出的砚台中，我还有10余种没有收集到。尽管难度越来越大，但只要我的身体许可，我还要坚持找下去，给自己的集砚画上一个圆满的句号。

关键

2016年9月1日于京华冷砚斋

① 《中国名砚地方砚》作者：关键，湖南美术出版社，2010年9月。

不负初心，低调坚守

时间：2017年3月26日

2017年6月12日

地点：琉璃厂厂甸胡同5号梓风阁南纸店

甘肃省定西市通渭县悦心书画城202室墨池轩

访谈人物：洮砚专卖店“墨池轩”创始人　郭钰

访谈录音、笔记：袁畅

在场者：王真　陆宏斌

袁畅：我是从一本叫《定西孤儿院纪事》[①]的书知道定西的，讲的是三年困难时期的事儿。

郭钰：我知道那本书，老师您到了通渭能待几天，我带您去洮砚开采的地方。洮砚出产自甘南州卓尼县洮砚乡[②]，很多生产、制作洮砚的（商家）都在定西市临洮县开店，所以很多人以为洮砚出产于临洮。

袁畅：您就生长在通渭？

郭钰：是的，2009年以后生活、工作在甘南州卓尼县。

袁畅：通渭县目前是以书画大县闻名的，您小的时候也是这样吗？

郭钰：是的。

袁畅：您看，咱们不拘泥于一问一答的方式，从您的成长经历或

---

① 《定西孤儿院纪事》，杨显惠著，花城出版社，2007年。

② 1954年4月，卓尼下辖的古路沟乡更名洮砚乡，这是洮砚的名称首次冠于地方政权建置。

者说个人、家庭、教育经历讲起，您看可以吗？

郭钰：可以的。我叫郭钰，1985年农历十一月生于甘肃通渭的一个小村庄。小学时，我们这里算是贫困县了，自然环境不好，地理位置偏僻，那时候学校的条件、设备非常落后，但学校要求学生从三年级开始在学校和家里写大楷作业，我想这一点是您也想不到的吧？我们这里特别重视书法、书画教育。那时候，家里没有那么好的条件，练字大多用简易的、塑料的小墨盒盛墨，根本无缘见到砚台。

袁畅：您小学三年级的时候，学校就要求学生练习书法，也就是1995年前后，学校还需要配备专门的书法老师吧？

郭钰：是的，我们这里最不缺的就是书法老师。我对砚台的了解还是从我的书法老师那里得到的呢！那时候，老师总说，砚台在省城才能看到。通渭离兰州还有1000多公里，很遥远的，因此，一度觉得很神圣。后来，又听人家说我们甘肃兰州南部洮河流域，盛产一种叫洮砚的砚台是闻名世界的四大名砚之一。洮砚的形状如何？价格贵贱？有什么特点？有哪些形态？历史渊源是什么？当时我想，以后写字一定要有一方四大名砚。

袁畅：您上学是在本地还是外省？

郭钰：从小学到中学一直是在本地上的。2005年考入西安工程大学学习美术，到了古都西安，我才感觉到自己是从西北一隅的小县城里走出来的，西安的现代城市生活和深厚的历史文化底蕴让我大开眼界。

说起来很巧的是，我是在大学的书法兴趣小组里第一次见到了梦寐以求的四大名砚中的洮砚，感觉很惊讶也很亲切。惊讶的是传说中的“神物”原来是这个样子，亲切的是我同时知道了我的家乡甘肃南部好几个县都盛产洮砚！

袁畅：听您这么说，感觉洮砚的产地不小，产量应该也不小吧？

郭钰：洮砚与端砚一样，也有老坑、新坑之分，老坑中的砚料也是濒临枯竭，我指的就是甘南州卓尼县的砚料。

袁畅：我看了您拍摄的砚农采砚石的照片，感觉条件十分艰苦。

郭钰：到现在为止，还是保持着一头骡子一个人这样的采石方式。艰苦是肯定的，但卓尼县那里有上好的洮石，比如，我们俗称为喇嘛坑[①]出产的砚石，价值不菲，上好的喇嘛坑的砚石比端砚的老坑的端石还贵。除了砚农，还有许多身怀绝技的砚雕工匠集聚在这里。我的第一方私人收藏的砚台，就是甘南州卓尼县出品的一块普通的小砚台。

袁畅：您是从大学毕业就选择自己创业？

郭钰：大学毕业后，一直在各地漂。在杭州待过、在西安待过，最后选择了回家，打算自己干点啥。正准备干点啥的时候，突然一个电话，区号是0941，后面记不得了，最后接通才知道是好久没有联系的朋友张志强（他是土生土长的甘南卓尼洮砚乡人，家里世代相传的是做洮砚的师傅，后面成了我的合伙人之一）。他邀请我去他家甘南卓尼去做客，正好那段时间比较充裕，而且正是夏季，想去大草原转转，顺便散散心，就简单收拾了一下，就去了甘南卓尼县。我到了甘南卓尼县洮砚乡，一进村就被当地的风情所感染，尤其是被当地人手中的一块块石头所吸引。我本来就喜欢书法，因为喜欢书法而喜欢文房四宝，看到这么多“砚石”，顿时流连忘返了。张志强见我如此感兴趣，就带我去了喇嘛崖和水泉湾，边走边聊，他告诉我这里的活计围绕洮砚而生，不同的村子有不同的分工，有采石的、刻砚的、收砚的、卖砚的。眼前这处距离喇嘛崖不远的村落就以手工采石为主业，村里有经验的砚农很多。喇嘛崖的山势险峻、三面环水，水流湍急得常人难以涉足，石工们用油灯或烛光照明进洞，弯腰、弓背支起护架，除此之外再无其他防护设备。然后用钢钎、铁锤采掘砚石，往往采到一块可作砚石的石料十分之难！

产于喇嘛崖的这种优质的砚石材料，石头呈现翠绿色、质地细腻，是书画家、藏家趋之若鹜的宝贝。张志强的叔叔张程是当地闻名的砚雕大师，他当初就是把这种石头采来，雕刻成砚，然后用扁担担出去，换成生活费供一家子过日子。

---

① 喇嘛坑，又称喇嘛崖，喇嘛崖是洮河中游东岸上的一处悬崖，由于外形极像一顶喇嘛僧帽，又因古时候有人在这里雕凿一幅喇嘛僧神像，再加上传说中的砚工祖师曾是一位学识超群的喇嘛，三者合一，喇嘛崖的名称就传了下来。喇嘛崖石在洮砚诸石中，品级最高，制成的洮砚也最名贵。

洮砚采矿

袁畅：您说的这位朋友张志强，一家子都是从事洮砚制作的吗？他的叔叔张程是一位砚雕师傅？

郭钰：我当天就去了张程家，到了他家我被眼前的一幕惊呆了，这举世闻名的洮砚就诞生在这样狭小而简陋的空间里。砚雕老匠人的巧夺天工的技艺和经年累月布满老茧的双手，形成了极大的震撼。

自小对书画的热爱，对老匠人由衷地钦佩，我当时就决定回家开个洮砚专卖店。2012年秋，经过几个月的市场调查，我在书画艺术之乡——通渭的悦心书画村2楼202室开了一家洮砚专卖店，雅号墨池轩。就这样，我开始了往返于通渭和甘南两地之间的生活，从刚开始的不认识料子，到选料，打磨，请大师雕琢、再到推广经营。

袁畅：2012年，您开了一家专营洮砚的店铺，在经营上您主要在哪方面下的功夫比较大？

郭钰：我的经营方式有实体店和网店两种。实体店在通渭悦心书画城202室，我的淘宝店店名叫墨池轩洮砚专卖店，你在淘宝一搜就会出来。我和我的另一位合伙人李军强还创立了通渭文化艺术网，主要用来宣传，在这个平台里面都是我们洮砚的粉丝和爱好者——有的是我的老顾客，有的是我书画界的朋友，有的是我的顾客介绍来的亲朋好友以及共同的爱好者们。我负责每天给他们发砚台图片、更新信息、解答疑惑、发快递，还有就是帮他们讲解洮砚的相关知识。自从有了微信平台，就更加方便了。

我的经营理念很简单：以砚会友，诚信经营。然后就是价格方面不负一线苦心的匠人，不负一寸的砚台石料，也不负藏家对我的信任。在实际经营中，我感觉的苦与乐并行，苦就是有时候为资金周转会苦一阵子，但时间不会太长，每每都会遇上朋友间互相帮忙；乐就是每次回洮砚乡收砚台，看着匠人们手中拿着辛苦钱脸上露出由衷的笑容，我也会被感染，我也会跟着他们一起笑。

袁畅：您在实体店和线上的经营中直接面对客户，因此对市场的需求比较了解，这些需求您会反馈到洮砚乡的老匠人们那里吗？这对

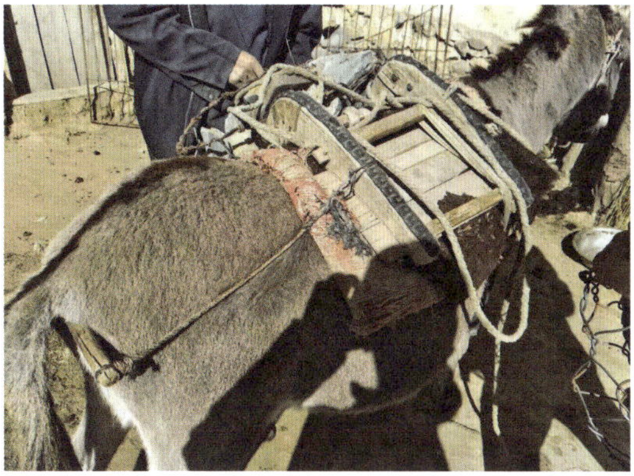

洮砚采砚料场景

您收上来的作品有什么影响呢？

郭钰：有时我会反馈一些顾客的需求，但我不会强迫老匠人们接受我的建议，毕竟制砚也是一种创作。在我国漫长的历史中，砚台是历代文人墨客书写绘画的必备工具，有置于书房的，有随身携带的，可见砚台对于文人的重要性。一幅书法作品鉴赏者完全可以在章法、技法、传承、用墨等方面看到书法者的功力水平，而制砚作为中国的传统艺术也和书法艺术一样，有一条清晰完整的脉络。一方砚台反映匠人在书法、绘画、篆刻、雕刻的造型乃至文学艺术诸方面的修养和造诣，这样的造诣和经年累月的实践造就了匠人精神。

我收砚追求的作品风格主要还是想着传承洮砚手工雕刻的这种工

洮砚采砚料场景——一天的收获

艺，老砚谱以及传统的造型是不二之选；延续制砚匠人的梦想，让他们有发挥创作的余地。

现在的市场审美也在不断提升。匠人们在创作、创新的认识上也有了变化，大家开始想着让砚台具有个人和地域的文化特色，或者可以反映时代文化特征。因为洮砚的精气神都体现在石色和石质上，不仅要雕工，更要对实用性有所考量。近年来，市场上出现了各种山寨版洮砚，仿造者只有其形，无法得其神韵。

袁畅：无法得其神韵您指的是什么呢？能具体说说吗？

郭钰：神韵其实就是匠人的手工。真正价值连城的洮砚，只可能是人力采自洮砚乡碧绿洮河深水中的喇嘛崖宋坑，由当地人淌着汗水、手工打磨雕刻而成，因为洮石在大河深水之处，取之极为不易。工匠们往往要等到枯水期才能乘坐木筏经河水到崖边采石，时刻面临生命危险；采掘矿石只能用铁钎钢凿慢慢凿出，不能放炮炸石，以免震伤石体。尽管采掘非常小心，一米见方的整块石料还是很难采成。

洮砚石自山间凿下毛糙的石头，要经过下料、搬运、制坯、切割、打磨、将图案和书法描摹上石、刊刻、修整定稿，每道工序都不能省。所使用的工具有刀、锯、锤、铲、錾、铁笔、水沙等一样都不能少。洮砚虽有方、圆等规矩形，但崇尚自然造型，即保持原材料的自然形状，因势造石，墨池、水池、砚盖各得其所，对石料的手工保护性采集，到了砚雕大师手里自然倍加珍惜，这样的作品出来必定是好作品。

袁畅：您接触的砚雕大师中，您对他们的作品和技艺有什么感受？

郭钰：我接触比较多的砚雕大师，也是我的亲戚，就是张程和张宪科①老师。他们主要使用浮雕和透雕两种技法进行砚雕创作。

透雕是在浮雕的基础上镂空其背景部分，这是洮砚雕刻艺术中最具特色的技艺。透雕图案的真实感、立体感强，富有艺术魅力。两位张师傅的洮砚雕刻灵感源于生活，取于生活，经过缜密构思，融入文化元

① 张宪科，1992年开始从事洮砚雕刻，擅长山水和古典神话以及古典小说的人物创作。

素，设计出敦煌系列、国学系列、山水系列及茶海文化系列。

其实砚雕这活儿，貌似体力活儿，又是手艺活儿。说是手艺活儿，还是耐心活儿；说是耐心活儿，更是文化活儿。张程和张宪科他们天天与砚石生活在一起，石中有他们的乾坤，砚中有他们读不完的天书，他们延续着砚台的生命，砚台也延续着他们的生命！

针对有效的人群提供有效的服务就是关键

时间：2016年9月15日

2016年10月13日

2017年6月23日

地点：北京市朝阳区潘家园百环家园五号楼1106

北京市朝阳区华威北里43号

湖南省长沙市雨花区杉木冲东路雨花非遗馆198号

访谈人物：长沙雨花非遗大厦“结绳系石”主创　刘云龙

录音、访谈者：袁畅

在场者：邢冉　刘忠涛

袁畅：请您做一个简单的自我介绍。

刘云龙：我叫刘云龙，1982年12月18日出生于内蒙古呼伦贝尔扎兰屯团结乡沙里沟子村五组，家里一共六口人，除了父母之外，有兄弟3人、妹妹1人，我是兄弟排行最小的，老三。

我能记起最初对家的感受是4岁左右，我们家那时候特别穷，我们家的房子是土的，夏天漏雨，用茅草苫上，不漏雨的时候就把草拿开，还可以看天上的星星。我们家的锅是裂的，旁边裂，锅底没裂。我大哥比我大4岁，我二哥比我大2岁。我出生就被送给一个姓马的人家，他家有大瓦房。我大哥上小学的时候，放学就跑我养父家去找我，告诉我姓刘，不姓马。我刚开始学说话，就记住了，在养父家就念叨，于是养父就把我送回来了，那时我4岁。我回家后开始放鹅，和我二哥一起，看着大鹅；还负责看猪，记得那头猪进屋吃我家的面，我和我哥拽着它尾巴都没拽动，看着它就这么把面吃了。除了看我们家的动物，我们那儿还有山，属于丘陵，要到山上去捡柴、捡牛粪，捡牛粪是为了春天放地里做肥料。

刘云龙近照

袁畅：您小学是在哪里上的？还记得小学时期有什么令您难忘的人和事吗？

刘云龙：我9岁时，在我家前面的一个村——“六组”上的小学，我们那儿没有幼儿园，会数到100个数就让你上学。小学我记得学的第一首诗就是《咏鹅》，还教拼音、教算术，每天早上七点半上学到下午四点半，放了学回家写作业，然后帮父母做饭，或者喂家里这些动物。放学一般就顺路把家里的动物牵回来，主要是牵牛、牵马。我们那儿的小学只有一个老师，老师忙农活儿的时候，师娘就教我。师娘会打人，我记得我有一次被打得笤帚都打散了，所以印象比较深刻的就是挨打，然后就是帮老师干农活，拔草、收地。我只上到二年级，就要去沙里沟村一组继续上学，“六组”的老师只能教到二年级，“一组”基本上是全组的孩子都来这里上学，那就比较正规了，但每天要走8里路。我记得小时候一般要走一个小时左右，中间有山，还有河。我就在“一组”上到了三年级。

袁畅：您家里其他人的情况呢？您还有印象吗？

刘云龙：我记得，我大哥学习很好，我舅舅教他，他八九岁的时候已经具备初中文化水平了。我大哥上中学的时候，因为学校远只能住在我的一个姨家，只有周末回来；我二哥读到初中毕业。我到三年级就回家务农了，放牛、放羊、农田里除草、撒种子，等等，从春种到秋收我一直跟着父母干活儿，到了冬天还是去砍柴、捡牛粪。1996年，我二哥也不上学了，回家跟我一起务农，我家干农活的主力就成了我俩。

袁畅：您和您二哥就此务农了？这是哪一年呢？

刘云龙：是啊，务农也不是光在家干活儿。1998年，我16岁，和二哥去了扎赉特旗种地，那儿还是军演的第二大靶场，就在白城子，主要是地租便宜。我记得300元可以租到15亩地就是1垧（shǎng），说白了是一大块草原，我们家跟当地一个承包商包了20垧，也就是300亩，这个钱还是亲戚给的，还买了拖拉机和喷药、除草的机器。我们俩在那年春天到了扎赉特旗，除了我俩还有我姨夫、我姨夫家的表哥等，一共7个人。刚去的第一天，到那儿就天黑了，搭帐篷也来不及了，那儿有很多弹坑，我姨夫在一个坑旁边点上火，防狼。天很冷，我们基本上是抱着睡的，夜里还听见狼转着叫，第二天才搭帐篷，搭完了帐篷就开始放火烧荒。那地方刮沙尘暴的时候，昏天黑地，跟黑天一样。我们在那儿种了一年地，1998年发大水，基本都赔钱，我们因为处于平原，还是赚了钱。

袁畅：承包种地赚了钱，都投入到家庭了还是做其他生意了呢？

刘云龙：一年后，承包商不是合法承包，我们就没能再继续在扎赉特旗种地。我记得，1999年元旦我们回的家，回家没多久，我和我二哥就去了山东潍坊打工。一开始是在一个家庭小作坊里给人家看圆织机，就是做编织袋，一个月300元。干了两个月，我觉得赚的少，不够家用，而且我大哥正在上学，家里需要钱。经人介绍我就去了铸造厂，在厂里打铸铁件、倒铁水，主要是拖拉机、汽车的各种配件，这个厂子蛮大的，有上百号人，刚去的时候一个月能赚到600元，后来倒铁水，计件论酬，最多能赚一千三四百元。我在这个厂干了一年，感觉自己没有见识，那时候听人家说城里，总想去看看，长这么大特别渴望看看城里的生活。到当时的厂里为止，我的工作都是本乡本土的亲戚介绍，家里父母也都知情，因此，想“见识”城里，但家里肯定不同意，我就想偷跑。

袁畅：也难怪，您那时只有17岁，很想走出去看看，而且也是对新鲜事物很好奇的年纪。

刘云龙的得意之作

刘云龙：2000年7月，我从山东跑到沈阳一个饭店干活儿，那年我18岁。

袁畅：这时期您想没想过回家，或者去找您大哥、二哥？

刘云龙：有一句歌词“人生一世，兜兜转转。”我干饭店没有两年就又回到山东，开圆织机去了，而且一干就是5年，一直干到2008年，我回去结婚。结婚、生孩子、种地，我又买了拖拉机和房子，结果是种1年赔1年。还是决定出去打工，我就跟我大哥联系了，他在广州，搞国际货运。2010年，我就去了广州投奔他。其实，我就是在大哥的公司里打杂，就是给货品打包，给国外的货打包，除了打包就是拉货。

袁畅：您在外闯荡这么多年，一直没有提到您大哥，您大哥应该是家族里出的第一位大学生吧？

刘云龙：这就说到我大哥了，我大哥是我们家唯一一个大学毕业生，北京第二外国语学院毕业的。我能知道的是，我大哥大学毕业后被分配到一家航空货运公司，后来这家公司解体了，我大哥就下海创业，在北京创建了自己的货运公司，那时候叫远海翔达货运公司，干得一度挺好的。我二哥都去投奔他，给他帮忙。

我二哥能顶替我大哥的业务之后，我大哥就去了广州，希望能开辟南方市场，我也就是这个时候投奔的大哥。其实，我到现在还是很感激我大哥，尽管我在他的公司里任职的时候，很不理解他对我的态度和方式——他每月只给我600元工资，还要求我做得比其他人要多。

袁畅：您自己大哥开的公司里做事，尽管待遇上有些问题，但还是挺稳定的吧？

刘云龙：说实话待遇低让我感到并不稳定，但我最得意的事情就是我工作的地方是我大哥的公司，期间我第一次接触了电脑。我大哥为了让我快点能够学会办公软件及电脑应用，就让我注册了一个淘宝账号，让我自己弄着玩儿。我就在广州荔湾区白云路上的批发市场里找些商品，放到淘宝上。我最初放到淘宝上的是手表，记得当时是“艾奇”牌手表，香港的一个品牌。我在批发和零售之间周旋，做了一年，2010年，我赚了40000多元钱。我感觉在网上做生意和实体店一样，一定不能懒，后来店交给亲戚做了。

亚洲最大蜜蜡原石

袁畅：淘宝店经营得不错为什么要转给别人呢？

刘云龙：我大哥觉得淘宝店会占据我大部分精力，就会忽略货运方面的业务。

袁畅：您就此专心帮你大哥打理公司业务了？

刘云龙：2012年，我又回到了北京，是我二哥调我回来的。回北京的原因也是想找项目，再开辟一个新的产业，有朋友介绍说，做个水果店或者代理一家服装品牌，后来都没做成，因为手里资金的问题，北京店租太高，不划算。

袁畅：回北京后怎么就和琥珀蜜蜡接触上了呢？

刘云龙：我二哥一直在北京打理货运公司，主要的客户是俄罗斯人，跟他们相处时间长了，他们总给我们带一些礼物，其中就有琥珀蜜蜡，那时候都是原石。第一次拿到琥珀蜜蜡原石就感觉这是一块儿不像石头的石头，坑坑洼洼的，比石头轻，俄罗斯人让我们磨一磨，我们就按他们说的磨了，一看还挺漂亮。当时就是觉得好玩，还有股松香味。我们后来就和俄罗斯人做生意，第一次跟他进货进了3公斤，价值2.3万元，这3公斤我和二哥全都磨完了，当时没有任何修饰，全是随型[①]，我们就把随型的全放在淘宝上卖。

袁畅：这是您第二次在淘宝网上创业了，是开了家新店吗？

刘云龙：淘宝店还是我当初卖手表那家店，当时，这个淘宝店已经停滞了快一年了，但已经有一颗钻的信誉了，我就继续用这家店做琥珀蜜蜡生意。记得第一次是上了10件货，因为我之前做得不错，这一颗钻的信誉可以直接做直通车[②]推广。当时，琥珀蜜蜡在淘宝上还算冷门儿，卖家、店铺少，不超过50家。

袁畅：除了直通车推广，您还用了什么样的网络推广方式？

刘云龙：还有就是百度的贴吧推广。

袁畅：除了淘宝、百度，还有哪些推广方式是您觉得比较有效的呢？

刘云龙：那就是视频推广。我们买了“打磨（玉石）”机器[③]，开始制作更加详细地打磨、加工的教程。到现在为止，我们拍了几十个相

---

① 随型，随着原石形状抛光。（刘云龙口述）

② 直通车一种淘宝商品的推广软件，按关键词点击量收费，卖家需要充值，与百度竞价排名一个道理。

③ 打磨（玉石）机器，到了2013年淘宝网就出现“琥珀蜜蜡”专用的打磨设备。

关的视频，分别放在腾讯、优酷、搜狐等视频网站上。拍摄的时候，就想设计几种简单的打磨教程教给初学者自己DIY自己的作品，这就得把步骤尽量地简化，教程视频的时间尽量缩短，一般做一件作品的话，视频教学内容设计在20分钟左右，比如做一个戒指需要20分钟，做一个平安扣一般30分钟的样子。

袁畅：做了这些推广以及在淘宝网上坚持做经营，效益如何呢？

刘云龙：到2013年下半年，每个月的流水就到了30多万元。原来的供货商就跟不上了，主要因为他提供的原石质量不好。当时跟俄罗斯接触有习惯和语言方面的障碍，就想找一个在国外的中国人来帮我们进货，然后给他一定的提成。我们做货运的时候，认识一些国外华人朋友，当时找了两个中国人，他们经常回国，也方便把货带回来。到现在，还在和这个华人合作，合作这么多年，有了一定的信誉度。

袁畅：淘宝店的效益不断增加，仅靠您和您二哥两个人能应付吗？

刘云龙：2013年，淘宝的生意每天都有10~20单，这就必须有专人盯着了。这时候，就想雇人了，也需要一间大点的，可以容纳打磨、加工、办公的空间。当时琥珀蜜蜡属于文玩类，北京比较大的、知名的文玩市场就是潘家园了，我们找房子就找到了潘家园市场旁边的华威北里，租了一间三居室，130平方米，月租金9000元。阳台是打磨、加工车间；连着阳台的卧室是包装和库存；大的客厅作为办公室；次卧就给工人住宿了。在办公室里负责淘宝运营的有4个人，美工负责拍照、上传图片；客服负责接待；运营负责分析数据[①]；打包负责联系物流并发货。我和我二哥都负责销售，就是在各大平台推广，我二哥主要负责大的代理和批发。

搬到潘家园还有一个好处，很多人还找上门来，就在我们办公室里挑货、买货。我们办公室里设了不少展柜，放一些加工好的

① 分析数据，观察每天的浏览量，如果下降要找到原因；主要还要负责处理差评和退换货。

东西。也把一些原石，质量一般的，都放在一个区域，供客户上门挑。潘家园作为文玩市场，与文玩相关的东西应有尽有，我们想给蜜蜡配个一百〇八珠，比如星月菩提、金刚菩提等，直接下楼就能找到，并给全国的客户配好，这样出一些成品、设计作品也非常容易。

袁畅：除了淘宝，微信您是否利用了呢？

刘云龙：微信平台是2011年有的，我利用微信平台开始销售是从2014年开始。微信平台上的顾客很多都是从淘宝店得知我的微信号的。

袁畅：您觉得淘宝和微信的区别是什么呢？

刘云龙：微信最初就是社交软件，慢慢和客户成为朋友，因此，在销售上就更加顺畅。到了2014年的时候，我开始利用朋友圈销售，到了下半年，我的微信号里的朋友就达到5000人了，这也是微信朋友量的最大值。我前前后后一共有4个微信号，你想客户群有多少人？

袁畅：您的经营效益这么好，又地处潘家园又网上销售这么火爆，后来怎么去了长沙呢？

刘云龙：北京的房租很高，人员又必须增加。一方面，我们有自己的办公场地的租金；另一方面，我们也要考虑员工的住宿。2016年底，北京正逢整治“拆墙打洞”，潘家园的一些古玩、文玩市场都面临拆改，这是北京方面的情况。

我大哥在长沙组建了一个小团队，也是做琥珀蜜蜡生意，进驻了长沙的一家文创产业园区——长沙雨花非遗大厦。从我大哥那里得知，非遗大厦的租金非常合适，付一年送一年，也就是一年的房租可以使用两年。我和我二哥还为此去了一趟长沙，现场考察了一下。就这样，2016年底至2017年初，我和我二哥就把生意迁到了长沙。

袁畅：您迁到长沙后，等于全家人团圆了，这又涉及一个资源再整合的问题，也就是两家公司合为一家的问题。

刘云龙：我在北京的股份还是按照北京的持股比例来分，15%左右吧。我们3个股东的工资都是一样的，都是5000元。这段时间我们也综合了北京与长沙的业绩，定出了年销售额的目标。从目前在长沙经营的状况看：长沙的消费水平不低于北京，而且长沙的客户的消费意向非常明确、精准，他来你店里就是想买东西的，80%都可以成交。

我们也把我们现有的产品进行了再整合，将产品分为尖儿货（无杂无裂、全皮、鸡油黄）、雕刻作品（名家雕刻、定制加工）、欧洲回流老蜡、普通货等4种。从这一年的流行趋势看，尖儿货，尤其是鸡油黄很受欢迎；欧洲回流的老蜡现在是市场藏家追逐的对象，也很有市场。这些趋势对我们都很有利。第一，我们在东欧有很稳定、很优质的货源，也就是供货商，我们自己也积攒了很多年的藏级的原石，比如我们店的镇店之宝就是亚洲最大的蜜蜡原石；第二，我们兄弟3人合为一体，在人力上就很好分工了，我大哥有着专业的知识和技能，这样，他专门长期沟通欧洲市场，搜寻“老蜡”以及有收藏价值的“琥珀蜜蜡饰品”。

袁畅：您个人在事业上，有什么计划或者对未来有什么准备吗？

刘云龙：因为在北京待了很多年，与潘家园、琉璃厂等文玩、文房市场的朋友们关系不错，我想整合一部分这方面的资源引进长沙。2017年4月，我在雨花非遗大厦创立了一家文房四宝店，取名叫知行书房。

袁畅：知行书房取意知行合一？

刘云龙：是啊，长沙的人文氛围很好，岳麓书院就在长沙。我对知行书房的经营理念就是打造文人墨客爱用、爱藏的文房四宝。比如，引进了一得阁的墨汁，郁文轩的墨块，贡砚郭氏的端砚作品，安徽泾县古法宣纸等。为了区别于一般的文房店，我们还在江西文港请著名的毛笔制作大师为我们定制毛笔。与我做琥珀蜜蜡不同，我并没有在网上销售我的文房四宝的商品，而是利用非遗大厦的特色，将知行书房打造成一家体验为主的空间。请顾客、客户在我这里体验宣纸制作、体验端砚雕刻等，近期还开设了针对孩子们的书法课程。

袁畅：从文玩到文房，从北京到长沙，从潘家园到雨花非遗大厦，您觉得未来网上销售会替代实体经营吗？

刘云龙： 还是得看行业，有些行业并不适合网上销售，比如，古玩及一些体验性的行业；实体店也在不断改变，未来应该更加注重顾客感受、服务质量、服务模式等。我说的服务模式是指针对精准人群提供有效的服务，现在都是圈子销售，这就是一个信赖、信用的基础上提供服务，针对有效的人群提供有效的服务就是关键。

写在后面：

雨花非遗大厦的创始人郭存勇并不愿意接受访谈邀约，我很想知道创建这么一座以非物质文化遗产项目为主的商业地块，他的经营理念、创始资金以及政策东风是什么？据刘云龙说，若不是非遗项目，还要被逐渐请出，无论你出价多高。在我到达长沙这些日子里，雨花非遗大厦正在与当地中学建立见学和非遗游活动；造纸、黑茶制作、纸书法是最受学生和家长欢迎的项目。

郭存勇曾经在湖南某村经营一家家具厂，成为当地行业龙头后，他包下并不被人看好的，位于镇政府旁的垃圾废品一条街中一处两层的厂房。经他修缮、装潢后，成为当地第一家兼具展示、销售的家具城并轰动一时。产业的集聚效应开始发酵，众多周边的家具厂商纷至沓来，昔日垃圾废品一条街竟成了远近闻名的家具家居特色街，郭存勇也因此掘出了自己人生的第一桶金。郭存勇看好了非遗产业的未来，长沙的雨花非遗大厦正是他二次创业的产物，尽管非遗产业的商业模式创新仍在探索中。

刘云龙与郭存勇的雨花非遗大厦结缘始于2017年初，下定决心离开北京潘家园后，刘云龙和二哥分别考察了四川成都和湖南长沙，几番家庭内部会议后，最终，长沙雨花非遗大厦“租一年送半年”的优惠政策以及长沙商品房的价格优势让刘云龙的南迁成行。严格意义说，刘云龙的琥珀蜜蜡原石与雕刻并不属于非遗，与郭存勇的交涉也险致僵局，刘云龙多年在北京文玩、文房圈的人脉帮了大忙，他答应郭存勇，帮雨花非遗大厦引入安徽宣纸、广东端砚以及一得阁的墨汁。同时郭存勇也看中了刘云龙在网络平台上已有的经验和客户群，下一步让雨花非遗大厦的“非遗项目”进入“互联网+”是郭存勇对大厦入驻商户的承诺之一。

对刘云龙的访谈持续的时间很长，涉及的地域也最广，同时与刘云龙的二哥、大哥也相继有过接触。除了印证刘云龙在访谈中提及的几次家庭转变外，刘云龙的人生轨迹也一直与他的家人并行着。记得刘云龙的大哥说，我们这样的小商贩，格局是我们的瓶颈，你不知道我们出生的那地方有多穷！我们能跑出来并有今天，又有谁能想到呢？与有了闲钱开始玩儿不同，文玩其实是刘云龙的生存之本，广东物流公司、北京鞋店的没落；网上文玩的兴起、微信平台销售的大热。貌似刘云龙赶上了机会，但个中恐惧心酸、孤注一掷，恐怕只有当事人能体会。

不同于河北涞水的文玩核桃农民，也不同于山东星月菩提村村民，刘云龙的琥珀蜜蜡有着更长时间的生命力。网上创业、微信平台进入规模，继而转入实体体验模式，这样的创业轨迹让刘云龙选择落户哪里都是一样。实体店的收入远远小于电商平台，刘云龙的3个手机中有一万人以上的微信群，他经常指着这3个手机说，这才是他最大的资源。

后 记

本次口述历史项目的实施是从2016年6月开始，截止于本书成稿前，即2017年8月，本人在琉璃厂通过攀谈、购物、学艺等先期进行了不到4个月的近距离观察，这种观察不仅是对拟访谈对象的熟悉，更是对该行业基础技术性常识的学习。经过观察、熟悉，最后拟定访谈对象和基本访谈内容。对每位访谈对象的单次访谈时间，我限定在两个小时左右，其中，真正有效的内容口述时间，单次不超过1小时30分；平均每位访谈对象都要经过两次以上的访谈方能完稿。对于身在外阜的访谈对象，我利用2017年4月他们集中来京参加“第三十九届文房四宝展”这个机会，在参展之余，对他们进行了集中访谈；还有一部分未参展者，我通过事前联络，于2017年5月至6月间对他们进行了走访。幸运的是，所有的受访者对我的工作非常配合，不仅在反复访谈、修正过程中极其耐心，更为本书提供了珍贵的历史照片和相关资料。在此成书之际，向他们表达诚挚的感谢。

感谢首都经济贸易大学的张强教授，他是我父亲的老同事、老朋友。与张强教授初识是在我留学期间归国探亲时，匆匆一晤间，张教授对我的研究提出了宝贵的意见，正是这个建议，让我的博士论文多了一条“路”，亦多了一个更为行之有效的视角。归国后，张教授对我的个人境况一直关心备至，得知我在琉璃厂调研的消息后，第一时间给予帮助和扶持，正是在他的帮助、扶持下，才使本书得以出版并使我的独立研究有了继续下去的理由和动力。

感谢我的父亲——长期从事北京老字号及商业街研究的袁家方教授，从小的耳濡目染和他的治学态度是本书的线索和灵魂；而对北京传统商业文化的研究，我们父子亦将持续地坚持下去。

感谢首都经济贸易大学的罗英老师，她在本书撰写及与出版社的沟通中做了大量、细致地工作。

感谢北京琉璃厂的老字号、诸商铺的师友们，他们在信念上的坚持与日常中的认真，是我学习的榜样。

感谢安徽的冯宜明老师、何彬老师，江西的李小平老师，甘肃的郭钰老师，广东肇庆的郭汉文老师以及北京的贡斌老师，他们是当下笔墨纸砚制作的高手，亦是在传统恢复和研发上的研究者、践行者。

本书在内容、注释、索引中，引用了众多学者、前辈的著述和资料，在此向他们致以由衷的敬意！本书中如有内容及文字上的谬误、纰漏及其他不当之处，责任由我本人承担。

袁畅

2017年10月18日